종교개혁,

하나님의 뜻이 이루어지는 세상을 지향하며

◆ 종교개혁 500주년 ◆

종교개혁

하나님의 뜻이 이루어지는 세상을 지향하며

이양호 지음

동연

머 리 말

2017년은 종교개혁 500주년이 되는 해이다. 종교개혁 500주년을 앞두고 국내외적으로 여러 단체들이 종교개혁 500주년을 준비하고 있다. 500주년을 계기로 종교개혁 정신이 더 널리 전파되기를 바라는 마음 간절하다.

종교개혁은 하나님의 뜻이 이루어지는 세상을 지향했다. 중세가 교회 혹은 교권주의자들의 뜻이 이루어지는 세상을 지향했고, 르네상스가 인간의 뜻이 이루어지는 세상을 지향했다면, 종교개혁자들은 하나님의 뜻을 지향했다. 루터는 "하나님으로 하여금 하나님 되게 하라"고 외쳤으며, 칼빈은 "하나님께만 영광을" 하고 외쳤다. 종교개혁자들은 한결같이 "오직 하나님의 말씀", "오직 성서"를 주장했다. 종교개혁자들이 지향한 하나님의 뜻이 이루어지는 세상은 아직 오지 않았다. 그런 점에서 종교개혁은 여전히 미완의 운동이다. 우리는 종교개혁 운동을 계속해 나갈 사명을 부여받고 있다.

본서는 필자가 그동안 강의해 오던 내용들, 또는 논문이나 책에서 발표한 내용들을 발췌하여 정리한 것이다. 본서는 대중서로 기획되었다. 그래서 각주를 달지 않았다. 출처를 원하는 분들은 필자의 논문이나 책에서 출처나 혹은 원문들을 찾아볼 수 있을 것이라고 생각한다.

이 책의 출판을 기획한 연세대학교 신과대학과 책을 펴낸 도서출판 동연의 모든 분께 깊은 감사를 드린다.

이양호

차 례

머리말 / 5

제1장 서언　　　　　　　　　　　　　　　　　　　011
1. 종교개혁의 신율적 특성 / 11
2. 종교개혁이라는 말의 의미 / 13
3. 종교개혁의 시대 구분 / 14
4. 르네상스와 종교개혁의 관계 / 15
5. 종교개혁의 유형 / 15
　　　　1) 루터파 종교개혁
　　　　2) 개혁파 종교개혁
　　　　3) 급진 종교개혁
　　　　4) 가톨릭의 종교개혁

제2장 종교개혁의 신앙 원리는 무엇인가　　　　021
1. 서언 / 21
2. 득의(*Justificatio*) / 22
3. 오직 은총으로(*Sola Gratia*) / 28
4. 오직 신앙으로(*Sola Fide*) / 32
5. 오직 그리스도 (*Solus Christus*) / 37
6. 의인인 동시에 죄인(*Simul Justus et Peccator*) / 40
7. 결언 / 41

제3장 종교개혁의 삶의 원리는 무엇인가　　　　047
1. 모든 신자의 사제성의 원리 / 47
2. 결혼과 가정의 신성성의 원리 / 48
3. 직업 소명론 / 51
4. 두 왕국론 / 54

제4장 종교개혁은 어떻게 성공할 수 있었는가   057
　　1. 정치적 상황 / 57
　　　　　1) 영국
　　　　　2) 프랑스
　　　　　3) 스페인
　　　　　4) 이탈리아
　　　　　5) 독일
　　2. 사회 경제적 상황 / 60
　　3. 종교적 상황 / 63

제5장 루터의 종교개혁 운동은 어떻게 진행되었는가   067

제6장 루터는 어떤 신학 구조를 가지고 있었는가   087
　　1. 서언 / 87
　　2. 세 왕국론 / 90
　　3. 세 종류의 이성 / 96
　　4. 세 종류의 신인식 / 100
　　5. 율법의 세 용도 / 102
　　6. 세 종류의 의 / 106
　　7. 세 종류의 교회 / 109
　　8. 결언 / 112

제7장 루터는 반민주주의자였는가   115
　　1. 서언 / 115
　　2. 두 왕국론과 두 정부론 / 116
　　3. 세속 정부의 역할과 한계 / 117
　　4. 교회와 국가의 관계 / 122
　　5. 결언 / 128

제8장 루터는 반자본주의적이었는가   133
　　1. 서언 / 133
　　2. 직업 / 135
　　3. 상업과 이자137 /
　　4. 재산 / 144
　　5. 결언 / 147

제9장 루터파의 종교개혁은 어떻게 확산되었는가   151

1. 쉬파이어 제국 의회와 마르부르크 회담 / 151
2. 아우그스부르크 제국 의회와 아우그스부르크 신앙 고백 / 153
3. 슈말칼덴 동맹과 루터교의 발전 / 159
4. 찰스 황제와 루터파 화해 노력 / 160
5. 파사우 조약과 아우그스부르크 종교 화해 / 161

제10장 츠빙글리는 왜 루터와 결별하였는가   163

제11장 급진적 종교개혁이란 무엇인가   177

1. 재세례파의 시작 / 177
2. 재세례파 운동의 전개 / 179
3. 급진적 종교개혁의 중심 사상 / 182
       1) 재세례파의 사상
       2) 신령주의자들과 합리주의자들 멜란히톤

제12장 칼빈의 종교개혁 운동은 어떻게 진행되었는가   191

제13장 칼빈은 어떤 신학 구조를 가지고 있었는가   201

1. 중심주제 / 201
2. 『기독교 강요』의 구성 / 207
3. 사고 구조 / 216
4. 사고 구조의 전개 / 221
5. 『기독교 강요』의 내용 / 225

제14장 칼빈은 민주주의의 어머니인가 아니면 민주주의의 적인가   231

1. 서언 / 231
2. 시민정부의 본질 / 233
3. 시민 정부의 형태 / 234
4. 통치자에 대한 복종과 저항 / 241
5. 결언 / 245

제15장 칼빈은 자본주의의 아버지인가 기독교 사회주의의 창시자인가   247

1. 서언 / 247
2. 자본주의적 요소 / 252
3. 기독교 사회주의적 요소 / 257
4. 결언 / 263

제16장 성공회는 어떻게 시작되었는가   265

   1. 서언 / 265
   2. 헨리 8세 치하의 개혁 / 267
   3. 에드워드 6세 치하의 개혁 / 268
   4. 메리 여왕의 가톨릭적 반동 / 269
   5. 엘리자베스 여왕 치하의 개혁 / 270

제17장 스코틀랜드 장로 교회는 어떻게 시작되었는가   273

제18장 로마 가톨릭의 개혁, 개혁이었는가 반동이었는가   277

   1. 서언 / 277
   2. 로마 가톨릭 교회의 개혁 운동 / 278
   3. 예수회 중심의 가톨릭 부흥 운동 / 279
   4. 트렌트 공의회 / 281
   5. 세계 선교 / 292

제19장 루터 교회는 어떻게 세계적인 교회가 되었는가   295

   1. 서언 / 295
   2. 북유럽 / 296
   3. 동유럽 / 298

제20장 칼빈파 교회는 어떻게 세계적인 교회가 되었는가   301

   1. 서언 / 301
   2. 프랑스의 칼빈파 개혁 운동 / 302
   3. 네덜란드의 칼빈파 개혁 운동 / 304
   4. 독일의 칼빈파 개혁 운동 / 308
   5. 동유럽의 칼빈파 개혁 / 310

제21장 청교도는 어떤 신앙을 가지고 있었는가   311

   1. 서언 / 311
   2. 청교도의 출현 / 312
   3. 청교도 혁명 / 313
   4. 청교도의 신세계 개척 / 315
   5. 청교도의 사상 / 318

제22장 청교도는 어떤 신앙을 가지고 있었는가   323

맺는 글   329

제 1 장
서언

1. 종교개혁의 신율적 특성

우리가 어떤 대상을 연구할 때 택할 수 있는 방법 가운데 하나는 비교해 보는 것이다. 종교개혁 시대 이전에 중세 시대가 있었고 또 르네상스 시대가 있었다.

중세 시대는 교권이 중심이 되는 타율他律의 시대였다. 이에 반해 르네상스 시대는 자율自律을 강조하는 시대였다. 그렇다면 종교개혁은 무엇을 주장하였다고 할 수 있겠는가? 종교개혁은 타율도 자율도 아닌 신율神律을 주장하였다고 할 수 있다.

영국의 학자인 왓슨Philip S. Watson의 루터 신학 연구서로 *Let God Be God: An Introduction of the Theology of Martin Luther*("하나님으로 하여금 하나님 되게 하라: 마르틴 루터 신학 개론")라는 책이 있다. "하나님으로 하여금 하나님 되게 하라"는 말은 루터가 종종 한 말인 동시에 루터의 사상을 잘 요약해 주는 말이기도 하다. 중세 시대는 교권이 지배하던 시대였다. 이에 대해 르네상스 인문주의자들은 교권의 지배에 대해 "인간으로 하여금 인간 되게 하라"고 하는 인간 해방 운동을 전개하였다. 다른 한편 종교개혁자인 루터는 하나님의 권한을 침해한 교권에 대해 "하나님으로 하여금 하나님 되게 하라"고 주장한 것이다.

중세가 교회 중심의 타율의 시대였다고 하고, 르네상스가 인간 중심의 자율을 강조하던 시대였다고 한다면, 종교개혁은 하나님 중심의 신율을 주장하였다. '하나님의 뜻을 따르는 인간', '하나님의 뜻이 이루어지는 사회' 이것이 종교개혁이 지향하던 것이었다. 동시에 이것은 성서가 지향하는 것이기도 하다.

"나의 거룩한 산 모든 곳에서 해됨도 없고 상함도 없을 것이니 이는 물이 바다를 덮음같이 여호와를 아는 지식이 세상에 충만할 것임이 니라"(이사야 11:9).

"나 여호와가 말하노라 그러나 그 날 후에 내가 이스라엘 집에 세울 언약은 이러하니 곧 내가 나의 법을 그들의 속에 두며 그 마음에 기록 하여 나는 그들의 하나님이 되고 그들은 내 백성이 될 것이라 그들이 다시는 각기 이웃과 형제를 가리켜 이르기를 너는 여호와를 알라 하 지 아니하리니 이는 작은 자로부터 큰 자까지 다 나를 앎이니라 내가 그들의 죄악을 사하고 다시는 그 죄를 기억지 아니하리라 여호와의 말이니라"(예레미야 31:33-34).

"나라이 임하옵시며 뜻이 하늘에서 이룬 것같이 땅에서도 이루어지 이다"(마태복음 6:10).

하나님의 법[神律, theonomy= theos (하나님) + nomos (법)]이 모

든 사람들의 마음에 새겨져 모든 사람들이 그 법대로 살아가는 사회,
이것이 성서가 지향하는 사회이고, 종교개혁이 지향하던 사회이었다.
동시에 이것은 철학자 칸트가 그의 『실천 이성 비판』에서 "네 의지의
준칙이 항상 (주관적인) 동시에 보편적인 법칙 수립이라는 원리로서
타당할 수 있도록 행위하라"고 말한 것과 일맥상통한 것이다.

2. 종교개혁이라는 말의 의미

중세 서구에서 근대 서구로 넘어가는 과정에 세 가지 큰 운동이 있
었다. 그것은 영어로 Renaissance, Reformation, Revolution이다.
영어로 Re-로 시작되는 이 운동들은 서구 사회를 크게 바꾸어 놓았
다. 영어에는 이 말들 앞에 수식하는 말이 없지만, 우리말에는 수식하
는 말이 각기 다르다. Renaissance에는 문예가 첨가되어 문예부흥이
라 하고, Reformation에는 종교가 첨가되어 종교개혁이라고 하고,
Revolution에는 시민이 첨가되어 시민혁명이라고 한다. Renaissance
는 새로운 문화의 탄생인 동시에 고대 그리스 로마 문화로의 회귀이
고, Reformation은 종교의 형태form의 변화인 동시에 고대 교회로의
회귀이며, Revolution은 정치의 회전인 동시에 고대 그리스의 도시
민주주의와 로마의 공화정으로의 회귀이었다.

고대 그리스 철학자인 아리스토텔레스에 의하면 존재하는 것은
form형태과 matter질료로 되어 있다. 강의실에서 사용하는 백묵을 예
로 든다면 백묵의 form은 원통형이며, 질료는 횟가루이다. 이 백묵을
가루로 만들어 벽에 바르면 하얀 벽이 될 수 있다. 이처럼 같은 재료라

도 form에 따라 다른 존재가 될 수 있다. 기독교의 재료는 그대로 이지만 form을 변형하면 다른 존재가 될 수 있는 것이다. Reformation은 기독교의 form을 바꾸려는 운동인 동시에 그 form을 중세의 form이 아니라 성서와 초대 교회의 form으로 되돌려 놓으려는 운동이었다.

3. 종교개혁의 시대 구분

다음으로 우리가 생각해 보려고 하는 문제는 종교개혁의 시대 구분이다. 종교개혁은 중세에 속하는가 아니면 근세에 속하는가 하는 문제이다. 에른스트 트뢸취Ernst Troeltsch는 종교개혁은 중세의 권위주의적 세계관을 가지고 있었다고 하였다. 그래서 종교개혁은 중세의 연장에 있으며, 근세는 18세기 계몽 운동으로부터 시작되었다고 하였다. 이에 반해서 칼 홀Karl Holl은 루터와 종교개혁자들은 근대 문화 발전에 공헌했다고 하였다. 특히 인격이란 개념과 공동체라는 개념에서 그러하다고 하였다.

이 문제에 대해 우리는 칼 홀의 입장을 지지한다. 근대 서구에 있어서 정치적인 면에서의 민주주의, 경제적인 면에서의 자본주의, 사회적인 면에서의 복지주의라고 하는 것이 다 종교개혁의 산물이다. 나아가서 근대의 과학도 종교개혁의 산물이다. 종교개혁은 중세의 연장이 아니라 근대 문화를 세우는데 결정적으로 공헌하였다.

이처럼 종교개혁이 근대에 많은 영향을 끼쳤음에도 불구하고 앞에서 말한 바와 같이 종교개혁과 근대는 구별되어야 한다. 근대가 자율적인 문화라면, 종교개혁은 신율적인 문화를 지향하였다. 종교개혁자들은 어떻게 하면 하나님의 뜻대로 할 것인가 하는 데 관심을 가졌다. 그러나 그런 사회는 아직 이루어지지 않았다. 그런 점에서 종교개혁은 미완의 개혁 운동이었다. 모든 사람들의 마음속에 하나님의 뜻이 심어지고 그 공통된 하나님의 뜻을 따라 사는 사회를 만들려는 것이 종교개혁 운동이었다.

4. 르네상스와 종교개혁의 관계

다음으로 우리가 다루려고 하는 문제는 르네상스와 종교개혁은 어떤 관계에 있는가 하는 것이다. 종교개혁과 르네상스는 대립적인가, 아니면 종교개혁은 르네상스의 성취인가 하는 문제이다. 이에 대해 에노 반 겔더Enno van Gelder는 종교개혁은 에라스무스 혹은 몽테뉴 등의 인문주의와는 상반된다고 주장하였다. 그러나 부스마William J. Bouwsma는 종교개혁은 르네상스의 신학적 성취라고 보았다.

하지만 하나로 일반화시키기 어려울 것 같다. 종교개혁자들은 입장이 다양하였다. 그 예로 대표적인 세 명의 종교개혁자들의 경우를 보면 츠빙글리는 인문주의적 입장이고, 루터는 인문적인 것과는 상반되고, 칼빈은 이 두 사람의 중간이었다. 그러나 크게 보면 종교개혁은 르네상스 인문주의의 영향을 받았다고 할 수 있을 것이다.

5. 종교개혁의 유형

종교개혁은 크게 나누어 보면 네 개의 종교개혁으로 대별될 수 있다. 첫째는 루터파 종교개혁이며, 둘째는 개혁파 종교개혁이며, 셋째는 급진파 종교개혁이며, 넷째는 가톨릭 종교개혁이다. 이 중에서 첫째, 둘째, 셋째 종교개혁을 합쳐서 프로테스탄트 종교개혁이라고 한다. 그리고 다시 첫째와 둘째를 합쳐서 관 주도 종교개혁이니 주류 종교개혁이라 하고 셋째는 급진 종교개혁이라 한다.

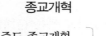

<pre>
                        종교개혁
1. 루터파 종교개혁 ┐ 관 주도 종교개혁
2. 개혁파 종교개혁 ┘   프로테스탄트 종교개혁
3. 급진파 종교개혁 ─ 급진 종교개혁
4. 가톨릭 종교개혁   ─ 가톨릭 종교개혁
</pre>

1) 루터파 종교개혁

종교개혁 하면 루터가 연상될 정도로 루터는 종교개혁에 큰 영향을 끼쳤다. 루터는 실로 서양사에서 시기를 나눈 획기적 인물이었다. 루터는 '루터 교회'라고 하는 그의 이름을 딴 교회가 있을 정도로 영향력이 큰 인물이었다.

루터파 종교개혁은 처음에는 학문적 운동이었다. 루터가 1517년 10월 31일 "95개 조문"을 작성하였다는 것은 널리 알려진 사실이다. 그러나 그는 그 해 9월에 또 다른 "97개 조문"을 작성하였다. 사실 이 "97개 조문"이 더 심원한 사상을 담고 있다. 이 "97개 조문"은 스콜라 신학을 논박한 것으로 루터의 개혁의 학문적 특성을 잘 보여 주고 있다. 그러나 루터가 1522년 바르트부르크에서 비텐베르크로 돌아온 후부터 루터의 종교개혁은 학문적 개혁에서 교회와 사회의 개혁으로 변화된다.

2) 개혁파 종교개혁

'종교개혁'Reformation이라는 말과 '개혁파'Reformed라는 말은 구별되게 쓰인다. '개혁 교회'Reformed Church란 루터 교회나 영국국교회(혹은 성공회)와는 구별되는 종교개혁의 한 파이다. 우리나라에서는 장로교회로 더 잘 알려져 있으나 유럽 대륙에서는 개혁교회로 불리어진다.

개혁파 종교개혁의 지도자들은 츠빙글리, 칼빈, 녹스 같은 사람들이다. 개혁파의 주도권은 처음에는 스위스의 취리히에서 시작되어 베른으로 다시 제네바로 옮겨갔다. 칼빈에 의해 제네바가 개혁파의 중심 무대가 되었다.

칼빈의 영향을 받은 개혁 운동은 스위스뿐만 아니라 프랑스, 네덜란드, 독일, 영국, 스코틀랜드, 동구로 확산되어 갔으며, 후에 청교도들에 의해 미국에 영향을 미치게 된다.

3) 급진 종교개혁

재세례파가 중심이 되는 급진 종교개혁 운동은 '종교개혁의 좌파'라고도 불리어진다. 예일 대학교의 교수이었던 베인튼R. H. Bainton 교수는 이 운동을 '종교개혁의 좌파'Left Wing of Reformation라고 명명하였고, 하버드 대학교의 교수이었던 윌리엄스$^{George Hunston Williams}$는 이 운동을 '급진 종교개혁'$^{Radical Reformation}$이라 명명하였는데, 현재 학자들은 '급진 종교개혁'이라는 용어를 선호하고 있다.

급진 종교개혁의 후예로 지금까지 존속하고 있는 것은 메노파 교회, 아미쉬 공동체, 후터파 공동체 등이다.

급진 종교개혁자들은 다양한 의견을 가지고 있었으나, 대체로 외적 권위에 대한 불신, 유아 세례의 거부, 공유 재산 제도, 전쟁을 반대하는 평화주의적 경향을 가지고 있었다.

4) 가톨릭의 종교개혁

가톨릭의 종교개혁은 과거에는 '반종교개혁'$^{Counter Reformation}$이라 명명하였다. 역사를 보면 혁명이 일어나면 이 혁명에 반대해 혁명 이전으로 돌아가려는 반혁명이 일어나곤 하였다. '반종교개혁'이라는 용어는 이런 의미를 담고 있다. 그러나 현재는 에큐메니컬 대화의 시대이어서 '반종교개혁'이라는 부정적 이미지를 담고 있는 용어보다 가톨릭 종교개혁이라는 용어를 선호하고 있다.

가톨릭의 종교개혁은 1545년에서 시작하여 1563년에 끝난 트렌트 공의회에 의해 정리가 되었다. 이 공의회가 발표한 교령과 교칙들에 의해 현대 가톨릭교회의 방향이 잡히게 되었다.

루터는 종교개혁을 시작하면서 공의회의 소집과 공의회에 의한 종교개혁을 주장하였다. 루터가 죽은 것은 1546년이었기 때문에 루터는 이 공의회의 개최를 볼 수 있었다. 그러나 예수회가 중심이 된 이 공의회에 대해 루터는 별 기대를 하지 않았다. 칼빈은 1564년에 죽었기 때문에 이 공의회가 개최되어 폐막되는 전 과정을 볼 수 있었다. 칼빈은 이 공의회의 발표들을 검토하고 부분적으로는 동의하였으나 전반적으로는 부정적이었다.

제 2 장
종교개혁의 신앙 원리는 무엇인가

1. 서언

지금까지 한국 교회에서는 종교개혁 원리를 몇 마디의 말로 요약해 왔다. 예컨대 '칭의', '오직 은혜로', '오직 신앙으로', '오직 그리스도', '죄인인 동시에 의인' 등등이다. 이 말들의 라틴어는 목회자들과 신학도들, 그리고 신학에 관심이 있는 평신도들에게까지 익숙하다. 즉, *Justificatio, Sola Gratia, Sola Fide, Solus Christus, Simul Justus et Peccator* 등등이다. 그리고 한국 교회의 목회자들과 신학도들은 이 말의 뜻을 잘 이해하고 있다고 생각하고 있으며, 자신들이 이해한 것을 교인들에게 가르쳐 왔다. 그리고 그런 이해에 따라 성경을 보아 왔다. 그 결과 로마서 3장 10절부터 30절까지가 선호하는 성경 말씀이었다. 로마서의 다른 말씀은 말할 것도 없고 로마서 3장 30절 바로 다음에 나오는 31절마저 간과되어 왔다.

한국교회가 이들 단어들로 이해하고 있는 종교개혁 원리는, 우리가 믿을 때 하나님이 그리스도로 말미암아 값없이 우리를 의롭다고 인정해 주므로 우리는 사실상 죄인이지만 의인으로 간주해 준다는 것이다. 한국의 그리스도인들은 이런 눈으로 성경을 보기 때문에 성경의 다른 말씀들은 눈에 잘 들어오지 않는다. 고린도전서 3장 15절에서는 "오늘까지 모세의 글을 읽을 때에 수건이 오히려 그 마음을 덮었도다"는 말씀이 있지만, 오늘날 한국 그리스도인들은 사도 바울이 말한 것과는 다른 수건이 그 마음을 덮고 있다고 할 수 있다. 그 수건 때문에 복음서에 나오는 산상 설교를 비롯한 그리스도의 주옥같은 말씀들이 자기와는 무관한 말씀들로 여겨지고 있다. 그런데 독일의 신학자인 본회퍼가 "값싼 은총" 대신에 "값비싼 은총"을 주장한 것을 보면 종교개혁의 고향인 독일의 상황도 우리의 상황과 다르지 않은 것 같다.

한국의 그리스도인들은 이들 단어들은 잘 알고 있지만, 종교개혁자들의 글들은 직접 읽어 보지 않았기 때문에 그 단어들의 뜻을 피상적으로만 알고 있다. 우리는 여기서 종교개혁자들의 글들을 상고하면서 이들 단어들의 깊은 의미를 살펴보려고 한다.

2. 득의*Justificatio*

한국 교회는 종교개혁의 중심 교리는 이신칭의 혹은 신앙 의인이라고 가르쳐 왔다. 이전 세대는 이신득의以信得義라고 말하였다. 영어의 justification에 해당하는 라틴어 *justificatio*는 우리말로 번역하기 쉽지 않은 말이다. 한국 가톨릭교회에서는 이 말을 의화義化로 번역한다. 의롭게 된다는 뜻이다. 개신교에서는 이 말을 다양하게 칭의稱義, 의인

義認, 인의認義 등등으로 번역한다. 개신교에서는 *justificatio*는 의롭게 되는 것이 아니라, 실제로는 의롭지 않지만 의롭다고 인정해 주는 것, 혹은 의롭다고 간주해 주는 것으로 해석하는 경향이 있다.

종교개혁자들이 큰 영향을 받은 초대 교부인 아우구스티누스는 득의를 의롭다 하는 것과 의롭게 되는 것으로 이해하였다. 우선 아우구스티누스는 『영과 문자』에서 의롭다 함을 받는 것을 의롭게 되는 것으로 이해하고 있다. "'의롭다 함을 받는다'는 단어는 '의롭게 만들어진다는 것'과 동의어이다. 즉, 불경건한 자를 의롭다 하는 그분에 의해 의롭게 만들어지는 것이다. 이는 불경건한 자가 의롭게 되게 하기 위한 것이다." 그런데 아우구스티누스는 한편으로는 의롭다 함을 받는다는 것을 의롭다고 간주된다는 뜻으로 이해하기도 하였다. "여기서 '의롭다 함을 받을 것이다'는 '의롭다 여겨질 것이다,' '의롭다 간주될 것이다'를 뜻한다고 우리는 생각해야 한다. 누가복음에 기록된 것처럼 율법사가 '자기를 옳게 보이려고,' 즉 의롭다 여겨지거나 의롭다 간주되려고 한 경우와 같다." 요컨대, 아우구스티누스는 *justificatio*라는 말을 의롭다고 간주해 주며, 의롭게 만들어 주는 것으로 이해하였다. 아우구스티누스 안에는 의화 사상과 칭의 사상이 공존하였다.

루터는 1517년 5월 18일 그의 친구 랑Johannes Lang에게 보낸 편지에서 "우리 신학과 성 아우구스티누스가 많은 진전을 보이고 있으며, 하나님의 도움으로 우리 대학교를 지배하고 있습니다"라고 말하였다. 그러나 루터는 후에 그의 "자서전적 단편"에서 이렇게 말하였다. "후에 나는 아우구스티누스의 『영과 문자』를 읽었는데, 거기서 나는 내 기대에 반하여 그도 역시 하나님의 의를 비슷한 방식으로, 즉 하나님이 우리를 의롭다 할 때 하나님이 우리에게 옷 입혀 주는 의로 해석하고 있음을 발견하였다. 이것이 지금까지 불완전하게 언급되어 왔으며, 그리고 그가 전가imputation에 관한 모든 것들을 분명하게 설명하지 않았지만, 그가 우리가 의롭다 함을 받는 하나님의 의를 가르친 것은 기쁜 일이었다. 나는 이런 사상들로 더욱 완전히 무장하여 두 번째로 『시편』을 해석하기 시작하였다." 또한 루터는 이렇게 말하기도 하였다. "아우구스티누스는 모든 스콜라 학자들보다 바울의 의미에 더 접근하였다. 그러나 그는 바울에게 도달하지는 못하였다. 처음에 나는 아우구스티누스를 그대로 받아들였으나 바울을 향한 문이 활짝 열리고 내가 이신득의가 사실상 무엇인지 알았을 때 그것은 아우구스티누스와 불일치하였다." 루터는 시편 주석에서 득의의 두 부분에 대하여 이렇게 말하였다. "이것들이 득의의 두 부분이다. 첫째는 그리스도를 통해 계시되는 은총이다. 즉, 그리스도를 통해 우리가 은혜로운 하나님을 가지는 것이다. 그래서 죄가 더 이상 우리를 고발할 수 없다. 우리의 양심은 하나님의 자비에 대한 신뢰를 통해 평화를 발견하였다. 두 번째 부분은 성령과 함께 성령의 은사들을 수여하는 것이다. 성령은 영과 육의 부정에 거슬러 우리를 조명한다"(고후 7:1). 요컨대 루터는 득의의 두 부분을 구별하였다. 그런데 루터가 보기에 아우구스티누스는 득의의 두 부분을 충분히 구별하지 못하였던 것 같았다.

또한 루터는 "두 종류의 의"라는 설교에서 의에는 두 종류가 있다고 말하였다. 하나는 '외래적 의'로서 그리스도가 우리에게 주는 의이고, 다른 하나는 우리의 '고유한 의'로서 우리가 실제로 의롭게 되는 것이라고 하였다. 루터는 외래적 의에 대하여 이렇게 말하였다. "인간의 죄에 두 종류가 있듯이 그리스도인의 의에도 두 종류가 있습니다. 첫째 것은 외래적인 의입니다. 즉 밖에서부터 스며들어온 다른 분의 의입니다. … 그러므로 그리스도에 대한 신앙을 통해 그리스도의 의가 우리의 의가 되며 그가 가진 모든 것이 우리의 것이 됩니다. … 이것은 무한한 의이며 모든 죄를 한 순간에 없애 버리는 것입니다. 왜냐하면 그리스도 안에 죄가 존재한다는 것은 불가능하기 때문입니다. 반대로, 그리스도를 신뢰하는 자는 그리스도 안에 존재합니다. 그는 그리스도와 함께 있는 자이며, 그리스도가 가진 것과 똑같은 의를 가진 자입니다. 그러므로 죄가 그 안에 남아 있다는 것은 불가능합니다."
루터의 이 설교에서 첫째 의, 즉 외래적 의라고 하는 점에서는 의가 완전한 의이다. 여기서 의는 무한한 의이며 죄를 한 순간에 없애 버리는 의이며 죄가 조금도 남아 있을 수 없는 의이다. 그러나 둘째 의라고 하는 점에서는 그렇지 않다. "두 번째 종류의 의는 우리 자신의 의입니다. 그러나 우리 자신의 의라고 하는 것은 우리가 혼자서 그것을 행하기 때문이 아니라 외래적인 첫 번째 의와 더불어 우리가 그것을 행하기 때문입니다. 이것은 선한 행실을 하면서 유익하게 보내는 삶의 방식인데, 첫째는 자기에 대해서는 육을 죽이고 욕망을 십자가에 못 박는 것입니다. … 둘째로 이 의는 이웃을 사랑하는 데 있으며, 셋째로 하나님에 대해 온순하고 두려워하는 데 있습니다. … 이 의는 첫째 유형의 의의 산물입니다. … 이 의는 언제나 옛 아담을 제거하고 죄의 몸을 멸하려고 노력하기 때문에 첫째 의를 완성해 가는 것입니다."

루터는 득의의 두 부분을 구별해야 한다고 주장하였지만, 칼빈은 멜란히톤처럼 한 걸음 더 나아가 득의의 이 두 부분에 대해 다른 명칭을 부여하였다. 즉, 의롭다고 인정해 주는 것은 Justification득의이고 의롭게 되는 것은 Regeneration중생 혹은 Sanctification성화이라고 하였다. 득의와 중생의 관계에 대해 칼빈은 이 둘이 동일한 것도 아니며, 그렇다고 분리되는 것도 아니라고 보았다. 우선 칼빈은 득의와 중생은 동일한 것이 아니라 구별되는 것이라고 보았기 때문에 득의와 중생을 동일시한 오지안더Andreas Osiander를 비판하였다. "오지안더는 중생의 저 선물과 이 값없는 용납을 혼합하고 그것들을 하나요 동일하다고 주장한다"고 칼빈은 말하였다. 칼빈은 득의와 중생은 분리되지 않지만 구별되어야 한다고 주장하였다. "득의의 은총은 중생과 분리되지 않으나 그것들은 구별된다. 죄의 흔적들이 의인들 안에 항상 남아 있다는 것이 경험에 의해 매우 잘 알려져 있기 때문에 그들의 득의는 삶의 새로움을 향한 개혁과는 전적으로 구별되어야 한다(롬 6:4 참조). 하나님은 그의 선택자 안에서 이 두 번째 점을 시작하고 그 안에서 일생을 통해 점진적으로 때로는 천천히 진보시키므로 그들은 항상 그의 심판대 앞에서 사형 선고를 받을 위험이 있다." 칼빈은 득의론에 있어서 의의 부여가 아니라 의의 전가임을 분명히 주장하였다. 칼빈은 "우리는 신앙만을 통해 하나님의 자비에 의해 값없는 의를 얻는다"라고 말하였으며, 득의는 "하나님이 그의 사랑 속에서 우리를 의로운 사람들로 받아들이는 것"이라고 말하였다. 칼빈은 오지안더가 "to justify의롭다 함"를 "to make righteous의롭게 만듦"로 설명한다고 비판하였다. 칼빈은 오지안더의 주장에 반해 득의와 중생을 구별하였지만, 그러나 칼빈은 득의와 중생을 분리시키지는 않았다. "삶의 실제적 거룩함은 의의 값없는 전가와 분리되지 않는다"고 칼빈은 말하였다. 또한 칼빈은 이렇게 말하였다. "그는 우리에게 의로움과 지혜와 거룩함과 구속함이 되셨다(고전 1:30). 그러므로 그리스도는 동시에 성화하지 않고 아무도 의롭다 하지 않는다. 이 유익들은 영원하고 분리할 수 없는 띠에 의해 결합되어 있다. 그래서 그가 그의 지혜로 조명한 자들을 그가 구원한다. 그가 구원한 자들을 그가 의롭다 한다. 그가 의롭다 한 자들을 그가 성화한다." 또한 칼빈은 "그리스도가 부분들로 나누어질 수 없듯이 우리가 그 안에서 인식하는 이 두 가지, 즉 의와 성화는 함께 결합되어 분리될 수 없다"고 말하였다. 칼빈은 득의와 중생의 관계를 한 마디로 이렇게 요약하였다. "우리는 행함 없이 의롭다 함을 받지 않지만 행함을 통해서 의롭다 함을 받는 것도 아니다. 왜냐하면 우리를 의롭게 하는 그리스도에 대한 우리의 참여에 있어서 성화는 의와 마찬가지로 포함되기 때문이다."

칼빈은 중생 안에 성화를 포함시킨 반면 후에 웨슬리는 중생과 성화를 출생과 성장의 관계로 구별하였다. 웨슬리는 그의 한 설교에서 다음과 같이 말하였다. "새로운 탄생은 성화와 동일하지 않다. 참으로 이것은 많은 사람들에 의해 당연하게 여겨진다. 특히 한 저명한 저술가가 그리스도인의 중생의 본질과 근거들에 관한 그의 최근의 논저에서 이것을 당연하게 여겼다. 이 논저에 대해 제기할 수 있는 몇 가지 중요한 반론들을 제쳐놓는다 하더라도 다음은 명백한 것이다. 이 논저는 처음부터 끝까지 중생을 점진적인 일, 즉 우리가 하나님을 향해 처음 전향한 시간 이후 늦은 속도로 영혼 안에 이루어지는 것이라고 말한다. 이것은 틀림없이 성화에 대해서는 사실이다. 그러나 중생, 즉 새로운 출생에 대해서는 사실이 아니다. 중생은 성화의 일부이지 전체가 아니다. 중생은 성화에 들어가는 문, 그것에 들어가는 입구이다. 우리가 다시 태어날 때 우리의 성화, 우리의 내적, 외적 거룩함은 시작된다. 그 후 우리는 점진적으로 "우리의 머리인 그에게까지 자라도록" 되어 있다. 사도의 이 표현은 이 둘 사이의 차이를 예찬할 만하게 밝혀 주며, 그리고 나아가서 자연적인 것과 영적인 것 사이에 있는 정확한 유비를 지적해 준다. 한 아기는 여인에게서 한 순간 혹은 적어도 매우 짧은 시간에 태어난다. 그 후 그는 어른의 신장에 이르기까지 점차 서서히 성장한다. 마찬가지로 한 아이가 하나님에게서 짧은 시간—한 순간이 아니라고 한다면—에 태어난다. 그러나 그는 그 후 늦은 속도로 그리스도의 충만한 신장의 분량에까지 자란다. 그러므로 우리의 자연적 출생과 우리의 성장 사이에 있는 동일한 관계가 우리의 새로운 출생과 우리의 성화 사이에도 있다."

요약하자면 아우구스티누스는 득의, 중생, 성화를 하나로 보았다. 루터는 득의 안에 중생과 성화가 포함되지만 구별되어야 한다고 보았다. 칼빈은 이분하여 득의와 중생을 구별하였다. 웨슬리는 삼분하여 득의와 중생과 성화를 구별하였다. 그러나 그들 모두는 우리가 하나님의 은총에 의해 신앙으로 말미암아 의롭다 인정받고 의롭게 된다고 주장하였다. 한국 교회가 의롭다 인정받는 것만 강조하지 않고, 의롭다 인정받는 것과 함께 의롭게 되는 것을 강조할 때 종교개혁의 신앙 원리를 회복하는 것이 될 것이다.

3. 오직 은총으로 *Sola Gratia*

한국 교회는 종교개혁의 중심 원리는 '오직 은혜로'라고 가르쳐 왔다. 그리고 교회에서 무슨 문제가 있을 때 "은혜로 합시다" 하는 말을 해 왔다. 은혜라는 말은 무언가 쉽게 하는 것으로 이해되고 있다. 이것은 비단 우리 한국 교회의 문제만은 아닌 것 같다. 전술한 바와 같이 독일의 신학자인 본회퍼가 "값비싼 은혜"라는 표현을 사용한 것을 보면 종교개혁의 본거지인 독일에서도 은혜는 값싸게 여겨진 것 같다. 그래서 본회퍼는 "값비싼 은혜"라는 명사名辭 모순의 표현을 사용한 것 같다. 은혜는 거저 주는 것인 것 같은데, 그 은혜가 값비싸다면 분명히 모순이다. 본회퍼는 이처럼 모순되는 말을 사용해야 프로테스탄트의 진리를 제대로 표현할 수 있다고 판단한 것 같다.

폴 틸리히의 저서 『그리스도교 사상사』는 그의 강의를 후진들이 편찬한 것이다. 그는 이 강의에서 처음에는 종교개혁의 질료적 원리는 justification by faith(신앙에 의한 득의)라고 말하였다가 이것을 수정하여 justification *by* grace *through* faith(은총에 의한 신앙을 통한 득의)라고 말해야 한다고 말하였다. "종교개혁의 질료적 원리는 신앙에 의한 득의의 교리, 혹은 오히려 은총에 의한 신앙을 통한 득의의 교리이다. 내가 방금 실수로 말한 것을 절대로 말해서는 안 되고, 항상 은총에 **의한** 신앙을 **통한** 칭의라고 말해야 한다. 의롭다 하는 능력은 하나님의 은총이다. 인간이 이 은총을 받는 통로가 신앙이다. 신앙은 결코 원인이 아니며 단지 통로이다." 폴 틸리히가 자기 말을 수정한 것처럼 우리가 의롭다 함을 받는 것은 은총에 의해서이며, 신앙은 그 은총을 받는 통로이다. 에베소서 2장 8절에서는 이렇게 분명하게 말하고 있다. "너희가 그 은혜를 인하여 믿음으로 말미암아 구원을 얻었나니."

개신교 교리의 핵심이 justification by grace(은총에 의한 득의)임이 분명하다. 그러나 by grace(은총에 의한)이니까 이것은 수단이다. 수단이 있으면 목적이 있는 것이다. 목적은 무엇인가. 그것은 의롭다 인정받는 것이고 의롭게 되는 것이다. 많은 사람들이 루터를 잘못 이해하고 있다. 루터가 단순히 은총을 강조했다고 잘못 이해하고 있다. 루터는 의롭게 되는 수단으로 은총을 주장한 것이다. 강조는 의롭게 되는 데 있다. 루터는 특별히 산상 설교를 강조했다. 모든 그리스도인이 산상 설교를 비롯하여 예수님의 가르침을 다 지켜야 한다고 주장하였다. 한국 교회는 중세 교회는 행함을 강조하고 루터는 그렇지 않았다고 생각하고 있다. 그러나 이것은 루터를 오해한 것이다. 오히려 중세 교회는 성서의 말씀을 권고counsel와 명령precept으로 구분하여, 수도사는 권고와 명령을 다 지켜야 하지만 일반 신도는 명령만 지키면 된다고 가르쳤으나, 루터는 산상 설교를 비롯한 예수님의 모든 가르침을 모든 신자들이 다 지켜야 한다고 가르쳤다. 루터는 이렇게 말하였다. "마태복음 5 (:44)에서 '너희 원수를 사랑하고 너희를 미워하는 자들에게 선을 행하라'고 하였다. … 그런 계명들에 대해 그들(중세 신학자들)은 완전한 자들을 위한 '권고들'이라고 한다. 그들은 그리스도인의 가르침과 그리스도인들을 두 부류로 나눈다. 한 부류를 그들은 완전한 자들이라고 부르고, 그 부류에는 권고들을 부과한다. 다른 부류를 그들은 불완전한 자들이라고 부르고, 그 부류에는 계명들을 부과한다. 이것을 그들은 어떤 성서적 근거도 없이 방자하게 그들 멋대로 행한다. 그들은 그리스도가 이 동일한 구절에서 자신의 가르침을 강조하여 한 단어도 제쳐 놓기를 원하지 않으며 원수를 사랑하지 않는 자들은 지옥의 형벌을 받는다고 말한 것을 보지 못한다. 그러므로 우리는 이 구절들을 다르게 해석해야 하는데, 즉 그리스도의 말씀들은 완전한 자나 불완전한 자나 모두에게 똑같이 적용되도록 해석해야 한다." 루터에 의하면 그리스도인들은 오른편 뺨을 치면 왼편도 돌려 대야 한다. 구하는 자에게 주어야 하며 꾸고자 하는 자에게 이자를 받지 않고 꾸어 주어야 한다. 그러나 이것은 인간의 힘으로 할 수 없다. 오직 은총의 힘으로 할 수 있다. 이것이 루터가 "오직 은총으로"라고 말했을 때의 의미이다. 우리는 산상 설교를 율법주의적인 강요에 의해서 지킬 수 없다. 누가 오른편 뺨을 치면 왼편을 돌려 대라고 강요를 한다면 반발할 것이다. 다만 인간이 하나님의 은총에 의해서 감동될 때 이런 일을 할 수 있다는 것이다.

은총 아래 사는 삶은 다른 사람의 잘못을 눈감아 주고 사는 삶과는 다르다. 루터는 "두 종류의 의"라는 설교에서 그리스도인을 세 부류로 나누었다. 루터는 이렇게 말하였다. "자기 자신의 현안 문제를 가지고 있는 사인私人들은 세 종류로 나눌 수 있습니다. 첫째로 하나님의 대리인들에게 복수와 판결을 해주도록 요청하는 자들입니다. 그런데 지금 이런 사람들은 그 수가 매우 많습니다. 바울은 그런 사람들을 묵인합니다. 그러나 그가 고린도전서 6장 12절에서 '모든 것이 내게 합법적이지만 다 유익한 것이 아니요'라고 말한 것을 보아 그들에게 찬성하지 않습니다. … 둘째 부류에는 복수를 바라지 않는 자들이 있습니다. 반대로 그들은 복음서에 따라(마 5:40) 속옷을 취하고자 하는 자들에게 겉옷도 줄 준비가 되어 있으며 어떤 악에도 대항하지 않습니다. 이들은 하나님의 아들들이며 그리스도의 형제들이며 장래 축복의 상속자들입니다. … 셋째 부류에는 사고 관념에 있어서는 방금 언급한 둘째 유형과 같으나 실천에 있어서는 그들과 같지 않은 자들이 있습니다. 그들은 자기들의 소유를 반환하기를 요구하거나 그것에 상응하는 처벌을 요구하는 자들입니다만, 그들이 이렇게 하는 것은 자기들의 유익을 구해서가 아니라 자기들의 소유에 대한 처벌이나 배상을 통해 훔치거나 피해를 준 자의 개선을 구해서입니다." 루터는 이렇게 말하고 나서 이 셋째 부류에 대해 다음과 같이 주의를 준다. "그러나 아무도 자기가 막 언급한 둘째 부류에서 성숙되고 높은 경험을 쌓지 않았을 경우 이런 일을 시도해서는 안 됩니다. 이는 그가 분노를 열심으로 착각하지 않도록 하기 위해서이며 자기가 정의에 대한 사랑에서 행한다고 믿는 것이 분노와 성급함에서 행했다는 정죄를 받지 않도록 하기 위한 것입니다. 분노는 열심과 비슷하고 성급함은 정의에 대한 사랑과 비슷하므로 가장 영적인 사람 이외에는 이것을 완전히 구별할 수 없기 때문입니다." 인간은 아무도 율법주의적 강요에 의해 둘째 부류의 삶을 살 수 없다. 인간은 다만 하나님의 은총의 힘에 의해, 성령의 감동에 의해 둘째 부류의 삶을 살 수 있으며, 더 나아가서 셋째 부류의 삶을 살 용기를 가지게 된다. 이것이 종교개혁자들이 가르친 '오직 은총으로'의 의미이다.

4. 오직 신앙으로 *Sola Fide*

한국 교회는 종교개혁의 중심 원리는 '오직 신앙으로'라고 가르쳐 왔다. 사실 루터는 '오직 신앙'을 주장하였다. 루터는 로마서 3장 28절 "그러므로 사람이 의롭다 하심을 얻는 것은 율법의 행위에 있지 않고 믿음으로 되는 줄 우리가 인정하노라"라는 말씀을 번역하면서 원문에 없는 '오직'이라는 단어를 첨가하여 "… 오직 믿음으로"(*allein durch den Glauben*) 되는 줄 우리가 인정하노라"라고 번역하였다.

반대자들이 이에 대해 비판하자 루터는 이렇게 대답하였다. 우선 독일어 어법은 그리스어나 라틴어 어법과는 달리 '오직'을 필요로 한다는 것이었다. 루터는 이렇게 말하였다.

여기 로마서 3 (:28)에서 *solum*(오직)이라는 단어가 그리스어나 라틴어 본문에 없다는 것을 나는 매우 잘 알고 있었다. 교황주의자들이 내게 그것을 가르쳐 줄 필요가 없었다. *s o l a*(오직)라는 이 네 글자가 거기에 있지 않은 것은 사실이다. … 나는 라틴어나 그리스어가 아니라 독일어로 말하기를 원하였다. 왜냐하면 내가 그 번역에서 말해야 한 것은 독일어이었기 때문이다. 우리 독일어의 특징은 두 가지를 말하면서 그중 하나를 긍정하고 다른 것을 부정할 때 *nicht*(아니다) 혹은 *kein*(어떤 것도 아니다)이라는 단어와 함께 *solum*(allein, 오직)이라는 단어를 사용한다. 예컨대 우리는 말할 때, "그 농부가 곡식만 가지고 오고 돈은 가지고 오지 않는다"(The farmer brings *allein* grain and *kein* money)거나 "나는 음식만 먹었지 음료수는 아직 마시지 않았다"(I have *allein* eaten and *nicht* yet drunk)거나 "당신은 그것을 쓰기만 하고 쭉 훑어보지는 않았는가?"(Did you *allein* write it, and *nicht* read it over?) 하고 말한다. … 이 모든 구절들에서 이것은 라틴어나 그리스어 어법은 아니지만 독일어 어법이다. *nicht*(아니다) 혹은 *kein*(어떤 것도 아니다)이라는 단어가 좀 더 분명하고 좀 더 철저해지도록 하기 위해 *allein*(오직)이라는 단어를 첨가하는 것이 독일어의 특징이다. 하긴, 나는 "그 농부가 곡식은 가지고 오고 돈은 가지고 오지 않는다" (The farmer brings grain and *kein* money)라고도 말할 수 있지만, 그러나 "그 농부가 곡식만 가지고 오고 돈은 가지고 오지 않는다"(The farmer brings *allein* grain and *kein* money)라고 말하는 때처럼 "돈은 가지고 오지 않는다"(*kein* money)라는 말이 충분하고 분명하게 들리지 않는다.

루터는 이처럼 독일어의 독특한 어법 때문에 번역에 있어서 *allein*
(오직)이라는 단어를 첨가해야 한다고 주장하였을 뿐만 아니라, 로마
서의 문맥상 *allein*(오직)이라는 단어를 첨가할 필요가 있다고 주장하
였다. 루터는 이렇게 말하였다.

> 하지만 내가 로마서 3장 28절에서 *solum*(오직)이라는 단어를 삽입한
> 것은 단순히 언어의 특징에 의존하고 그 특징을 따라서 한 것만은 아
> 니다. 사실상 본문 자체와 성 바울의 의미가 그것을 강하게 요청하고
> 요구한다. 바로 그 구절에서 그는 기독교 교리의 중심점, 즉 우리는
> 율법의 행위 없이 그리스도에 대한 신앙에 의해서 의롭다 함을 받는
> 다는 교리를 다루고 있다. 그리고 바울이 모든 행위들을 매우 철저하
> 게 제거하여, 율법의 행위들—그 율법이 하나님의 율법이며 말씀이
> 긴 하지만—이 득의에 있어서 우리를 도와주지 못한다고 말하기까지
> 한다(롬 3:20). … 모든 행위들이 매우 철저하게 제거될 때—그래서
> 그것이 신앙만이 의롭다 한다는 뜻이 되어야 할 때— 이 행위의 제거
> 에 대해 명백하고 명확하게 말하고자 하는 사람은 누구나 "행위가 아
> 니라 신앙만이 우리를 의롭다 한다"(Faith alone justifies us, and
> not works)라고 말해야 할 것이다. 언어의 특징뿐만 아니라 내용 자
> 체가 이것을 요구한다.

이처럼 루터가 오직 신앙을 주장한 것은 사실이다. 그러나 루터의
뜻은 심오한 데 있었다. 루터는 신앙이 다른 덕목들 가운데 하나가 아
니라 다른 덕목들의 뿌리라고 보았다. "이 신앙은 곧 그것과 함께 사
랑, 평화, 기쁨 및 희망을 가지고 온다"라고 루터는 말하였다. 루터는

자기 이전의 신학자들이 신앙을 다른 덕목들 위에 둔 것이 아니라 옆에 두었다고 비판하였다. "그들은 신앙을 다른 덕목들 위에 둔 것이 아니라 옆에 두었다. 그들은 신앙을 다른 덕목들의 모든 행위들로부터 분리된 그 나름의 종류의 행위로 만들었다. 하지만 신앙만이 모든 다른 행위들을 선하고 받아들일 만하고 가치 있게 만든다. 왜냐하면 신앙은 하나님을 신뢰하고 그리고 인간이 신앙 안에서 행하는 모든 것이 하나님 보시기에 잘 행해진 것임을 결코 의심하지 않기 때문이다." 요컨대 신앙은 다른 덕목들 중 하나가 아니라 다른 덕목들 위에 있는 것이다.

루터는 신앙을 두 종류, 즉 신적 신앙과 인간적 신앙으로 구별하였다. 신적 신앙에 있어서 신앙은 하나님의 능력이지 인간의 능력이 아니다. 신앙 안에서 인간은 하나님의 능력을 공유한다. "마치 하나님이 전능하신 것처럼 신앙도 전능한 것이다" 하고 루터는 말하였다. 그러나 인간적 신앙은 자신의 힘으로 믿으려는 인간의 시도로 잘못된 생각일 뿐만 아니라 하나님에 대한 범죄라고 루터는 보았다. 신적 신앙은 "우리 안에 있는 하나님의 일로서 우리를 변화시키고 우리를 하나님에게서 새롭게 태어나게 만든다(요 1:12-13). 그것은 옛 아담을 죽이고 우리를 마음과 영과 지성과 능력에 있어서 전혀 다른 사람들로 만든다. 그것은 그것과 함께 성령을 가지고 온다. 오, 이 신앙은 살아 있고 분주하고 활동적이고 능력 있는 것이다. 그것은 끊임없이 선한 일들을 하지 않을 수 없다. 그것은 선한 일들을 행할 것인지를 묻지 않는다. 묻기 전에 이미 행하고 또 끊임없이 행한다. 그런 일들을 행하지 않는 사람은 불신자이다" 하고 루터는 말하였다. 그러나 이런 참된 신앙이 아닌 인간적인 허구도 있다. 루터는 이런 인간적인 허구에 대해 이렇게 말하였다. "신앙은 어떤 사람들이 신앙이라고 부르는 인간적 개념과 꿈이 아니다. 그들은 삶의 개선과 선행이 따르지 않는 것을 보고—그들이 신앙에 대해 많이 듣고 말할 수 있지만— '신앙은 충분하지 않다. 의롭게 되고 구원받기 위해서는 행위들을 행해야 한다'라고 말하는 오류에 빠진다. 이것은 그들이 복음을 들을 때 분주하고 자기 자신들의 능력으로 그들의 마음속에 '내가 믿는다'라고 말하는 관념을 만드는 데 기인한다. 그들은 이것을 참된 신앙으로 여긴다. 그러나 그것은 결코 마음의 깊이에까지 이르지 않는 인간적 허구와 관념이기 때문에 거기에서는 아무 것도 나오지 않으며 개선도 따르지 않는다."

루터에게 있어서 신앙은 무엇보다 하나님을 신뢰하는 것이었다. 루터는 하나님을 신뢰하는 것이 하나님을 가장 기쁘게 하는 것이며, 하나님을 불신하는 것이 하나님을 가장 욕되게 하는 것이라고 보았다. 다른 말로 하면 루터에게 있어서 신앙은 하나님에 대한 최고의 존경의 표현이며, 불신은 하나님에 대한 최대의 범죄이다. 루터는 이렇게 말하였다. "영혼이 하나님의 말씀을 확고하게 믿을 때, 그 영혼이 하나님을 신실하고 선하고 의롭다고 생각한다. 그렇게 함으로써 영혼은 하나님께 자기가 할 수 있는 최고의 존경을 바친다. 영혼은 하나님이 진실하심을 인정하며, 그 사실을 의심하지 않는다. 그래서 영혼은 하나님의 이름을 명예롭게 한다. 이것이 또한 의미하는 것은 우리가 하나님을 믿지 않는 것보다 하나님께 더 큰 불명예가 되는 것은 없다는 것이다."

요약하자면, 루터에게 있어서 신앙은 하나님의 선물로서 능력 있는 것이었다. 그 능력 있는 신앙은 선행을 동반할 수밖에 없었다. 그 신앙에 무슨 부족함이 있는 것처럼 다른 것들을 사족처럼 덧붙이는 것을 루터는 용납할 수 없었다. 루터에게 있어서 그것은 하나님의 선물인 신앙을 모독하는 것처럼 보였다. 루터는 신앙과 행함 둘 중에 신앙을 선택한 것이 아니었다. 행함을 필연적으로 동반하는 진정한 신앙, 신적 신앙을 강조한 것이었다.

5. 오직 그리스도Solus Christus

한국 교회는 프로테스탄트의 중심 원리는 '오직 그리스도'라고 가르쳐 왔다. 우리의 중보자는 그리스도뿐이며, 어떤 성자도 우리의 중보자가 될 수 없다. 그래서 종교개혁자들은 중세 교회의 성자 공경을 비판하였다. 그렇다고 해서 종교개혁자들이 기독교의 신앙의 위인들을 전적으로 부정한 것은 아니었다. 그들은 공경이나 숭배의 대상이 아니라 따라가야 할 모범의 대상이라고 보았다.

사도 신경에는 "성도가 서로 교통하는 것"이라는 말이 있다. 한국 가톨릭교회에서는 이 말을 "모든 성인의 통공"이라고 번역한다. 영어 번역으로는 "communion of saints"이고, 라틴어 원문으로는 "communio sanctorum"이다. 속격은 여러 가지로 해석될 수 있다. 특히 주격적 속격과 목적격적 속격으로 해석할 수 있다. 중세 교회에서는 communio sanctorum을 목적격적 속격으로 해석하여 성자들에 대한 교통, 성자들과의 통공으로 해석하였다. 성자들과 교통함으로 성자들의 공적의 도움을 받는다고 해석하였다. 그러나 루터는 이 말을 주격적 속격으로 해석하여 땅에 있는 우리 모두가 성자들이며, 땅에 있는 우리 성자들이 교통하는 것, 즉 사랑을 나누고 고통을 나누고 물질을 나누는 것으로 해석하였다.

로마 가톨릭교회에서는 Saint가 5,000명 정도 된다. 그러나 루터는 『갈라디아서 강의』에서 우리 모두가 Saint라고 가르쳤다. "그리스도를 믿는 모든 사람들이 성자들이다"(saints are all those who believe in Christ)라고 루터는 말하였다. 루터도 수도사였을 때는 최소한 한 명의 성자라도 만나서 그의 삶과 행동을 보고 싶었다고 한다. 당시 루터가 상상한 성자는 광야에서 살면서 음식과 음료를 절제하고 식물뿌리와 냉수로 연명하는 사람이었다고 한다. 그러나 성경을 연구하면서 그리스도와 사도들이 말하는 성자는 그리스도의 보혈과 죽음으로 거룩하게 되고 깨끗하게 되었다고 믿는 사람들임을 알게 되었다고 한다. 루터는 이 발견에 너무 감격해 하였다. "나는 하나의 성자가 아니라 많은 성자들을 만났다. 사실상 수많은 진짜 성자들을 만났다. 궤변론자들이 말하는 유형의 성자가 아니라 그리스도와 사도들이 말한 유형의 성자들이다. 하나님의 은총에 의해 나까지도 그런 유형의 성자들에 속해 있다." 인간은 인간의 노력으로 성자가 될 수 없다. "그들은 능동적 거룩함에 의해서가 아니라 수동적 거룩함에 의해서 성자들이다"(they are saints, not by active holiness but by passive holiness) 하고 루터는 말하였다. 인간은 하나님의 은총의 힘에 의해, 그리고 그 은총을 신앙으로 받아들임으로써 성자가 될 수 있는 것이다.

인간은 신앙 안에서 하나님의 큰 은총을, 하나님이 가지신 모든 것을 가지고 있다. 그래서 루터는 이렇게 말하였다. "당신은 당신의 구원을 위해, 죄의 용서를 위해, 혹은 당신의 양심의 평온을 위해 아무것도 할 필요가 없다. 당신은 당신의 신앙 안에서 당신이 필요로 하는 모든 것을 가지고 있다. 그러나 당신의 이웃은 그가 필요로 하는 모든 것을 아직 가지고 있지 않으며, 그는 당신이 도와주어야 할 사람이다. 이 까닭에 하나님은 당신이 계속 살아가게 하신다. … 이는 당신이 당신의 삶을 가지고 당신의 죄악된 자아가 아니라 당신의 이웃을 섬기도록 하기 위한 것이다." 우리가 하는 모든 일은 우리의 이웃을 돕도록 설계되어야 한다. 왜냐하면 각 사람은 그의 신앙 안에서 자신을 위해 필요한 모든 것을 가지고 있기 때문이다. 우리의 모든 다른 행위들과 남은 생명은, 자발적인 사랑으로부터 우리의 이웃을 섬기는 데 사용하기 위한 것이다. 왜냐하면 나는 나의 신앙을 통해 그리스도 안에서 모든 것을 충분히 가지고 있기 때문이다. "자신의 유익과 선을 추구하며 살아가는 모든 삶은 저주와 정죄가 있다. 사랑으로 행하지 않는 모든 행위는 저주를 받는다." 그리스도인은 자신 안에서가 아니라 그리스도와 이웃 안에서 살아간다. 즉, 신앙으로 그리스도 안에서, 사랑으로 이웃 안에서 살아간다. 그는 신앙으로 자신 위로 하나님을 향하고, 사랑으로 하나님에게서 눈을 돌려 자기 아래로 굽어보지만, 그러나 항상 하나님 안에 그리고 하나님의 사랑 안에 머문다. 우리의 하늘 아버지가 그리스도 안에서 자유롭게 우리를 도우러 오신 것처럼, 우리도 또한 자유롭게 우리의 몸과 몸의 행위들을 통해 우리의 이웃을 도와야 한다. 그리고 각 사람은 다른 사람에게 하나의 그리스도인 양 되어야 한다. 이는 우리가 서로에게 그리스도가 되고 그리스도가 모든 사람 안에 동일하게 거하게 하기 위한 것, 즉 우리가 참으로 그리스도인이 되기 위한 것이다. 나는 "이웃에게 하나의 그리스도가 되어야 하며, 그리스도가 나를 위하신 것처럼 나는 그를 위한 존재가 되어야" 한다. 하나님이 보시기에는 사람이 남겨서 넘겨준 것, 자기 이웃을 돕기 위해 사용하지 않은 모든 것은 불법적이고 도적질한 것이다. 왜냐하면 하나님 앞에서 인간은 모든 것을 주어야 하고 빌려 주어야 하고 가져가게 해야 하기 때문이다. 우리는 사랑을 위하여 모든 상황에서 우리의 이웃을 도와야 한다. 만약 그가 가난하다면 우리는 우리의 소유로 그를 섬겨야 한다. 만약 그가 수치 가운데 있다면 우리는 우리의 명예로 그를 덮어 주어야 한다. 만약 그가 죄인이라면 우리는 우리의 의와 경건으로 그를 장식해 주어야 한다. 왜냐하면 이것이 그리스도가 우리를 위해 행하신 것이기 때문이다.

6. 의인인 동시에 죄인 *Simul Justus et Peccator*

한국 교회는 루터가 '의인인 동시에 죄인'이라는 교리를 가르쳤음을 강조해왔다. 인간이 의롭다 간주되긴 하지만 여전히 죄인임을 강조해왔다. 하나님이 우리가 죄인임에도 불구하고 우리를 의롭다고 간주해 주었으므로 죄를 지어도 구원을 받는다고 생각하는 경향이 있다. 하나님이 인간을 자녀로 삼았기 때문에 무슨 죄를 지어도 여전히 자녀로 인정해 준다고 생각한다. 그러나 종교개혁자들은 이 세상에서의 그리스도인의 완전을 주장하지는 않았지만, 죄와 싸우는 그리스도인의 모습을 강조하였다. 종교개혁자들은 죄의 용서, 즉 사죄를 주장하였지만, 동시에 죄를 죽이는 멸죄를 강조하였다.

루터는 『로마서 강의』에서 의인인 동시에 죄인을, 사실 속에서는 죄인이나 희망 속에서는 의인이라고 해석하며, 이것을 해석하는 데 있어서 환자의 비유를 사용하였다. 루터는 이렇게 말하였다.

그것은 환자에게 확실한 회복을 약속해 주는 의사를 믿는 환자의 경우와 비슷하다. … 이제 이 환자가 건강한가? 사실상 그는 아픈 동시에 건강하다. 그는 사실에 있어서 아프나 의사의 확실한 약속 때문에 건강하다. 그는 의사를 신뢰하며, 의사는 그가 이미 치료받은 것으로 간주한다. 왜냐하면 그는 의사가 그를 치료할 수 있음을 확신하기 때문이다. 의사는 이미 그를 치료하기 시작하였으며, 더 이상 그의 질병을 죽음에 이르는 질병으로 간주하지 않는다. … 이제 그는 완전히 의로운가? 아니다. 그는 죄인인 동시에 의인이다. 사실에 있어서 죄인이나, 하나님이 그를 완전히 치료할 때까지 하나님이 그를 죄로부터 구원하는 일을 계속할 것이라고 하는 하나님의 확실한 전가와 약속에 의한 의인이다. 그래서 그는 희망 속에서는 전적으로 건강하지만 사실에 있어서는 죄인이다. 그러나 그는 의의 시작을 지니고 있으며, 그래서 그는 항상 더욱더 의를 찾는 일을 계속한다. 하지만 그것은 단순히 내적 회개만을 의미하지 않는다. 만약 회개가 외적으로 다양한 종류의 육의 죽임을 산출하지 않는다면, 그런 내적 회개는 공허한 것이다. 그는 항상 불의함을 깨닫고 있다.

루터는 일관되게 득의는 율법의 행위에 의한 것이 아니라 신앙에 의한 것이라고 주장하였다. 루터는 1536년 『득의에 관한 논쟁』에서도 "우리는 율법의 행위 없이 신앙에 의해 득의된다" 하고 말하였다. 그렇지만 "내가 그리스도를 믿고, 그 후에 내가 그리스도 안에서 참으로 선한 일들을 행한다" 하며 신앙 후에 오는 선행을 강조하였다. 루터는 이 『득의에 관한 논쟁』에서 득의의 전가의 면을 이렇게 설명하였다. "의가 얻어진다는 것은 이 관념, 즉 우리가 그리스도 때문에 의롭게 여겨진다는 것을 포함한다." 또한 득의의 완전한 면을 이렇게 설명하였다. "득의된 사람은 여전히 죄인이지만, 용서하고 자비를 베푸는 하나님에 의해 충만히 그리고 완전히 의롭다고 여겨진다." 그러나 여기에는 점진적으로 의롭게 된다는 사상도 나타난다. "우리는 득의된 사람이 아직 의인이 아니지만 의를 향한 운동 혹은 여행 중에 있음을 안다." 요컨대 후기의 루터 사상에 있어서도 득의는 전가의 면과 분여의 면을 가지며, 전체적인 면과 부분적인 면을 가진다.

　루터는 95개 조문에서 이렇게 말하였다. "1조. 우리의 주님이시며 스승이신 예수 그리스도께서 '회개하라'고 말씀하셨을 때, 그는 신자들의 전 생애가 회개의 행위가 되기를 원하셨다." "3조. 하지만 그는 단순히 내적 회개만을 의미하지 않는다. 만약 회개가 외적으로 다양한 종류의 육의 죽임을 산출하지 않는다면, 그런 내적 회개는 공허한 것이다." 루터에 따르면 인간은 일생 동안 회개의 삶을 살아야 한다. 인간은 마음으로만 회개해서는 안 된다. 육을 죽이지 않는 마음만의 회개는 공허하다. 루터는 이런 신앙을 가지고 있었기 때문에 돈으로 사죄를 살 수 있다는 면죄부 사상에 항거하였다.

　루터는 독일어 성경 로마서 서문에서 신앙의 특별한 일을 "죄를 완전히 죽이는 것"the complete slaying of the sin, 즉 멸죄라고 말하였다. "신앙의 특별한 일은 영과 육의 갈등 가운데 우리가 의롭다 함을 받은 후에도 남아 있는 죄와 정욕을 완전히 죽이는 것이다." 우리는 의롭다 함을 받은 후, 우리 안에 죄가 조금도 남아 있지 않은 양 나태하고 이완되고 부주의해서는 죄로부터 해방될 수 없다. 죄는 존재한다. 그러나 죄에 대항하여 싸우는 신앙 때문에 더 이상 우리를 정죄하지는 못한다. 루터는 "우리는 우리의 전 생애에 걸쳐 우리의 몸을 길들이고 몸의 정욕들을 죽이며 몸의 지체들이 영에 복종하고 정욕들에 복종하지 않도록 최선을 다해야 한다" 하고 말하였다. 세례는 죄의 죽음the death of sin과 은총의 새 생명을 의미한다. 우리는 죄로부터 완전히 정화되고 우리의 몸까지 그리스도와 함께 부활하여 영원히 살 때까지 그리스도의 죽음과 부활을 닮아가며 우리의 세례를 완성해 간다고 루터는 말하였다. 루터에 의하면 사람에 따라 영이 강한 사람도 있고 육이 강한 사람도 있어서 영과 육의 갈등이 더 클 수도 있고 작을 수도 있지만 우리가 사는 한 그 갈등은 계속된다. 인간은 영과 육이기 때문에 "인간이 완전히 영적이 될 때까지 자기 자신과 싸운다"라고 루터는 말하였다.

칼빈은 『기독교 강요』에서 "그리스도인의 삶은 육을 죽이려는 계속적인 노력과 훈련"이라고 말하였다. 그 노력과 훈련은 육이 완전히 죽고 하나님의 영이 우리 안에서 통치할 때까지 계속된다. 칼빈은 자기 자신을 매우 싫어할 줄 아는 사람은 큰 유익을 얻는다고 하였다. 인간은 이 진토에 고착되어 진전하지 못해서는 안 되고 하나님을 향해 나아가야 한다. 인간은 그리스도의 생명과 죽음에 접붙여져서 계속적인 회개에 이르러야 한다. 칼빈은 인간이 먼저 의에 대한 사랑에 사로잡혀야 죄를 미워한다고 하였다.

전술한 바와 같이 루터는 두 가지 의를 말했다. 첫째는 외래적인 의이고 둘째는 우리 자신의 의이다. '우리 자신의 의'란 선한 행실을 하면서 유익하게 보내는 삶의 방식인데, 자기에 대해서는 육을 죽이고 욕망을 십자가에 못 박는 것이다. 또한 이웃을 사랑하는 것이며, 하나님에 대해 온순하고 두려워하는 것이다. 이 의는 첫째 유형의 의의 산물이다. 이 의는 언제나 옛 아담을 제거하고 죄의 몸을 멸하려고 노력하기 때문에 첫째 의를 완성해 가는 것이라고 루터는 말하였다.

칼빈은『로마서 주석』에서 구원은 사죄와 성화, 두 부분으로 이루어진다고 말하였다. "우리는 은총이라는 말을 구원의 두 부분으로 이해한다. 즉 하나는 죄의 용서인데, 그것에 의해 하나님이 우리에게 의를 전가하시며, 다른 하나는 성령의 성화인데, 성령에 의해 우리를 새롭게 하여 선행을 하게 하신다." 칼빈에게 있어서 구원은 사죄나 득의와 동일시되지 않았다. 사죄나 득의는 구원의 한 부분이지 구원의 전부가 아니었다. 구원은 성화에 의해 완성되는 것이다. 칼빈은 득의 못지않게 중생을 강조하였다. "아무도 중생 없이 그리스도의 의를 입을 수 없다"라고 칼빈은 말하였다.

종교개혁자들은 그리스도의 보혈에 의한 죄의 용서, 즉 사죄를 가르쳤다. 우리의 모든 죄가 용서되었다는 것은 복음의 핵심임이 분명하다. 그러나 종교개혁자들은 여기에 머물지 않았다. 그들은 나아가서 죄의 멸절, 즉 멸죄를 강조하였다.

7. 결언

우리는 지금까지 종교개혁 원리들을 살펴보았다. 루터에게 있어서 득의는 의롭다 간주되는 것과 의롭게 되는 두 면이 있음을 살펴보았다. 또한 루터는 두 종류의 의, 즉 외래적 의와 고유한 의를 가르쳤음을 고찰하였다. 칼빈은 득의를 의롭다 간주되는 뜻으로 사용하였지만, 득의는 성화와 불가분의 관계가 있다고 주장함으로써 의롭다 간주되는 것만을 강조하지는 않았다. 종교개혁자들은 '오직 은총으로'를 주장하였지만, 그것은 득의의 방편으로 주장한 것이다. 인간은 하나님의 은총에 의해 의롭다 간주되고 또 의롭게 되는 것이다. 종교개혁자들은 '오직 신앙으로'를 주장하였지만, 그것은 행함이 없는 신앙이 아니었다. 루터는 신앙은 끊임없이 선한 일들을 하지 않을 수 없다고 말하였으며, 선한 일들을 행하지 않는 사람은 불신자라고 말하였다. 종교개혁자들은 '오직 그리스도로'를 주장함으로써 그리스도 이외의 다른 중보자들을 부정하였으며, 성자 공경도 부정하였다. 그 대신 믿는 자가 성자이며, 그 성자들은 서로 교통하는 것으로 보았다. 루터는 '의인인 동시에 죄인'이라는 교리를 가르쳤다. 인간은 외래적 의와 자신의 고유한 의에 의해 의에 이르는 도상에 있다는 점에서 의인인 동시에 죄인이다.

제 3 장
종교개혁의 삶의 원리는 무엇인가

1. 모든 신자의 사제성의 원리

종교개혁의 중요한 원리는 모든 신자가 사제라고 하는 것이다. 루터는 이렇게 말하였다. "이것은 모든 그리스도인들이 공동으로 소유한 영적 사제직이다. 그것을 통해 우리 모두는 그리스도와 함께 사제들이다. 즉, 우리는 대사제인 그리스도의 자녀들이다. 우리는 그리스도 이외에 어떤 사제나 중보자를 필요로 하지 않는다. … 그래서 모든 그리스도인은 그 나름으로 그리스도 안에서 기도하고 하나님께 다가간다." 그러나 이 사제직은 자기 자신을 위해 기도하는 자기 자신만을 위한 사제직이 아니라 타인을 위한 사제직이기도 하다. 루터는 이렇게 말하였다. "우리는 왕들 가운데 가장 자유로운 자일 뿐만 아니라 왕이 되는 것보다 훨씬 더 뛰어난 영원한 사제들이다. 왜냐하면 우리는 사제들로서 다른 사람들을 위해 기도하고 신적인 일들을 서로 가르치기 위해 하나님 앞에 나타날 가치가 있기 때문이다."

루터는 모든 신자가 사제라는 주장에 근거해서 중세 교회의 성직 제도를 비판했다. "교황, 주교, 사제 및 수도사들은 영적 신분이라 부르고 군주, 영주, 장인 및 농부들은 세속적 신분이라 부르는 것은 순전히 조작적인 것이다"라고 루터는 말하였다. "우리 모두는 세례를 통해 사제들로 성별되기" 때문에 "모든 그리스도인들은 참으로 영적 신분에 속하며 그들 사이에는 직책의 차이 이외 다른 아무 차이도 없다"라고 루터는 말하였다.

만인 사제성의 교리는 현대의 민주주의의 원리에 가장 잘 맞는 교리이다. 중세 봉건 시대에는 사회적으로는 귀족과 평민의 구별이 있었고, 종교적으로는 종교적 귀족인 승족과 평신도의 구별이 있었다. 그러나 현대 민주주의 사회에서는 귀족과 평민의 구별이 사라졌으므로, 종교적으로도 성직자와 평신도의 구별이 없어지는 것이 구조적으로 맞다. 그런 점에서 모든 신자의 사제성의 원리는 현대적인 원리이다.

2. 결혼과 가정의 신성성의 원리

루터는 결혼하고 가정을 이루는 것은 하나님의 일이라고 하며, "'생육하고 번성하라'는 것은 명령 이상의 것, 즉 하나님의 일로서 그것을 방해하거나 무시하는 것은 우리의 권한에 있지 않다"라고 말했다. 따라서 "사제들과 수도사들과 수녀들은 씨를 생산하고 번식하라는 하나님의 명령이 자기들 안에 힘 있고 강하게 작용하는 것을 발견한다면 자기들의 서원을 버려야 한다. 그들은 어떤 권위나 법이나 명령이나 서원에 의해서도 하나님이 그들 안에 창조해 주신 이것을 막을 권한이 없다." 독신으로 지내는 사람은 누구나 방종과 음란 속에 빠지는 것을 피할 수 없다. 결혼을 피하는 사람은 누구나 하나님의 뜻을 행하지 않고 사탄의 뜻을 행한다. 사람들은 혼외의 성적 방종에 있어서 악마의 말을 잘 듣고 악마가 시키는 대로 하기 때문에, 악마는 결혼의 원수이다. 루터는 이렇게 말하였다. "독신으로 살려고 하는 사람은 불가능한 일을 시도하고 있는 것이며, 하나님의 말씀과 그리고 하나님이 그에게 주고 또한 그 안에 보존하시는 본성에 거슬러 그 일을 떠맡는 것이다. … 그런 사람들은 매춘과 온갖 종류의 육체의 불결에 탐닉하여서 그들 자신의 악에 빠지고 절망에 이르게 된다."

루터에 의하면 로마 카톨릭 교회는 독신 생활을 하나님의 은총의 특별한 은사로 생각하지 않았다. 그러므로 로마 카톨릭 교회는 독신 생활을 사제들에 대한 법으로 만들었다. 그러나 하나님이 예레미야를 독신 생활로 불렀던 것과 같이 자기를 특별히 부르지 않았다면 아무도 결혼하지 않고 독신 생활을 할 수 있다고 자신을 가져서는 안 된다. 하나님의 이 특별한 은사를 받지 않고 독신으로 남으려고 시도하는 사람은 매춘과 온갖 종류의 육체적 불결 행위를 하게 된다. 비록 그가 외적으로, 육체적으로 이러한 죄를 짓지 않더라도, 그는 여전히 내적으로, 정신적으로 이러한 죄를 짓게 된다.

루터는 악마가 수도사들 속에서 역사한다고 생각하였다. "결혼을 부끄러워하는 사람은 누구든지, 인간이 되는 것을 부끄러워"하는 것이다. 루터는 이런 식으로 육체와 감각 그리고 육욕의 타락성을 거절하였다. 결혼을 비방하고 수치스럽게 만든 자는 이 세상의 신인 악마다. 사람은 악마와 그의 세상을 거부하고 반대하기 위하여 결혼을 해야 한다.

루터는 사람들이 아내보다 다른 여인을 더 매력적으로 생각하는

데, 이것은 악마의 계교 때문이라고 하였다. "악마의 선동으로 사람은 자기 아내의 결점들만 보고, 선하고 칭송할 만한 점들을 보지 못한다. 그 결과 모든 다른 여인이 자기 눈에는 자기 아내보다 더 아름답고 더 낫게 보인다." 그러나 하나님의 말씀대로 사는 그리스도인이라면 "만약 그가 다른 여인, 심지어 자기 아내보다 더 아름다운 여인을 본다면, 이렇게 말할 것이다." "그녀는 아름다운가? 나에게는 그녀가 별로 아름답지 않다. 설령 그녀가 세상에서 가장 아름다운 여인이라 하더라도, 집에 있는 나의 아내에게서 나는 보다 사랑스러운 장식, 즉 하나님이 나에게 주시고 그의 말씀으로 다른 사람들보다 더욱 치장해 주신 장식을 발견할 수 있다. 비록 그녀가 아름다운 몸매를 갖고 있지 못하고 또 다른 결점을 갖고 있을지라도 그러하다. 비록 내가 세상에 있는 모든 여인을 살펴볼지라도, 내 아내 외에는 즐거운 양심을 가지고 '이 여인은 하나님이 나에게 허락해 주시고 나의 팔에 안겨 준 사람이다' 하고 자랑할 수 있는 여인은 없다. 만약 내가 사랑과 진실을 가지고 내 아내와 함께 한다면 하나님과 모든 천사들도 진심으로 즐거워한다는 것을 나는 안다. 그렇다면 왜 내가 하나님의 이 귀중한 선물을 멸시하고, 그런 보화와 장식을 발견할 수 없는 다른 사람을 취할 것인가?"

결혼 연령에 대해서 이렇게 루터는 말하였다. "청년은 늦어도 20세에 결혼하여야 하고, 처녀는 15세로부터 18세까지 결혼하여야 한다. 그 때 그들은 건강이 좋고 결혼할 최적기에 있다. 그들과 그들의 자녀들이 어떻게 먹고 살 것인가 하는 걱정은 하나님께 맡겨라. 하나님이 자녀들을 만드시고, 또 확실히 그들을 먹여 줄 것이다."

3. 직업 소명론

독일의 종교 사회학자 막스 베버Max Weber는 그의 『프로테스탄트 윤리와 자본주의의 정신』에서 루터는 "세상적 의무들을 성취하는 것이 모든 상황에서 하나님께 받아들일 만하게 사는 유일한 길"이라고 보고, "모든 합법적 소명이 하나님 보시기에 똑같은 가치를 갖는다"고 봄으로써 직업 소명설을 형성하는 데 공헌했다고 말했다. 베버가 말한 것처럼 루터는 직업 소명설에 공헌했다.

루터의 직업 소명 사상은 1520년에 쓴 『선행론』에 나타나 있다. 루터는 여기서 우선 중세적인 선행론을 비판했다. "그들은 선행을 너무 좁게 정의함으로써 선행이란 교회에서 기도하는 것, 금식하는 것, 구제하는 것만이라고 한다. 그들은 다른 것들은 가치 없는 것으로 여기고 하나님이 그것들에 중요성을 전혀 두지 않는다고 생각한다. 그래서 그들은 저주받을 불신앙으로 말미암아 하나님에게서 하나님의 것을 빼앗고 신앙을 경멸한다. 하지만 하나님은 신앙 안에서 행해지고 말해지고 생각되어진 모든 것에 의해 섬김을 받는다"라고 루터는 말하였다. 그래서 루터는 한 사람이 그의 거래에서 일하고, 걷고, 서고, 먹고, 마시고, 자고, 그의 몸에 영양 공급을 위한 것이나 사회 복지를 위한 온갖 종류의 일들을 하는 것이 다 선행이며 하나님이 그것들을 기뻐하신다고 하였다.

루터는 이렇게 새로운 선행론을 말함으로써 세상의 모든 일들이 하나님이 기뻐하시는 선행이 될 수 있다고 하지만, 그러나 인간이 하는 일마다 다 선행이라고 하지는 않았다. "만약 자기 마음에 어떤 일이 하나님을 기쁘게 한다고 확신한다면, 그 일이 지푸라기 하나를 뽑는 것과 같은 작은 일이라 하더라도 선하다. 만약 거기에 그런 확신이 없거나 혹은 그것에 대해 의심한다면 그 일이 모든 죽은 자를 일으킨다 하더라도, 그 사람이 자기 몸을 불사르게 내어준다 하더라도 그 일은 선하지 않다"라고 루터는 말하였다. 루터의 이런 사상 배후에는 복음과 율법이라는 이분법이 있으며, 영적 왕국과 세상적 왕국이라는 이분법이 있다. "이교도, 유대인, 터키인, 죄인도 모든 다른 일들을 할 수 있다. 그러나 자기가 하나님을 기쁘게 한다고 확실히 신뢰하는 것은 은총에 의해 계명되고 강화된 그리스도인에게만 가능하다"라고 말하였다. 루터는 이 저작에서 "모든 선행들 가운데 첫째가고 가장 높고 가장 귀중한 것은 그리스도에 대한 신앙"이라고 말했으며, "행위들은 그 자체로가 아니라 신앙 때문에 받아들일 만하게 된다"라고 말하였다.

중세기에서는 성직자가 되거나 수도사가 되는 데 대해 소명이라는 말을 사용했지만, 루터는 세상의 모든 일이 소명이 될 수 있음을 지적했다. 루터는 1526년 『군인도 구원받을 수 있는가』라는 저작에서 군인의 직임도 소명이라고 말하였다. "군인은 하나님으로부터 싸우는 기술을 받으며, 그것으로 자기의 봉사를 원하는 사람을, 마치 그것이 예술이나 기술인 것처럼 섬길 수 있으며, 그리고 일에 대해 대가를 받듯이 대가를 받을 수 있다. 왜냐하면 이것 역시 사랑의 법으로부터 나온 소명이기 때문이다"라고 말하였다.

루터는 신앙으로부터 나온 일을 강조하면서, 일에 있어서 하나님의 영광과 이웃의 유익을 동시에 강조했다. 루터는 마태복음 7장 12절을 본문으로 한 설교에서 "성서가 당신의 일터에, 당신의 손에, 당신의 마음에 두어져 있다. 성서는 당신이 이웃을 어떻게 대해야 하는

지를 가르치고 선포한다. 당신의 도구들을 보기만 하라. … 이 모든 것이 당신에게 계속 외치고 있다. '친구여, 당신의 이웃이 그의 소유를 사용해 주기 원하는 그대로 당신의 이웃과의 관련 속에서 나를 사용하라'"고 말하였다. 루터에게 있어서 일은 하나님에 대한 봉사인 동시에 이웃에 대한 봉사였다.

막스 베버는 루터는 모든 직업을 소명으로 봄으로써 세속적 의무의 수행이 하나님으로부터 부여된 사명이라고 보았으나 이 새로운 직업 관념에 잠재해 있는 경제적 가능성을 발전시키지 못하고 오히려 신분 질서를 유지하려는 경제적 전통주의로 복귀했다고 주장했다. 그런데 이에 반해 칼빈은 루터의 직업 관념을 계승하고 전통주의적인 면을 일소하여 근대적 직업 관념을 발전시켰다고 베버는 주장했다. 자기의 직업에 충실한 것이 하나님께 충실한 것이라고 가르침으로써 일에 전념하는 인간형을 발전시켰다는 것이다.

칼빈은 일을 강조했지만 그것은 일을 위한 일이 아니었다. 칼빈은 노동을 하나님의 은총에 대한 응답으로 보았기 때문에 공동체에 유익한 일, 이웃을 도와줄 수 있는 일을 해야 한다고 말했다. "삶의 어떤 형태도 인간 사회에 유익을 주는 것보다 하나님 앞에 더 찬양받을 만한 것이 없다"라고 칼빈은 말했다.

요컨대 루터와 칼빈과 같은 종교개혁자들은 세상의 무슨 일이든 이웃에 유익하고 믿음으로 하는 일이면 거룩한 일이라고 보았다.

4. 두 왕국론

루터는 두 왕국론을 가르쳤다. 루터는 1525년 『농민들에 대한 심한 책에 관한 공개 서한』에서 이렇게 말하였다.

두 왕국이 있는데, 하나는 하나님의 왕국이고, 다른 하나는 세상의 왕국이다. … 하나님의 왕국은 은총과 자비의 왕국이지 진노와 형벌의 왕국이 아니다. 그 안에는 단지 용서, 상호간의 고려, 사랑, 봉사, 선행, 평화, 기쁨 등등이 있다. 그러나 세상의 왕국은 진노와 가혹함의 왕국이다. 그 안에는 악인들을 억압하고 선인들을 보호하기 위해 단지 형벌, 억압, 심판 및 정죄가 있다.

칼빈도 두 개의 정부를 구별했다. 칼빈은 이 두 개의 정부가 구별되긴 하지만 분리되지는 않는다고 했다. 왜냐하면, 이 두 개의 정부가 다 궁극적으로는 왕들 중의 왕인 하나님께 속하기 때문이다. 칼빈은 이 점에서 시민 정부에 대한 두 개의 서로 다른 입장을 배격한다. 첫째는 재세례파의 입장으로, 그들은 양심의 자유에 따라 법정도, 법도, 관리도 없는, 그리고 자기들의 양심을 속박한다고 생각되는 그 외 무엇도 인정하지 않는 어떤 새 세계를 세워야 한다고 생각하며 그래서 기존의 정부 형태를 배격한다고 한다. 다음으로는 마키아벨리를 향한 비판으로 보이는 것으로, 어떤 사람들은 제후들에 아첨하며 그들의 권력을 지나치게 과장하여 하나님 자신의 통치와 대립시키기를 주저하지 않는다고 한다. 영적 통치와 시민 통치는 다 한 하나님께 속하지만 서로 다른 경륜에 속한 것으로, 시민 통치를 하나님의 통치와 대립시켜서도 안 되며 시민 통치를 하나님의 영적 통치로 대치시켜도 안 된다는 것이다.

종교개혁자들은 두 왕국론 혹은 두 정부론을 가르쳤다. 하나님은 오른손인 영적 왕국을 통해서는 복음과 사랑으로 통치하신다. 그리고 왼손인 세상적 왕국을 통해서는 법과 칼로 통치하신다. 세상적인 왕국에서는 법을 만들고, 법을 지키게 하고, 법을 지키지 않으면 칼로 처벌한다. 그러나 영적 왕국에서는 법이 아니라 복음으로 다스리며, 칼이 아니라 사랑으로 다스리신다. 루터는 이 두 왕국은 분리되지는 않지만 구별되는 것이라고 가르쳤다. 루터의 두 왕국론은 종교의 자유를 찾아 미국으로 온 청교도들에 의해 정교가 분리됨으로써 완결되었다.

제 4 장
종교개혁은 어떻게 성공할 수 있었는가

1. 정치적 상황

첫째로 정치적 상황이 루터의 종교개혁에 도움이 되었다. 종교개혁기는 중세 기독교 세계가 와해되고 민족 국가로 변화되던 시기였다. 하나의 기독교 세계인 Christendom그리스도교국에서 여러 민족 국가들인 Kingdom왕국들로 와해되던 시기였다. 민족 국가의 형성에는 경제가 한 몫을 하였다. 중세 말, 경제의 규모가 커짐에 따라 경제인들은 영주의 영지의 경계를 넘어 경제 활동을 할 필요를 느꼈고, 따라서 국왕을 지지하여 민족 국가 형성을 도와주었다. 그런데 종교개혁은 이국가주의 때문에 성공할 수 있었다. 중세와 같은 단일한 국가, 하나의 종교가 지배하고 있을 때는 개혁이 불가능했다. 다른 한편 종교개혁이 진행되는 과정에 국가주의가 더 강화되었다. 종교개혁이 진행되면서 각 민족마다 독특한 기독교를 가지게 됨에 따라 국가주의가 강화되었다. 종교개혁과 국가주의, 이 두 개는 서로 보완적이었다. 이제 이 시대의 정치적 상황을 국가별로 살펴보기로 하겠다.

1) 영국

종교개혁 전 영국은 100년 전쟁(1339-1453년)과 장미 전쟁(1455-1485)을 거쳐 헨리 7세(1485-1509)에 이르러 왕조가 확고하게 된다. 프랑스와의 100년 전쟁을 통해서 영국인이라는 의식이 강화되었고, 장미 전쟁을 통해 많은 귀족들이 전사함으로써 왕권이 강화되게 되었다. 왕을 중심으로 해서 하나의 단일한 국가가 형성되었다. 그리고 교황청의 간섭을 국왕이 막았다.

2) 프랑스

프랑스도 100년 전쟁 후 왕권이 강화되고 왕을 중심으로 강한 국가를 형성하였다. 잔 다크의 노력으로 왕관을 쓴 샤를 7세(1422-1461)와 그리고 루이 11세(1461-1483) 때 프랑스는 하나의 국가로 통일되게 되었다.

3) 스페인

스페인은 아라곤과 카스틸리아라는 나라로 나누어져 있다가 아라곤의 페르디난도 왕과 카스틸리아의 이사벨라 여왕이 결혼을 하게 되었다. 그래서 1479년 에스파니아 왕국을 세우게 되었다. 그리고 당시

스페인의 종교 지도자인 히메네스라는 추기경이 교회의 도덕적, 영적 개혁을 전개하였다. 스페인은 이미 개혁 운동을 전개하였기 때문에 종교개혁 운동이 유입되었으나 성공하지 못했다. 그 당시에는 종교적 갈등이 없었으나 긴 역사에서 보면 새로운 사상을 받아들이지 않고 구 종교인 가톨릭을 고수함으로써 문화사의 발전에서 뒤떨어지게 되었다고 볼 수 있다.

4) 이탈리아

당시 이탈리아에는 교황이 통치하는 교회 국가가 중앙에 있었고 5개 지역으로 나누어져 있었다. 이 교회 국가 때문에 통일을 하지 못하다가 19세기에 와서 비로소 통일하게 되었다.

5) 독일

당시 독일은 명목상으로는 신성 로마 제국의 황제의 통치 아래 있었지만, 실제적으로는 300여 개의 영지로 분할되어 있었다. 따라서 교황청에서는 독일에 대해 쉽게 과세할 수 있었다. 그래서 독일의 민족주의자들은 교황청에 대한 반감과 독일 통일에 대한 강한 열망을 가지고 있었다. 루터가 그의 95개 조문을 해설하는 글에서 "왜 우리 독일 돈이 다 로마로 가는가, 우리 독일이 망하게 되었다"라고 하였을 때 독일의 민족주의자들의 큰 지지를 받을 수 있었다. 당시 독일의 민족주의자요 인문주의자요 기사였던 후텐은 한 시에서 "마르틴 루터에게 위해가 가해지고 있습니다. … 그를 위해 내 재물을 아끼지 않으렵니다. 나는 그를 위해 내 목숨, 내 피를 바치렵니다"라고 말하였다.

1519년 1월 황제 막시밀리안이 죽게 되었다. 후임 황제는 7명의 선제후들에 의해 선출되기로 되어 있었다. 7명의 선제후란 쾰른, 마인츠, 트리에르의 대주교들, 보헤미아 왕, 브란덴부르크와 팔츠의 선제후들, 그리고 루터의 지역인 작센의 선제후이었다. 황제 후보로 물망에 오른 사람들은 스페인의 왕 찰스와 프랑스의 왕 프랑수아와 작센의 선제후 프리드리히이었다. 프리드리히는 자신은 나이도 많고 선거 자금도 부족하므로 포기하고 찰스를 밀었다. 그 결과 찰스가 황제로 선출되었다. 루터가 그의 개혁 운동에도 불구하고 살아남을 수 있었던 것은 황제의 호의를 받던 프리드리히가 루터를 보호해 주었기 때문이었다.

2. 사회 경제적 상황

두 번째로 사회 경제적 상황 때문에 루터가 농민과 기사들의 지지를 받을 수 있었다. 당시 유럽은 중세 봉건 사회에서 근세 시민 사회로, 농업 중심의 장원제 사회에서 상공업 중심의 도시 사회로 변화하는 과도기였다. 이런 변화의 와중에서 가장 불만을 많이 느낀 계층이 농민 계층이었으며, 그래서 농민들의 운동이 계속되던 시기였다. 상공업 중심의 도시가 형성되자 농민들은 도시인들의 부에 대해 상대적 빈곤감을 느끼기 시작했다. 농업 중심의 장원제 사회에서는 영주 등 극소수의 특권 계층을 제외하고는 모두 비슷한 생활을 영위했으나 도시가 발흥하고 농민들이 도시에 왕래하게 되자 도시의 상공인들에 비해 자신들의 빈곤한 생활을 절실히 체감하게 되었다. 한편 상공업의 발전은 물가를 상승시키는 요인이 되었다. 물가의 상승은 일정한 토지 수입에 의존하던 봉건 영주들의 수입을 상대적으로 하락시켰으며, 봉건 영주들은 이에 대한 대책으로 전에 공유지로 사용하던 지역을 독점적으로 사용하거나 농민들에게 강제 부역을 시키거나 해서 수입을 높이려고 했으며, 이런 일은 농민들의 불만을 더욱 심화시켰다.

또한 중세 말의 인구 변동이 농민들의 경제생활에 큰 영향을 미쳤다. 중세 말에 인구가 증가하자 수도회들과 제후들은 개간 사업에 나섰다. 그들은 개간 사업에 농민들을 끌어들이기 위해 신분상의 자유, 임의 계약에 의한 토지 임대, 생산물이나 화폐에 의한 지대 납부 등 유리한 조건을 제시하였다. 이렇게 되자 장원의 농민들이 장원을 이탈하는 현상이 나타나고 영주들은 이를 막기 위해 농민들에게 신분상의 자유를 주고 생산물이나 화폐로 지대를 납부하게 하는 등 농민들에 대한 완화 조치를 취하기 시작하였다. 그러나 증가하던 인구가 흑사병의 전염으로 급격히 감소하게 되자 상황이 역전되었다. 인구의 감소는 노동력의 부족 현상을 가져오고 노동력의 부족은 노임의 상승을 초래하였다. 노임의 상승은 이미 일어나고 있던 농민들의 장원 이탈 현상을 가속화시켰다. 영주들은 이런 장원 이탈 현상을 입법에 의해 강제적으로 막으려고 했으며, 또한 흑사병으로 노동 인구가 감소되어 생산력이 떨어지자 강제 부역을 통해 생산력을 제고시키고, 그래도 부족한 수입을 보충하기 위해서 공유지의 독점 사용권을 주장했다. 이에 불만을 품은 농민들은 집단적 운동으로 신분적 자유와 경제적 여유를 가져 보려고 하게 되었다.

프랑스에서는 1358년 5월, 6월에 자크리의 난이 일어났는데, 이것은 10만 명의 농민이 참가할 정도의 대규모 운동이었다. 영국에서는 1381년 와트 타일러의 난이 일어나 영국 지방의 대부분이 이 난에 휩싸였다. 그들은 강제 노역의 철폐, 농노의 해방, 화폐에 의한 고정 지대 납부 등을 요구하면서 장원청을 습격하고 런던으로까지 진군하였다.

독일에서는 한스 뵘을 중심으로 종교 사회주의 운동이 1476년에 니클라스하우젠에서 일어났다. 그는 황제를 포함해서 모든 제후들이 가난한 사람들처럼 일일 노임을 위해 노동을 해야 할 날이 오고 있다고 선언하였다. 그는 각종 세금은 악하므로 납부하지 말아야 하며, 어로, 수렵, 목장은 공유이어야 하고, 모든 사람들은 형제들이므로 함께 나누어야 한다고 하였다. 그는 체포되어 화형에 처해졌으나 그에 대한 기억은 농민들 중에 살아 있었다.

그래서 1493년에 엘사스에서 분트슈Bundschuh운동이 일어났다. 분트슈는 끈이 있는 농민들의 단화를 가리키는 것으로 이들이 깃발에 이 분트슈를 그렸기 때문에 그런 이름이 붙여졌다. 이들은 황제와 교회의 법정 폐지, 귀족과 사제들의 재산 몰수, 그들의 권력 분쇄를 주장했으며, 십일조, 각종 부역, 사회적 불평등 철폐를 주장하고 하천, 삼림, 목장의 공유를 주장하였다. 이 운동은 1517년 루터의 개혁 운동이 일어나기까지 제국의 남부 지역에서 계속되었다.

루터가 종교개혁 운동을 시작하면서 만인 사제설, 그리스도인의 자유성 등과 같은 교리를 전파하자 농민들은 루터의 이런 가르침에 깊이 공감하고 처음에는 루터의 운동을 적극적으로 지지했다.

당시 농민들과 함께 기사들도 불만이 많았다. 화포가 발명되어 기사들의 역할이 감소되었다. 또한 중세의 기사들은 영주와 농민들의 중간에서 농민들을 관리하는 일종의 관료였는데 도시가 형성 발달하면서 도시를 이끌어 가는 지도자들이 도시 자녀들 중에서 나오자 기사들은 점점 더 설 땅을 잃어가고 있었다. 그래서 어떤 기사들은 강도 기사로 전락하기도 하였다. 그들은 상인들의 물건을 빼앗고 수도원을 약탈하여 가난한 자들에게 나누어주기도 하였다. 이런 상황에서 후텐이나 지킹엔 같은 기사들은 루터를 열렬히 후원하였다.

3. 종교적 상황

종교개혁 당시의 종교적 상황에 대해 과거의 연구에서는 종교적 침체로 설명하였으나 근래의 연구는 상황을 다르게 설명하고 있다. 즉, 종교 지도자들은 부패하고 무능하였으나 민중들은 종교적으로 각성되어 있었다는 설명이다.

우선 종교개혁 직전의 교황들의 영성과 도덕성은 교황청의 역사에 있어서 최하였다. 이노센트 8세는 사치와 방종에 빠졌으며 결혼해서는 안 되는 성직자가 여러 명의 여인들에게서 16명의 자녀를 두었다. 알렉산더 6세는 건축하는 일과 사치하는 일로 많은 돈을 썼으며 부인과 첩을 두었다. 줄리어스 2세는 이름에서 나타나듯이 바울이나 베드로가 그의 이상이 아니라 줄리어스 시저가 그의 이상이었다. 그는 성직보다는 군마를 타고 전쟁하는 일에 더 관심이 있었다. 이 시대의 소위 인문주의적 교황들은 문화적 생활을 위해 필요한 많은 돈을 마련하기 위해 성직을 팔았으며, 이미 있는 성직으로 부족했기 때문에 새 성직을 만들어 팔아서 충당하였다.

교황들이 타락하자 성직자들도 같이 타락하였다. 나이 어린 아동을 고위 성직에 앉히는 일이 잦았다. 이노센트 8세는 자기 형의 사생아를 추기경에 임명하였고, 메디치는 8세에 수도원 원장이 되고 13세에 추기경이 되었다. 또한 추기경들은 군주들처럼 사치스럽게 살았으며 사냥과 노름과 향연을 베푸는 일에 힘썼으며 정부들을 두었다. 보르기아 추기경은 정부에게서 네 아이를 가졌으며 유부녀들에게서 두 아이를 가지기까지 하였다. 주교들은 영적인 목자로서보다는 세속적 영주들처럼 행세하였다. 그들은 교회 일보다는 정치에 관심이 더 있었다. 성직자들의 성적 탈선은 널리 퍼져 있었으며 사생아를 낳아 기르기도 하였다. 미사를 무성의하게 집전하는 등 자기들의 의무를 소홀히 하였으며, 한 사람이 여러 성직을 겸하여 가지는 경우가 많았고 성직의 자리를 떠나 있으면서 성직록만 받는 경우도 많았다.

교구에서 일하는 하위 성직자들은 고위 성직자들처럼 사치스럽게 살 여유가 전혀 없었으며 극도로 가난하게 살았다. 다른 한편 그들은 예배 때 사용하는 라틴어를 뜻도 모르고 주문처럼 외우는 등 무지하여 민중들의 경멸을 받았다.

루터는 성직자들의 삶의 이런 양극화 현상을 강하게 비판하였다. "많은 증여와 봉급으로 인하여 교회가 극도로 부해지고 사치 가운데 빠지게 되면 교역자들 자신들이 설교와 영혼을 돌보는 일을 게을리하게 되고 영주가 되어 버린다." "진정한 목자와 설교자들은 후원을 제대로 받지 못한다. … 그들과 아내와 자식들은 궁핍으로 고생해야만 하고 죽으면 박대 받고 불쌍한 고아와 과부만 남게 된다. 이 때문에 선한 마음을 가진 사람과 지혜 있는 사람들이 점점 더 목자와 설교자가 되는 것을 꺼리게 된다." "이 때문에 교회의 황폐가 오게 되었다."

수도원도 사치, 방종, 부도덕에 빠졌다. 수녀원에는 앞으로 결혼할 귀족 집안의 처녀들이 많이 있었으며, 이들은 수도 생활에는 관심이 없었으므로 수녀원 밖으로 나가 육체적 쾌락에 탐닉하였다. 수도원들은 귀족 집안의 아들들의 은신처가 되었으며 그들은 사냥하는 일, 술집에 가는 일, 음담패설을 하는 일로 시간을 보냈다. 수도사와 수녀가 동거하였으며 그들이 낳은 영아를 살해하거나 낙태하는 일이 많았다. 스페인에서는 왕의 후궁들을 대수녀원의 원장으로 앉히기도 하였다.

성직자들은 이처럼 타락하고 무능하였지만 민중들은 어느 시대보다 종교적으로 각성되어 있었다. 당시 만연하던 흑사병과 이슬람교도들의 침략 등에 대한 공포 때문에 종교적 관심이 높았다. 이들은 타락한 성직자들을 불신하고 새로운 종교적 신앙을 갈망하였다. 루터의 종교개혁은 이들의 요구에 잘 부응하였다.

제 5 장
루터의 종교개혁 운동은 어떻게 진행되었는가

루터Martin Luther는 1483년 11월 10일에 아이슬레벤에서 태어났다. 루터의 할아버지 하이네는 농부였으며, 루터의 아버지 한스는 광부였다. 당시 투링기아의 법에 따라 동생인 하인즈가 아버지의 농장을 상속하게 되어 있었으므로 한스는 일찍 집을 떠났다. 루터의 어머니 마가레트는 지금까지 농민 가정 출신의 촌 노파로 여겨져 왔으나 근래의 연구 결과 상당한 가정의 출신으로 인정받고 있다. 이에 대해 오버만Heiko A. Oberman은 다음과 같이 말하였다.

그녀는 지금까지 추측해 온 것처럼 농민 출신이 아니었다. … 많은 오류와 오해에 대한 수정을 거쳐 이제 확실하게 말할 수 있게 된 것은 한스 루더(Hans Luder)가 린데만(Lindemann)이라는 여성과 결혼하였는데, 그녀는 자기 남편과는 달리 농민 출신이 아니라 아이제나하의 기반 있는 시민 가문의 딸이었다는 것이다. … 루터 시대에 우리는 루터 어머니의 큰 오빠(이름은 알려져 있지 않다)의 아들들인 두 명의 루터의 사촌을 만나게 된다. 그 사촌들 중 형은 아이슬레벤의 요한 린데만(Johann Lindemann, 1519년 사망)인데 법률학 박사이며 작센 선제후의 고문이고, 그의 동생 카스파르(Kaspar, 1536년 사망)는 라이프치히와 오데르 강변의 프랑크푸르트와 볼로냐에서 공부한 후에 의학 박사 학위를 받았다. 그는 선제후 프리드리히와 그의 후계자 요한의 주치의가 되었으며, 종종 루터를 치료해 주기도 하였다. 카스파르 린데만은 생애의 말년 4년 동안 비텐베르크 대학의 의학 교수로 있었다.

오버만은 이어서 이렇게 말하였다.

"라틴어 학교에서 시작하여 에어푸르트 대학으로 간 것, 그리고 마르틴으로 하여금 법학을 공부하게 한 결정은 린데만 가문의 전통과 일치한다. 왜냐하면 아이슬레벤의 그의 사촌 요한이 법률가로 시작하여 선제후의 고문 지위에 올랐기 때문이었다. 그래서 교양인들의 세계는 루터에게 낯선 것이 아니었다. 그는 일찍이 그의 어머니와 그녀의 가족을 통하여 그 세계를 접하였다."

루터의 아버지는 자신은 학교에 다닌 일이 없었지만, 재능 있는 자기의 아들 루터에게는 좋은 교육을 시키려고 노력하였다. 루터는 대략 1491년 3월부터 1497년 봄까지 만스펠트에서, 1497년 봄부터 1498년까지 마그데부르크에서, 그리고 1498년부터 1501년까지 아이제나하에서 학교를 다녔다. 루터가 마그데부르크에 체재한 기간은 짧았지만 의미 있는 기간이었다. 후에 루터의 증언에 의하면, 루터는 거기서 공동생활 형제단과 관계를 가졌다. 당시 마그데부르크에 형제단 학교가 없었기 때문에 루터는 형제단과 함께 생활하면서 대성당 학교에 다녔을 것이다. 루터는 형제단과의 만남을 통해 그들의 경건 운동에 친숙하게 되었다. 루터는 1501년부터 1505년까지 에어푸르트 대학을 다녔다.

루터의 집안에서는 루터가 법률가로 출세하기를 바랐다. 그러나 루터가 법률 공부를 시작하였던 어느 날 교외로 나가게 되었는데 갑자기 날씨가 굳어지고 벼락이 내리쳤다. 그는 땅에 넘어지면서 "성 안나여 나를 구해 주십시오. 내가 수도사가 되겠습니다" 하고 맹세하였다. 루터는 이렇게 맹세를 한 후 자기 아버지의 반대에도 불구하고 보름 후에 아우구스티누스 수도회에 들어갔다. 루터는 수도원에 들어가 벼락을 내려 세상을 심판하시는 진노의 하나님으로부터 구원을 얻기 위해 온갖 금욕주의적 고행을 하였다.

그러나 루터는 수도원 생활의 초기 단계에서 중세 교회가 제시한 구원의 방법들을 하나씩 부정할 수밖에 없었다. 첫째로 그는 금식, 철야, 기도와 같은 종교적 행위를 통한 구원의 방법을 부정하였다. 그는 수도원에서 빵 한 조각 먹지 않고 삼일 동안 금식하기도 하였다. 그는 규칙 이상으로 과도하게 철야를 하고 기도를 하였다. 그러나 그런 모든 방법들이 그에게 내적 평화를 주지 못하였다. 그것이 하나님을 만족시킬 수 있다고 느낄 수 없었기 때문이었다. 루터는 후에 수도원 생활 당시를 이렇게 회고하였다.

나는 참으로 좋은 수도사였으며 내 종단의 규칙들을 엄격하게 지켰으므로 수도사가 수도원 생활로 말미암아 천당에 이른다면 내가 그 사람일 것이라고 말할 수 있었다. 수도원에서 나를 알고 있는 모든 형제들이 이 사실을 입증해 줄 것이다. (내가 수도사로 더 오래 머물러 있었다면) 나는 금식, 기도, 독서 및 다른 선행들로 말미암아 순교자가 되었을 것이다.

둘째로 루터는 고해의 성례에도 의지할 수 없었다. 중세 교회에서는 고해에 네 과정이 있었다. 첫째는 지은 죄들에 대해 참회하는 것이며, 둘째는 지은 죄들을 고해 신부에게 하나씩 하나씩 고하는 것이며, 셋째는 고해 신부로부터 사죄 선언을 듣는 것이며, 넷째는 지은 죄들에 대해 고행이나 선행으로 보상하는 것이었다. 루터는 이 고해의 과정들에 있어서 하나님이 받을 만하게 참회하였다는 확신을 가질 수 없었으며, 또한 자기가 지은 죄들을 빠뜨림 없이 다 고하였다는 확신을 가질 수 없었다. 루터는 당시를 이렇게 회상하였다.

내가 수도사이었을 때 나는 수도원 규칙의 요구에 따라 살려고 부지런히 노력하였다. 나는 항상 먼저 참회하고 난 후 내 모든 죄들을 고백하였다. 나는 자주 고백하러 갔으며, 내게 부과된 고행을 신실히 수행하였다. 그럼에도 불구하고 내 양심은 결코 확신에 이를 수 없었으며, 항상 의심 속에 있었으며, 이렇게 말하였다. "너는 이것을 바르게 행하지 않았다. 너는 충분히 참회하지 않았다. 너는 이것을 네 고백에서 빠뜨렸다." 그러므로 내가 불확실하고 약하고 고통받는 양심을 인간적 전통들로 치유하려고 노력하면 할수록 내 양심은 계속하여 더욱 불확실하고 더욱 약하고 더욱 고통당하였다.

더욱이 루터에 의하면 인간의 본성 그 자체가 부패하여 있다. 그러므로 하나하나의 죄행들을 고하고 용서받는 고해 제도로는 죄의 근본적인 문제들이 해결될 수 없는 것으로 보였다.

셋째로 그는 신비주의적 구원의 방법을 부정하였다. 신비주의적 방법의 종국은 피조물이 창조자 안에 흡수되는 것이다. 루터는 이 방법을 시도하였다. 한번은 그는 마치 자신이 천사들의 합창단 속에 있는 것처럼 생각하였지만, 하나님에게서 떠나 있다는 의식이 되살아났다. 신비주의자들은 그 생각이 되살아날 때까지 기다리라고 조언하였다. 그러나 루터는 하나님과 자기 사이의 적대감이 너무 크다고 생각하고 있었기 때문에 그런 경험은 그에게 다시 오지 않았다.

루터는 세상을 떠나기 1년 전인 1545년에 자기의 라틴어 저작들을 편집한 책 서문으로 학자들이 "자서전적 단편"이라고 부르는 글을 썼는데, 거기서 그는 그 자신의 이신득의의 진리를 깨닫게 된 과정을 다음과 같이 말하였다.

나는 확실히 로마서에 있는 바울을 이해하기 위해 특별한 열정에 사로잡혔다. 그러나 그 때까지 내 길을 막고 있던 것은 내 심장 주위의 차가운 피가 아니라 1장 (17절)에 있는 "그 안에 하나님의 의가 나타나서"라는 단 한 단어였다. 나는 "하나님의 의"라는 그 단어를 증오하였다.

마침내 내가 밤낮으로 명상하였을 때, 하나님의 자비에 의해 나는 "그 안에 하나님의 의가 나타나니, 기록된 바 믿음에 의한 의인은 살리라"(He who through faith is righteous shall live/ iustus autem ex fide vivit/ ὁ δὲ δίκαιος ἐκ πίστεως ζήσεται)라는 말의 문맥에 내 주의를 돌렸다. 거기서 나는 하나님의 의는 의로운 사람이 하나님의 선물에 의해, 즉 믿음에 의해 사는 것임을 이해하기 시작하였다. 즉 그 의미는 이런 것이다. 하나님의 의는 복음에 의해 나타나는 것인데, 즉 그 의는 자비로운 하나님이 믿음에 의해 우리를 의롭다 하는 수동적 의로써, 즉 기록된 바 "믿음에 의한 의인은 살리라"라고 한 것과 같다. 여기서 나는 내가 전적으로 다시 태어나서 열린 문들을 통해 낙원 바로 그 자체에 들어왔다고 느꼈다.

루터가 이상과 같이 이신득의라는 진리를 깨달았을 즈음에 독일에서는 이른바 사면증 사건이 생겼다. 사면증은 원래 죄를 사해 주는 증서는 아니었다. 중세 교회에서는 세례는 세례를 받기까지의 모든 죄를 사해 준다고 보았으며 세례 후에 짓는 죄에 대해서는 고해를 통해 용서받을 수 있다고 보았다. 전술한 바와 같이 고해에는 네 단계가 있었다. 첫째는 죄를 회개하는 참회, 둘째는 죄의 내용을 사제에게 고하는 고백, 셋째는 사제의 사죄 선언이었다. 사제의 사죄 선언으로 죄가 용서되며 내세에 받아야 할 벌은 없어지지만 죄에 대해 현세에서 받아야 할 벌은 남아 있는 것으로 보았다. 이 현세의 벌을 갚는 것으로 넷째로 보상이 있었는데 이 보상을 면제받는 것이 흔히 우리말로 면죄부로 번역되는 'indulgences'이었다. 그러므로 'indulgences'를 정확하게 번역하면 면죄부가 아니라 면벌부이다. (본서에서는 indulgences를 면죄부나 면벌부로 번역하지 않고 사면증이라고 번역한다.) 그러나 당시 테첼은 사면증을 판매하면서 이 사면증은 교황이 특별히 은총을 내린 것으로 현세적 벌 뿐만 아니라 내세적 벌과 죄까지도 면해 준다고 설교하였다. 그래서 연옥에서 형벌받는 친지를 위해 이 사면증을 사면 그것을 사는 순간 그 친지가 하늘로 간다고 외쳤다. 루터는 이 소식을 듣고 심히 놀랐다. 만일 사면증이 죄까지 사해 준다면 회개가 필요 없게 된다. 죄를 짓고 난 뒤 회개하지도 않고 사면증을 사고서 죄가 용서되었다고 믿고 있는 영혼이 멸망을 당한다면 그 영혼에 대한 책임은 누가 지겠는가? 사면증은 그 사면증을 산 영혼을 구원하는 것이 아니라 파멸시킨다. 루터는 그래서 이 사면증 문제를 다룬 95개 조문을 작성하였다. 루터는 95개 조문에서 이렇게 말하였다.

1. 우리의 주님이시며 스승이신 예수 그리스도께서 "회개하라"고 말씀하셨을 때, 그는 신자들의 전 생애가 회개의 행위가 되기를 원하셨다.

2. 이 말씀은 사제에 의해 시행되는 고해 성사(즉, 고백과 사죄 선언)로 이해될 수 없다.

3. 하지만 그는 단순히 내적 회개만을 의미하지 않는다. 만약 회개가 외적으로 다양한 종류의 육의 죽임을 산출하지 않는다면, 그런 내적 회개는 공허한 것이다.

27. 돈이 돈궤 안에 땡그랑 하고 떨어지자마자 영혼이 연옥에서부터 날아 나온다고 말하는 자들은 단지 인간적 교리들을 설교하는 것이다.

39. 사면증의 선심과 진정한 참회의 필요성, 이 두 가지를 동시에 사람들에게 추천하는 것은 가장 박식한 신학자들에게서도 매우 어려운 일이다.

43. 그리스도인들에게 가난한 자들에게 베풀고 필요한 자들에게 빌

려주는 것이 사면증을 사는 것보다 더 좋은 일이라는 사실을 가
르쳐야 한다.

45. 그리스도인들에게 어떤 사람이 곤궁에 있는 형제를 보고 그를 지
나치고 가서 그의 돈으로 사면증을 사면 교황의 사면을 받는 것
이 아니라 하나님의 진노를 받는다는 사실을 가르쳐야 한다.

49. 그리스도인들에게 교황의 사면증은 그들이 그 사면증에 신뢰를
두지 않을 때에만 유용하고, 그들이 그 사면증 때문에 하나님에
대한 두려움을 잃는다면 매우 해롭다는 것을 가르쳐야 한다.

50. 그리스도인들에게 만약 교황이 사면증 설교가들의 강요를 알았
다면 교황은 자기 양떼들의 가죽과 살과 뼈들로 성 베드로 성당
을 건립하기보다 차라리 성 베드로 성당이 잿더미가 되는 것을
원했을 것이라는 사실을 가르쳐야 한다.

　　루터는 1517년 10월 31일 95개 조문을 마인츠의 알브레히트에게
보내면서 쓴 편지에서 이렇게 말하였다. "어떤 인간도 주교의 직임에
의해 자기 구원에 대해 확신할 수 없습니다. 인간은 심지어 하나님의
은총의 주입에 의해서도 자기 구원에 대해 확신할 수 없습니다. 왜냐
하면 사도 (바울) 는 우리에게 "두렵고 떨림으로" 우리의 구원을 끊임
없이 이루어 가라고 명령하기 때문입니다. 심지어 의인도 구원을 받
기 어렵습니다. … 그리고 그 외 모든 곳에서 주님은 구원의 어려움을
선포하십니다. 그들(사면증 중개상들)은 어떻게 사람들이 용서된다는
거짓 이야기와 약속으로 두려움 없이 안전을 느끼게 만들 수 있습니
까? 결국, 사면증은 영혼들의 구원과 거룩함에 절대적으로 아무 것도
기여하지 못합니다." 그래서 알란트Kurt Aland는 이 편지의 내용을 보아

"루터는 95개 조문에서는 가톨릭적 영역에 있다"하고 말하였다.

　루터가 이 95개 조문을 비텐베르크 성채 교회당 문에 붙였는가 하는 문제는 아직까지 논쟁 중에 있다. 로마 가톨릭교회 역사가인 이절로Erwin Iserloh는 1961년에 95개 조문을 부착한 것이 역사적 사실인지에 대해 의문을 제기하였다. 이절로는 95개 조문 부착 문제는 멜란히톤이 루터가 죽은 뒤 몇 개월 후에 처음으로 언급한 것인데, 사실 멜란히톤은 1518년 8월에 비텐베르크에 왔으므로 이 사건을 직접 알지 못하였으며, 따라서 잘못 알고 있었을 수 있다고 하였다. 이절로는 루터가 1517년 10월 31일에 고위 성직자들에게 사적 편지들을 보냈는데, 이것은 루터가 아직 95개 조문을 공표하지 않았음을 가리켜 주는 것이라고 하였다. 이에 대해 알란트는 95개 조문을 1517년 10월 31일 오후에 부착하고, 알브레히트 대주교에게 보낸 편지는 그 날 저녁에 썼다고 주장한다. 그러나 이 편지에서 루터가 "이렇게 하지 않는다면 누군가 일어나서 출판에 의해 저 설교가들을 침묵시키고 그 작은 책을 반박할 것입니다. 이것은 가장 현명하신 각하에게 가장 큰 치욕이 될 것입니다. 나는 확실히 이런 일이 일어날 가능성에 떱니다만 그 일들이 빨리 치유되지 않는다면 그 일이 일어날 것이라고 두려워합니다" 하고 말한 것은 루터가 95개 조문을 부착하고 이 편지를 썼는지에 대해 의문을 던져 준다. 또한 루터가 1545년에 쓴 "자서전적 단편"을 보아도 1517년 10월 31일에 95개 조문을 부착하였다는 증거를 찾을 수 없다. 루터는 이렇게 말하였다. "그 후 곧 나는 두 통의 편지를 썼는데, 즉 하나는 마인츠의 대주교인인 알브레히트에게 … 다른 하나는 … 브란덴부르크의 주교인 제롬에게 썼다. 나는 그들에게 사면증 설교가들의 파렴치한 신성 모독을 중지시켜 줄 것을 간청하였다. 그러나 이 가엾은 작은 형제는 무시당하였다. 나는 무시를 받은 후 그『조문』을 출판하였으며, 동시에 독일어로 된『사면증에 관한 설교』를 출판하였다." 루터의 이 글을 보면 알브레히트에게 편지를 보내고, 그 편지가 무시된 후 95개 조문을 출판 또는 공표한 것으로 되어 있다. 브레히트Martin Brecht는 95개 조문은 "다소 늦게 아마 11월 중순에 처음으로 공표, 즉 부착되었다" 하고 말하였다. 그리고 브레히트는 "루터의 기억에 의하면 그가 사면증을 공격하기 시작한 날은 1517년 10월 31일, 혹은 만성절이었으며, 그는 주교들에게 보낸 편지들로 이일을 하였다. 이 점에서 10월 31일이 종교개혁의 시작이다" 하고 말하였다.

　루터의 95개 조문의 파문이 확산되어 가자 교황청에서는 우선 아우구스티누스 수도회가 자체적으로 이 문제를 수습하기를 바랐다. 그래서 1518년 하이델베르크에서 아우구스티누스 수도회 수도사들의 총회가 개최되었다. 이 총회에서 원로층은 루터에 대해 반대하였으나 소장측은 루터를 지지하였다. 루터는 하이델베르크 논제에서 십자가의 신학이라고 하는 중요한 신학 사상을 피력하였다. 루터는 중세 신학을 영광의 신학이라고 규정하고, 인간이 자기의 영광스러운 지성으로 자연 안에 나타난 하나님의 영광을 봄으로써 하나님을 알 수 있다고 하는 영광의 신학은 참된 신학이 아니라고 주장하였다. 오히려 고통당하는 영혼이 그리스도의 십자가의 고통을 명상함으로써 하나님을 인식할 수 있다고 주장하였으며 그는 이런 자기의 신학을 십자가의 신학이라고 하였다.

　하이델베르크 논쟁으로도 루터가 잠잠하지 않자 그 다음에는 도미닉 수도회의 에크가 논쟁을 걸어 왔다. 에크는 1519년 라이프치히 논쟁에서 루터의 주장이 후스의 주장과 같다고 주장하고 마침내 루터에게서 후스를 정죄한 콘스탄츠 총회가 잘못했다는 대답을 끌어내었다. 또한 루터는 여기서 교황의 지상권을 믿지 않아도 구원받을 수 있음을 주장하였다. 루터는 라이프치히 논쟁에 대해 이렇게 썼다. "나는 그에 대한 반박에서 과거 천 년 동안의 그리스 그리스도인들과 또한 고대 교부들을 내세웠는데, 그들은 로마 교황권 아래 있지 않았던 자들입니다. 하지만 나는 교황에 돌려야 할 최고의 명예를 부정하지 않았습니다. 끝으로 총회의 권위에 대해서도 논쟁하였습니다. 나는 어떤 조항들, 즉 바울과 아우구스티누스와 심지어 그리스도 자신이 쉽고 분명한 말로 가르친 조항들이 (콘스탄츠 총회에 의해) 정죄되었는데, 이는 잘못이었다고 공개적으로 인정하였습니다." 결과적으로 루터는 중세 교회가 권위의 근거로 믿어 온 교황의 권위와 총회의 권위를 부정함으로써 로마 가톨릭교회와의 결별이 불가피하게 되었다.

루터는 1520년에 『선행론』이라는 저작을 썼다. 루터는 여기서 우선 중세적인 선행론을 비판했다. "그들은 선행을 너무 좁게 정의함으로써 선행이란 교회에서 기도하는 것, 금식하는 것, 구제하는 것만이라고 한다. 그들은 다른 것들은 가치 없는 것으로 여기고 하나님이 그것들에 중요성을 전혀 두지 않는다고 생각한다. 그래서 그들은 저주받을 불신앙으로 말미암아 하나님에게서 하나님의 것을 빼앗고 신앙을 경멸한다. 하지만 하나님은 신앙 안에서 행해지고 말해지고 생각되어진 모든 것에 의해 섬김을 받는다"라고 루터는 말하였다. 그래서 루터는 한 사람이 그의 거래에서 일하고, 걷고, 서고, 먹고, 마시고, 자고, 그의 몸에 영양 공급을 위한 것이나 사회 복지를 위한 온갖 종류의 일들을 하는 것이 다 선행이며 하나님이 그것들을 기뻐하신다고 했다.

같은 해 루터는 그의 개혁 운동에 있어서 중요한 역할을 한 세 저작을 발표하였다. 첫째 저작은 『독일 민족의 크리스천 귀족에게』라는 저작으로 독일의 지도자들에게 로마의 교황청의 압력으로부터 독일 교회를 지켜야 함을 역설한 것이다. 루터는 이 저작에서 모든 신자가 사제라고 하는 근거에서 중세 교회가 주장해 온 성직자와 평신도라는 이층 구조를 부정하였으며, 교황만이 성서 해석권을 갖는다는 것을 비판하고 모든 신자가 성서 해석권을 갖는다고 주장하였으며, 교황만이 교회 총회 소집권을 갖는다는 것을 비판하였다. 루터는 이 저작에서 "교황, 주교, 사제 및 수도사들은 영적 신분이라 부르고 군주, 영주, 장인 및 농부들은 세속적 신분이라 부르는 것은 순전히 조작적인 것이다"라고 말했으며 "우리 모두는 세례를 통해 사제들로 성별되기" 때문에 "모든 그리스도인들은 참으로 영적 신분에 속하며 그들 사이에는 직책의 차이 이외 다른 아무 차이도 없다"라고 말하였다. 또한 루터는 "구두 수선공, 대장장이, 농부는 각각 자기의 일과 직책을 가지고 있지만 그들 모두는 성별받은 사제와 주교와 같다"라고 말하였다. 그 다음으로 루터는 『교회의 바벨론 유수』라는 저작을 썼다. 루터는 이 저작에서 성례를 다루고 있는데, 성례는 하나님의 은총을 전달해 주는 통로로 세례와 성찬만이 성례라고 주장하였다. 루터는 로마 가톨릭의 성찬론과 관련하여 세 가지를 비판했다. 첫째는 성찬에서 평신도들에게 빵만 나누어주고 포도주는 나누어주지 않는 것이었다. 둘째는 화체설이었다. 루터는 화체설에 대해 두 가지로 비판했다. 하나는 왜 교회가 아리스토텔레스의 철학에 의해 신앙의 문제를 해석하느냐하는 비판이었다. "교회는 1,200여 년 동안 참된 신앙을 지켰다. 그동안 거룩한 교부들은 아리스토텔레스의 거짓 철학이 지난 300년간 교회로 침입해 오기 시작하기까지 이 화체설(기괴한 말과 기괴한 관념)을 언제 어느 곳에서든 결코 언급하지 않았다"라고 루터는 말하였다. 또한 루터는 토마스 아퀴나스가 화체설을 주장한 것은 아리스토텔레스를 곡해했기 때문이라고 비판했다. "아리스토텔레스는 주체와 우유성에 대해 성 토마스와는 매우 다르게 말하였다. 그러므로 이 위인이 신앙의 문제에 있어서 아리스토텔레스로부터 자기의 견해를 끌어내려고 시도했기 때문뿐만 아니라 자기가 이해하지 못한 사람에 그 견해를 두려고 시도하여 불운한 기초 위에 불운한 상부 구조를 세웠기 때문에 불쌍하게 여겨진다"라고 루터는 말하였다. 셋째는 성찬을 희생 제사로 본 것이었다. 전술한 바와 같이 루터에게 있어서 성찬은 하나님이 인간에게 주시는 것인데 희생 제사는 인간이 하나님께 바치는 것이었다. 그러므로 희생 미사라는 것은 루터에게 용어의 모순으로 보였다. 그 다음으로 루터는 『그리스도인의 자유』라는 저작을 썼다. 루터는 여기서 그리스도인은 그리스도를 통해 해방받은 가장 자유로운 주인이지만 만물을 위해 자발적으로 봉사하는 종이라고 하여 그리스도인의 사랑의 봉사를 동시에 강조하였다. 루터는 그리스도인은 "이웃에게 하나의 그리스도가 되어야 하며, 그리스도가 나를 위하신 것처럼 나는 그를 위한 존재가 되어야 한다" 하고 말했다.

루터의 개혁 운동이 확산되어 가자 교황은 1520년 6월에 정죄 교서를 발표하였고 루터는 시민 및 학생들과 함께 이 교서를 불태움으로 응답하였다. 1521년 보름스에 제국 의회가 개최되었을 때 루터는 이 의회에 소환되었다. 황제가 루터의 저작들을 철회할 것을 요구하자 루터는 성서의 증거에 의해서나 분명한 이성에 의해 설복시키지 않는다면 철회할 수 없다고 대답하였다. 루터는 이렇게 말하였다. "침착하신 폐하와 각하들께서 간단한 대답을 구하기 때문에 뿔이 있지도 않고 이가 있지도 않은 방식으로 대답하겠습니다. 성서의 증거에 의해서나 아니면 분명한 이성에 의해 나를 설복시키지 않는다면 (나는 단순히 교황이나 총회만을 믿을 수 없기 때문입니다. 왜냐하면 그들이 종종 오류를 범했으며 스스로 모순되었음이 주지의 사실이기 때문입니다), 나는 내가 인용한 성서에 매여 있으며 내 양심은 하나님의 말씀에 사로잡혀 있습니다. 나는 아무 것도 철회할 수 없으며 또한 철회하지 않겠습니다. 왜냐하면 양심에 역행하는 것은 안전하지도 않고 올바르지도 않기 때문입니다. 나는 다르게 할 수 없습니다. 여기에 내가 서 있습니다. 하나님이 나를 도와주시기를 빕니다. 아멘." 황제는 자기가 루터를 소환하기 전에 발부한 안전 통행권을 존중하여 루터를 돌아가게 했으며, 루터는 돌아가던 중 작센의 선제후 프리드리히의 호의로 바르트부르크 성에 기거하면서 성서를 번역하는 일을 하였다.

루터는 1522년 바르트부르크에 은신해 있으면서 비텐베르크의 소요 사건을 듣고 갈등을 표출했다. 그는 종교개혁 운동이 자기가 생각한 하나님의 뜻과는 다르게 진행되는 것을 보고 바르트부르크 성에 머물러 있을 수 없었으나 황제의 수배령에 걸려 있었기 때문에 1522년 3월 5일 프리드리히 선제후에게 보낸 고뇌에 찬 편지에서 이렇게 말하였다.

그러므로 나는 당신의 은혜를 따르기를 거절합니다. … 당신은 권세들에게 복종해야 하며 당신의 모든 능력을 가지고 황제의 권위를 지켜야 하며 … 당국자들이 나를 투옥하거나 살해하는 일이 있을 때 반대하지 말아야 합니다.

말하자면, 선제후는 루터가 비텐베르크에 오는 것을 막았으나 루터는 하나님의 일을 위해 사람보다 하나님을 순종하여 선제후의 명령에 불복종하고 비텐베르크로 가려고 한다. 그런데 루터가 비텐베르크로 돌아갔을 때 만일 황제가 관리를 보내어 루터를 체포하려고 한다면 선제후는 위에 있는 권세에게 복종하라는 말씀에 따라 체포를 막아서는 안 된다는 것이다.

루터가 바르트부르크에 있는 동안 비텐베르크에는 급진적 종교개혁자들이 나타나 소동이 일어났다. 이에 루터는 비텐베르크로 돌아와서 온건한 종교개혁 운동을 전개해 나갔다. 1523년에는 『세속 권위: 어느 정도로 복종해야 하는가』라는 저작을 썼다. 1521년 보름스 제국의회 후에 황제의 칙령에 따라 일부 제후들이 루터파를 탄압하기 시작하였다. 루터는 이런 상황에서 세속 제후들이 영적인 문제에 관여해서는 안 된다는 뜻으로 이 책자를 썼다. 루터는 여기서 두 왕국론과 두 정부론을 주장하면서 영적 정부와 세속적 정부의 구별을 주장했다.

1524-1525년에는 농민 전쟁이 일어나 소요 속에 휩싸이게 되었다. 루터는 처음에는 제후와 농민 사이에 중재자 역할을 했으나 제후들이 농민들의 요구를 들어 주지 않아 농민 운동이 폭동으로 바뀌게 되었고 그때 그는 강경 진압을 주장하여 농민들에게 미움을 받기도 하였다. 루터는 1525년 농민란을 겪으면서 세 저작을 썼다. 그것은 『평화로의 권고: 스와비아 농민들의 12조문에 대한 응답』, 『약탈하고 살인하는 농민떼에 대항하여』, 『농민들에 대한 심한 책에 관한 공개서한』이다. 첫째 저작은 농민란 초기에 제후와 농민들에게 상호 양보를 권고하는 것이었고, 둘째 저작은 농민란의 절정기에 폭동을 행하는 농민들을 진압할 것을 주장하는 것이었으며, 셋째 저작은 농민란

이 끝나고 난 다음 두 번째 저작의 내용을 변호한 것이었다. 루터는 이 저작들에서 급진적 개혁가들의 주장에 대해 두 정부론으로 응답하고 있다. 영적 정부와 세속적 정부는 구별되어야 하며 종교적 명목으로 세속적 정부에 저항해서는 안 된다는 것이었다.

루터는 1525년 캐더린Katherine von Bora과 결혼하였다. 처음에 루터는 사랑 때문에 결혼했던 것 같지는 않다. 루터는 결혼한 지 14년 후에 무미건조하였던 결혼 초를 이렇게 회상하였다. 그는 사실상 아베 폰 쉰펠트와 결혼하기를 원하였다. 그는 캐더린이 오만하다고 생각하였기 때문에 그녀를 좋아하지 않았다. 그러나 나중에 루터는 이렇게 말하였다. "나는 프랑스와 베니스를 다 주어도 나의 카티와 바꾸지 않을 것이다." 또한 그는 이렇게 말하였다. "카티, 당신은 당신을 사랑하는 정직한 남자와 결혼하였소. 당신은 황후요." 오버만은 루터의 가정을 이렇게 평가하였다. "그들의 결혼은 가부장제의 친밀함 속에서 20세기에 이르기까지 모범으로 간주될 수 있었다." 루터는 3남 3녀를 두었다. 첫 아들 요하네스(Johannes, 1526)를 낳기 전에는 긴장하였다. 왜냐하면 수도사와 수녀가 결혼하여 아기를 낳으면 머리가 둘 있는 괴물이 태어난다는 미신이 있었기 때문이다. 오버만이 말한 것처럼, 루터의 첫째 아기에게 장애가 있었다면 종교개혁 운동은 큰 장애를 만났을 것이다. 루터는 정상적이고 건강한 아기가 태어난 것을 기쁘게 전하였다. 요하네스를 이어 엘리자베드(Elisabeth, 1527), 막달레네 (Magdalene, 1529), 마르틴(Martin,1531), 파울(Paul, 1533), 마르가레테(Margarete, 1534)가 태어났다. 루터는 첫째 아들은 군인, 둘째 아들은 학자, 셋째 아들은 농부가 되는 것을 원하였다. 그러나 루터의 기대대로 되지는 않았다. 첫째 아들 요하네스는 법률가가 되었으며,

둘째 아들 마르틴은 신학을 공부하였으나 성직자가 되지 않고 평범한 시민으로 살았으며, 셋째 아들 파울은 의사가 되었다. 엘리자베드는 8개월만에 죽고, 막달레네는 13세에 죽었다. 막내 딸 마르가레테는 브란덴부르크의 귀족과 결혼하였다.

루터는 1525년에 쓴 『상업과 고리대금업』에서 "사고파는 일이 필수적임을 부인할 수 없다. 매매는 없앨 수 없으며, 특히 상품들이 필수적이고 명예로운 목적에 기여할 매매는 기독교적 방식으로 실시될 수 있다"고 말하였다. 이처럼 루터는 상업을 필요악 정도로 취급한 것이 아니라, 기독교적 방식으로 이루어질 수 있다고 보았다. 왜냐하면 성서의 족장들도 "가축, 양모, 곡식, 버터, 우유, 기타 물품들을 이런 방식으로 매매했기 때문이다."

그 후 루터는 츠빙글리와의 성찬론 논쟁에 들어갔다. 츠빙글리에게 있어서 성례는 거룩한 것의 표시였다. "성례들은 ─심지어 교황주의자들도 주장하듯이─ 단순히 거룩한 것들의 표시들이다"라고 츠빙글리는 말하였다. 빵은 단순히 빵이고 그리스도의 몸이 아니었다. 그러나 루터가 보기에 츠빙글리의 성례론은 하나님이 우리에게 은총을 주시는 통로를 파괴하는 것이었다. 루터는 이렇게 말하였다.

그 맹인인 바보는 '그리스도의 공적'과 '공적의 분여'가 두 개의 서로 다른 것들임을 알지 못한다. … 그리스도는 단 한번 십자가에서 공적을 쌓고 우리를 위해 죄의 용서를 이루었다. 그러나 그는 이 용서를 그가 있는 곳마다, 항상 그리고 모든 곳에서 나누어준다. …

츠빙글리가 "이것은 내 몸이다"라는 말씀을 "이것은 내 몸을 상징한다"고 해석함으로써 상징설을 주장한 것과는 달리 루터는 "이것은 내 몸이다"라는 말씀을 글자 그대로 받아들임으로써 성찬에 그리스도의 몸이 임재한다는 임재설을 주장했다.

1526년에 루터는 『군인도 구원받을 수 있는가』라는 저작을 썼다. 여기서 루터는 군인도 다른 공직자와 마찬가지로 하나님이 세운 제도인 세속 정부에 속하므로 군인의 직임도 경건한 것이며 군인도 구원받을 수 있다고 보았다. 1529년에는 『터키인에 대한 전쟁에 관하여』라는 저작을 썼다. 루터는 이 저작에서 터키인에 대한 전쟁은 교황이 주도하는 십자군 전쟁이어서는 안 되고 황제가 주관하는 전쟁이어야 한다고 주장했다. 1530년에는 『시편 82편 주석』을 썼다. 1530년 아우그스부르크 제국 의회를 앞두고 쓴 것으로 세속 정부의 올바른 관리를 주장하며 잘못을 경계했다. 1531년에는 『친애하는 독일 백성에 대한 마르틴 루터 박사의 경고』라는 책을 썼다. 이것은 1530년 아우그스부르크 제국 의회 후 루터파에 대한 탄압의 조짐이 있을 때 쓴 것으로 여기서 루터는 황제가 교황의 뜻에 따라 종교적 진리에 대한 탄압을 시작한다면 루터파 제후들이 저항할 수 있다고 주장했다. 1530년 아우그스부르크 제국 의회 후 법학자들은 황제가 불의한 힘을 사용할 경우 제국의 법에 따라 제후들이 저항할 수 있다는 주장을 폈으며, 선제후 요한의 주선으로 1530년 10월 25-28일에 토르가우에서 루터와 동료들이 법학자들과 만나게 되었다. 루터는 이 모임 후 1531년에 쓴 위의 저작에서 황제에 대한 제후들의 저항권을 이렇게 인정했다.

만일 황제가 교황을 위해서 혹은 우리의 가르침 때문에 교황주의자들이 지금 끔찍하게 만족해 하고 자랑하듯이 … 우리에 대해 병력을 동원한다면 아무도 그것에 응하거나 이 사건에 있어서 황제에게 복종해서는 안 된다. 모두가 하나님이 황제의 그런 명령에 맹종하는 것을 엄히 금함을 확신할 것이다. 그에게 복종하는 자는 누구나 하나님에게 불복종함을 확신할 수 있을 것이며 전쟁에서 육체와 영혼 둘 다 영원히 잃을 것이다.

루터는 1535년 창세기 강의를 시작하였다. 루터는 여기서 중세기까지의 은유적 해석을 비판하고 역사적 해석을 강조하였다. 예컨대 오리겐은 창세기 1-3장을 알레고리로 보고 해석하였다. 그러나 루터는 이것을 역사로 보고 해석하였다. 그래서 루터는 아우구스티누스에 반하여 6일간의 창조를 옹호하였다. 이 강의에서 루터는 육체적 삶에서 영적 삶으로의 전환을 강조하였다. "아담은 음식과 음료와 생식이 없이는 살 수 없었다. 그러나 성도들의 수가 찬 후 예정된 때에 이 육체적 활동은 종결되었을 것이다. 그리고 아담은 자기 자손들과 함께 영원하고 영적인 삶으로 변환되었을 것이다." "아담은 이중적 삶, 즉 육체적 삶과 불멸의 삶을 지녔다. 하지만 후자는 아직 분명히 계시되지 않았고 다만 희망 속에 계시되었다." "아담의 이 육체적 삶 이후에 영적 삶이 오기로 되어 있었다. 그 영적 삶 속에서 아담은 물질적 음식도 사용하지 않고 현세에 있는 다른 일들도 하지 않았을 것이다. 그는 천사적, 영적 삶을 살았을 것이다. 성서에서 미래의 삶이 묘사된 것처럼 우리는 마시거나 먹지 않을 것이며, 어떤 다른 육체적 기능을 행하지 않을 것이다."

루터는 1543년 『유대인들과 그들의 거짓말에 관하여』라는 저작을 썼다. 루터는 이 저작에서 복음을 받아들이지 않는 유대인들에 대한 탄압을 주장하였다. "첫째, 그들의 회당들과 학교들을 불사르고, 불사를 수 없는 것들은 매장하고 흙으로 덮을 것." "둘째, 나는 또한 그들의 집들을 무너뜨리고 파괴할 것을 권고한다." "셋째, 나는 모든 그들의 기도서들과 탈무드 저작들을 몰수할 것을 권고한다. 그 안에는 우상 숭배, 거짓, 저주, 신성 모독이 가르쳐지고 있다." "넷째, 나는 앞으로 그들의 랍비들이 가르치는 것을 금지할 것을 권고하며, 이를 어기면 생명과 신체를 잃게 할 것을 권고한다." "다섯째, 나는 유대인들에게는 노상에서의 안전 통행권을 완전히 폐지할 것을 권고한다." "여섯째, 나는 그들에게 고리 대금업을 금지하고 모든 현금과 은금을 빼앗아 보관할 것을 권고한다." "일곱째, 나는 젊고 튼튼한 유대인 남녀들의 손에 도리깨, 도끼, 괭이, 삽, 실감개 대, 물레가락을 주어 이마의 땀으로 빵을 벌게 할 것을 권고한다…" 루터는 말년에 쓴 이 저작 때문에 "히틀러의 아버지"라는 비난을 받기도 하였다.

루터는 1546년 2월 18일 그의 고향 아이슬레벤에서 세상을 떠났다. 그의 임종을 지켜보던 요나스는 "목사님, 당신은 그리스도 안에 그리고 당신이 전한 교리들 안에 확고하게 서서 운명하시겠습니까?" 하고 물었다. 루터는 분명한 목소리로 "예"라고 대답하고 세상을 떠났다.

제 6 장
루터는 어떤 신학 구조를 가지고 있었는가

1. 서언

　루터 신학의 구조 문제는 많은 논쟁을 불러일으켜 온 문제이다. 루터는 토마스 아퀴나스의 『신학 대전』이나 칼빈의 『기독교 강요』와 같은 자기 신학을 스스로 체계화한 저작을 남기지 않았을 뿐만 아니라, 남아있는 수많은 저작은 대체로 그때그때 긴급한 필요에 의해 저술되어 체계성을 찾기가 쉽지 않다. 그럼에도 불구하고 루터 연구가들은 루터 신학의 통일적 원리를 찾아보려고 노력해 왔다.

　니그렌Anders Nygren과 그의 영향을 받은 왓슨은 루터 신학의 통일적 원리를 인간 중심적 종교에 반한 신 중심적 종교로, 혹은 상승 운동에 반한 하강 운동으로 설명했다. 니그렌은 루터 신학의 '통일적 경향'에 대해 이렇게 설명하였다.

종교개혁에서 일어난 위대한 종교적 혁명의 가장 깊은 의미는 이 사건에서 신 중심적 종교가 나타났다고 말함으로써 간단하게 요약할 수 있다. 루터는 가톨릭적 기독교에 대한 투쟁에서 철저하게 통일적 경향(uniform tendency)을 가지고 있었다. 우리가 출발점으로 그의 득의관이나 사랑에 대한 개념이나 그 외 무엇을 택하든 우리는 항상 동일한 것으로 돌아가는데, *즉 루터가 모든 자기 중심적 종교 형태들에 반해 하나님에 대한 순수하게 신 중심적 관계를 주장한다는 것이다.*

또한 니그렌은 중세 신학의 상승 운동에 반한 루터 신학의 하강 운동을 이렇게 설명하였다.

기독교에 대한 중세의 해석은 철저하게 상승 경향의 특징을 가지고 있다. 이 경향은 스콜라주의의 이성적 신학과 신비주의의 무아적 종교성뿐만 아니라 대중 가톨릭주의의 도덕주의적 경건에서 나타난다. … 그것들은 모두 인간이 하나님에게로 올라가는 하나의 길을 안다. 그것은 실천적 경건에 나타나는 공적의 길일 수도 있고 신비주의 ἀναγωγή일 수도 있고 "존재의 유비"(*analogia entis*)에 따른 명상적 사상의 길일 수도 있다. 인간은 하늘의 세 사다리들 중 하나에 의해 하나님에게로 올라가야 한다.

화육은 복음주의적 구원의 길(the Evangelical Way of salvation)을 위한 가장 강한 증거이다. 우리가 하나님에게 올라가는 것이 아니다. 하나님이 그리스도 안에서 우리에게 내려온다.

또한 니그렌은 상승 운동에 반한 하강 운동을 야곱이 본 하늘의 사닥다리와 관계시켜 이렇게 설명하였다.

"하늘의 사닥다리"는··· 신비적 '상승'의 전형적 상징이다. 루터 역시 야곱의 사닥다리에 관심을 두었다. 그러나 그는 그것을 더 이상 에로스의 관념이 아니라 아가페의 관념으로 해석했다. 하나님은 우리가 자기에게로 올라가도록 사다리를 세우지 않는다. 하나님 자신이 사닥다리를 준비하고 우리에게로 내려온다. *Ipse descendit et paravit scalam.*

한편 에벨링Gerhard Ebeling은 루터의 사상은 항상 대립을 내포하고 있다고 주장하였다.

··· 루터의 사상은 항상 대립, 즉 강하게 상반되지만 관련이 있는 양극들 사이의 긴장을 포함하고 있다. 즉, 신학과 철학, 문자와 영, 율법과 복음, 율법의 이중적 용도, 인격과 행동, 신앙과 사랑, 그리스도의 왕국과 세상의 왕국, 그리스도인으로서의 인간과 세상 속의 인간, 자유와 속박, 은폐된 하나님과 계시된 하나님, 이상은 가장 중요한 실례들을 언급한 것에 불과하다.

니그렌이나 왓슨이 주장한 것처럼 루터 신학의 많은 주제들은 인간 중심성에 반한 신 중심성이나 상승 운동에 반한 하강 운동으로 설명할 수 있다. 그러나 그것으로 설명되지 않는 많은 주제들—뒤에서 에벨링이 열거한 것들처럼—이 또한 루터 신학에 나타난다. 다른 말로 하면 '은총에 의한 신앙을 통한 득의'Justification by Grace through Faith라는 교리로 루터의 사상 중 많은 주제들을 설명할 수 있지만, 영적 왕국에서는 복음으로, 세상 왕국에서는 법과 검으로 라고 하는 소위 루터의 두 왕국론은 '은총에 의한 신앙을 통한 득의'라고 하는 교리로 설명되기 어렵다. 그런 점에서 에벨링의 해석이 더 포괄적인 것 같다. 다른 한편 루터 연구가들 중 다수가 루터에게도 소위 '율법의 제3용도'라고 하는 교리의 요소가 나타난다고 주장하는 것으로 보아 루터의 사상을 둘 사이의 대립으로 해석하는 것—에벨링처럼 율법의 이중적 용도만 말하는 것—도 한계가 있다고 하겠다. 이 장에서는 이 한계를 극복하는 대안으로 루터 신학에 있어서는 셋 사이의 관계가 중요한 문제로 나타난다는 점을 예증하려고 한다.

2. 세 왕국론

루터에게 두 왕국의 교리가 있다는 것은 모두 인정하지만 두 왕국이 무엇인가 하는 문제에 대해서는 의견이 일치하지 않는다. 헤켈Johannes Heckel은 루터의 두 왕국이란 그리스도의 왕국과 사탄의 왕국을 가리킨다고 보았다. 그는 이렇게 말하였다.

그리스도의 왕국은 그 적수로 또 다른 왕국, 즉 세상의 왕국을 가지고 있는데, 여기서 세상은 하나님을 멀리하는 인간을 의미한다. 또한 거기에 한 머리, 즉 사탄 아래 하나의 신비적 몸이 있으며, 또한 거기에는 세 가지 위에서 기술한 무리, 즉 제후직(세상의 제후), 악마의 정부 및 그를 따르는 악마의 백성(세상=바벨론 집단)이 있다.

헤켈의 이런 주장을 알트하우스Paul Althaus를 비롯한 다른 루터 연구가들은 비판하였다. 알트하우스는 헤켈이 루터의 사상이 전기에서 후기로 가면서 변화되었음을 간파하고 루터의 두 왕국론을 단순히 아우구스티누스적인 것으로 봄으로써 루터의 사상을 왜곡시켰다고 주장하였다. 알트하우스에 의하면 후기의 루터에게 있어서는 왕국이라는 말과 정부라는 말이 같은 의미로 쓰였으며, 영적 정부와 세상적 정부는 둘 다 하나님이 세운 것으로 여겨졌다. 알트하우스는 루터의 말을 인용하면서 세속 정부는 루터에게 있어서 악마에 반해서 세워진 "하나님 자신의 사업, 제도 및 창조"라고 하였다.

루터에게 있어서 두 왕국이란 헤켈의 주장대로 그리스도의 왕국과 사탄의 왕국인가, 아니면 알트하우스의 주장대로 하나님의 통치 아래 있는 두 정부, 즉 영적 정부와 세속적 정부라는 면에서 두 왕국인가. 사실상 루터의 저작 안에는 두 왕국론과 관계된 개념들이 세 가지가 있다. 첫째는 '하나님의 왕국'과 '세상의 왕국'이라는 개념이며, 둘째는 '영적 정부'와 '세속적 정부'라는 개념이며, 셋째는 '하나님의 왕국'과 '사탄의 왕국'이라는 개념이다.

루터는 『세속 권위: 어느 정도로 복종해야 하는가』에서 두 왕국에 대해 이렇게 말하였다.

여기서 우리는 아담의 자손들과 모든 인간들을 두 부류로 나누어야 하는데 전자는 하나님의 왕국에 속하고, 후자는 세상의 왕국에 속한다. 하나님의 왕국에 속한 자들은 모두 그리스도 안에, 그리스도 아래 있는 참된 신자들이다. 왜냐하면 그리스도가 … 하나님의 왕국에서 왕이고 주이기 때문이다.

그리스도인이 아닌 모든 자는 세상의 왕국에 속하고 법 아래 있다.

여기서 루터는 하나님의 왕국의 백성과 세상의 왕국의 백성을 상호 배타적인 것으로 보고 있음이 분명하다. 그래서 여기서 하나님의 왕국과 세상의 왕국은 상호 배타적인 것처럼 보인다. 이 두 왕국론에는 아우구스티누스의 두 도성론이 반영되어 있음이 분명한 것 같다.

루터는 두 왕국에 대해 이렇게 말하고 나서 두 정부에 대해 다음과 같이 설명하고 있다.

이 까닭에 하나님이 두 정부를 세웠다. 즉, 영적 정부에 의해 성령이 그리스도 아래 그리스도인들과 의로운 사람들을 산출하고 세속적 정부는 비그리스도인들과 악한 자들을 억제하여 … 그들이 정온을 유지하고 외적 평화를 유지하도록 한다.

이 까닭에 이 두 정부를 신중하게 구별해야 한다. 둘 다 잔존하도록 허락해야 한다. 하나는 의를 산출하기 위해 다른 하나는 외적 평화를 산출하고 악한 행위들을 방지하기 위해서이다. 둘 중 어느 하나도 다른 것 없이는 세상에서 충분하지 않다.

여기서 루터는 영적 정부와 세속적 정부를 구별하지만 이 두 정부가 상호 관련적인 것으로 보고 있음이 분명하다. 앞에서 나온 두 왕국, 즉 하나님의 왕국과 세상의 왕국은 상호 배타적인 것 같지만 여기에 나온 두 정부, 즉 영적 정부와 세속적 정부는 상호 관련적이다. 그러나 루터에게 있어서 두 왕국론과 두 정부론을 이렇게 단순화시킬 수 없는 것은 루터가 바로 이 저작에서 두 왕국과 두 정부를 상호 관련시키기 때문이다. 루터는 이렇게 말하였다.

> 아담의 자녀들의 두 부류—하나는 그리스도 아래 하나님의 왕국 안에 있고 다른 하나는 통치적 권위 아래 세상의 왕국 안에 있는데—는 두 부류의 법을 가지고 있다는 사실을 먼저 유의해야 한다. 세속 정부는 지상에서 생명과 재산과 외적 문제들에 국한된 법률을 가지고 있다.

요컨대 루터에게 있어서 하나님의 왕국의 백성은 참된 그리스도인들만으로 구성되고 세상의 왕국의 백성은 나머지 사람들로 구성된다. 그러나 세상의 왕국을 통치하는 것은 하나님이 세운 두 정부 가운데 하나인 세속적 정부이다. 그러나 이 저작 이후에 쓴 루터의 저작들을 보면 두 왕국과 두 정부를 이 정도로만 관계시키는 것이 아니라 거의 일치시키고 있다. 우선 루터는 1525년 『농민들에 대한 심한 책에 관한 공개 서한』에서 이렇게 말하였다.

> 두 왕국이 있는데, 하나는 하나님의 왕국이고, 다른 하나는 세상의 왕국이다. … 하나님의 왕국은 은총과 자비의 왕국이지 진노와 형벌의 왕국이 아니다. 그 안에는 단지 용서, 상호간의 고려, 사랑, 봉사, 선행, 평화, 기쁨 등등이 있다. 그러나 세상의 왕국은 진노와 가혹함의 왕국이다. 그 안에는 악인들을 억압하고 선인들을 보호하기 위해 단지 형벌, 억압, 심판 및 정죄가 있다.

그리고 루터는 1526년 『군인도 구원받을 수 있는가』에서 두 정부에 대해 다음과 같이 말하고 있는데, 이것은 바로 위에 인용된 두 왕국에 대한 설명과 거의 같다.

하나님은 인간들 중에 두 종류의 정부를 수립하였다. 하나는 영적이다. 그것은 검을 가지지 않고 말씀을 가지고 있는데, 그것에 의해 인간들은 선하고 의롭게 되며, 이 의로 영생을 얻도록 되어 있다. … 다른 하나는 세상적 정부인데, 검을 통하여 일하여 영생을 위해 선하고 의롭게 되기를 원하지 않는 자들을 세상의 눈에 선하고 의롭게 되도록 강요한다.

지금까지 인용된 구절들을 근거로 우리는 다음과 같이 말할 수 있을 것이다. 처음에 루터는 두 왕국과 두 정부를 서로 다른 개념으로 사용하였으나 후에는 두 왕국과 두 정부를, 왕국이 정부보다 넓은 개념이긴 하지만 같은 개념으로 사용하였다는 것이다.

전술한 바와 같이 루터에게는 하나님의 왕국과 세상의 왕국이라는 두 왕국론과, 영적 정부와 세속적 정부라는 두 정부론만 나오는 것이 아니라 하나님의 왕국과 사탄의 왕국이라는 상극적인 두 왕국론도 나온다. 루터는 1525년 『노예 의지론』에서 하나님의 왕국과 사탄의 왕국이라는 상극적인 두 왕국에 대해 이렇게 말하였다.

그리스도인들이 알고 있는 것은 세상에 두 왕국들이 있다는 것인데, 그들은 서로 치열하게 상반된다. 그들 중 하나에서는 사탄이 통치한다. 그러므로 그리스도는 사탄을 "이 세상의 통치자"(요 12:31)라고

하고 바울은 "이 세상 신"(고후 4:4)이라고 부른다. … 다른 왕국에서
는 그리스도가 통치하며, 그의 왕국은 끊임없이 사탄의 왕국에 항거
하고 싸운다.

하나님의 왕국과 사탄의 왕국 사이에 중립 왕국은 없다. 그것들은 서
로 상호적으로, 영구적으로 갈등 속에 있다.

지금까지 살펴본 루터 저작의 인용문들을 근거로 우리는 두 왕국
론에 대해 다음과 같이 결론을 내릴 수 있을 것 같다. 루터는 처음에는
하나님의 왕국과 세상의 왕국을 아우구스티누스의 하나님의 도성과
땅의 도성처럼 구분해 보았다. 루터는 하나님의 왕국의 백성은 참된
신자들로 구성되고 세상의 왕국의 백성은 나머지 사람들로 구성된다
고 보았으며 세상의 왕국의 백성을 통치하는 정부는 하나님이 세운
세속적 정부라고 보았다. 그러나 후에는 세상의 왕국과 세속적 정부
를 같은 맥락에서 보았다. 요컨대 루터에게는 영적 정부와 세속적 정
부라는 두 정부론과 같은 맥락에 있는 하나님의 왕국과 세상의 왕국
이라는 두 왕국론이 있는 반면, 이 두 왕국론과는 다른 하나님의 왕국
과 사탄의 왕국이라는 두 왕국론이 있었다. 그러면 이 두 쌍의 두 왕국
론은 어떤 관계에 있는가. 여기서 루터의 왕국론들을 부분적으로 중
첩되는 세 개의 원으로 도식화할 수 있을 것 같다.
　하나님의 왕국과 사탄의 왕국은 상호 배타적이다. 그러나 하나님
의 왕국과 세상의 왕국은 일치점과 상위점이 있다. 하나님의 왕국에
속한 참된 그리스도인도 필요한 경우 세상의 왕국에서 공직을 맡을
수 있다. 또한 하나님의 왕국에 속한 참된 그리스도인이라 하더라도

그가 육체와 재물을 가지고 있는 한 세상의 왕국의 지배를 받아야 하며, 그가 '의인인 동시에 죄인'이기 때문에 세상의 왕국의 지배를 받아야 한다. 말하자면 참된 그리스도인이 세상의 왕국을 지배할 수도 있으며, 또한 세상의 왕국이 참된 그리스도인을 지배할 수 있는 것이다. 이런 점에서 이 두 왕국은 일치점이 있다. 그러나 하나님의 왕국은 말씀으로, 복음으로 다스리고 세상의 왕국은 법과 검으로 다스린다는 점에서 상위점이 있다. 루터는 사회를 복음으로 다스리려고 하는 주장을 사자와 양을 한 우리에 두는 것과 같다고 일축하였다. 세상의 왕국과 사탄의 왕국도 상위점과 일치점이 있다. 루터가 세속 정부를 사탄의 왕국을 막기 위해 세웠다고 본 점에서 그것들은 상호 배타적이다. 그러나 루터가 터키인을 "하나님의 막대기이자 악마의 종"이라고 했을 때, 이는 하나님이 세운 제도인 세속적 정부와 사탄의 왕국이 일치점이 있음을 보여준 것이라 하겠다.

3. 세 종류의 이성

존 웨슬리는 루터의 『로마서』 서문을 읽는 것을 듣고 가슴이 따뜻해지는 체험을 하였으나 그로부터 3년 후인 1741년 루터의 『갈라디아서 주석』을 읽고 루터를 날카롭게 비판하였다. 웨슬리는 그 비판 중에 루터의 이성관을 이렇게 비판하였다.

그는 (거의 타울러의 말로), 올바른 이성이든 그릇된 이성이든, 이성을 그리스도의 복음과 화목할 수 없는 원수로 비난한다! 그런데 이성

(이른바 그 기능)은 이해하고 판단하고 논하는 힘이 아니고 무엇인가? 그 힘은 보는 것이나 듣는 것이나 느끼는 것과 마찬가지로 일괄적으로 정죄하여서는 안 된다.

루터가 올바른 이성이든 그릇된 이성이든 이성을 다 비난하였다고 웨슬리가 루터를 비판하였을 때 웨슬리는 루터의 이성관을 잘 파악하지 못한 것이었다. 게리쉬B. A. Gerrish는 루터가 이성을 일괄적으로 비난한 것이 아니었음을 다음과 같이 예증하였다.

이성은 인간이 현세에 가지고 있는 모든 학예, 의약과 법률, 지혜, 능력, 덕 및 영광의 고안자와 여주인이다. 이성은 인간과 야수를 구별하는 것이며, 성서가 그것을 땅의 여왕으로 지명하였다(창 1:28). 또한 이성의 지배는 타락에 의해 박탈되지 않았다. 이성은 일종의 '신적 태양'으로 남아 있다. 그 빛에 의해 현세의 사건들이 관리를 받는다. 이성은 하나님의 선물 중 가장 위대하고 측량할 수 없는 선물이다.

게리쉬는 이어서 루터의 이성관을 아래와 같이 셋으로 나누어 정리하였다.

만약 우리가 루터의 사상의 복합성을 공정히 다루고자 한다면 우리는 다음을 신중하게 구별해야 한다. (1) 그 고유한 영역(지상의 왕국) 안에서 지배하는 자연적 이성; (2) 신앙의 영역(천상의 왕국)을 침범하는 교만한 이성; (3) 신앙의 집안에서 겸손히 섬기면서 항상 하나님의 말씀에 복종하는 중생한 이성. 첫째 맥락에서 이성은 하나님의 탁월한 선물이며, 둘째 맥락에서 그것은 훌다(Hulda) 부인, 즉 악마의 창녀이며, 셋째 맥락에서 그것은 신앙의 시녀이다.

그리고 게리쉬는 "루터의 입장 아래에는 땅의 왕국과 하늘의 왕국이라는 그의 근본적인 이원론이 깔려 있다"라고 말했다. 게리쉬가 루터에게 있어서는 자연적 이성, 교만한 이성, 중생한 이성 등 세 종류의 이성이 있다고 한 것은 정확한 설명이라 하겠다. 그러나 그는 루터의 신학 구조에는 두 왕국이 아니라 세 왕국이 있음을 간파하지 못하였기 때문에 세 종류의 이성을 잘 정리하지 못하였다. 자연적 이성이 세상의 왕국에 대응한다면 교만한 이성은 사탄의 왕국에 대응하고 중생한 이성은 영적 왕국에 대응한다고 보아야 할 것이다.

우선 루터가 1536년에 쓴 『인간에 관한 논제』는 자연적 이성에 관한 루터의 생각을 일목요연하게 보여준다.

4. 확실한 사실은 이성이 모든 것들 가운데 가장 중요하며 최고이며, 현세의 다른 것들과 비교하였을 때 최선이며 신적인 어떤 것이라는 점이다.

5. 그것은 인간들이 현세에 소유하고 있는 모든 학예, 의약, 법률 그리고 지혜, 능력, 덕 및 영광의 고안자와 선도자이다.

7. 성서는 또한 "지배하라"(창 1:28)고 말함으로써 그것을 땅, 새, 물고기 및 짐승의 주로 삼고 있다.

8. 즉 그것은 현세에서 이것들을 관리하기 위해 임명된 태양이요 일종의 신이다.

9. 하나님은 아담의 타락 후에 이성의 이 위엄을 제거한 것이 아니라

오히려 확증하였다.

다음으로 루터는 사탄의 왕국에 대응하는 이성을 "악마의 창녀"라고 하였다. 루터는 칼쉬타트를 비판하는 중에 이렇게 말하였다.

더욱이 그는 이성이 악마의 창녀이며 하나님이 행하고 말씀하는 것을 중상하고 모욕하는 일만 한다는 것을 우리가 모르고 있는 양, 홀다 부인, 즉 자연적 이성이 이 문제에 대해 말하는 것을 우리에게 가르친다.

또한 루터는 『갈라디아서 주석』에서 이성은 하나님에 대해 올바르게 생각할 수 없다고 말하였다.

이성은 하나님에 대해 올바르게 생각할 수 없다. 신앙만이 그렇게 할 수 있다. 인간은 하나님의 말씀을 믿을 때 하나님에 대해 올바르게 생각할 수 있다. 그러나 그가 말씀을 떠나 자신의 이성으로 하나님을 측량하고 믿고자 할 때 그는 그의 마음속에 하나님에 대한 진리를 가지지 못하며 그러므로 하나님에 대해 올바르게 생각하거나 판단할 수 없다.

그래서 루터는 "철학은 하나님에게 적대적인 육의 실제적 지혜이다"라고 말하였다.

마지막으로 루터는 영적 왕국에 대응하는 중생한 이성에 대해 이렇게 말하였다.

하나님에 대한 신앙과 인식 전에 이성은 흑암이나 믿는 자들에게 있어서는 최선의 도구이다. 모든 은사와 자연적 도구들이 불경건한 자들에게 있어서는 불경건하지만 경건한 자들에게 있어서는 경건하다. 그 때 신앙은 이성, 수사학 및 언어에 의해 도움을 받는데, 이전에 신앙 전에 이것들은 매우 큰 장애이었다. 신앙에 결합된 교화된 이성은 신앙으로부터 은사를 받는다. 그것은 죽고 나서 산다. 마치 우리 몸이 더 밝게 나오듯이, 경건한 자들에게 있어서 이성은 다른데, 이성이 신앙과 싸우는 것이 아니라 신앙을 도와주기 때문이다.

4. 세 종류의 신 인식

루터에게 있어서 세 왕국이 있듯이 신 인식에 있어서도 세 가지 인식이 있다. 루터에게는 계시된 하나님*Deus revelatus*과 은폐된 하나님*Deus absconditus*의 구별이 있다. 그런데 알트하우스는 루터에게는 서로 다른 두 가지의 하나님의 은폐성이 있다고 한다. 1518년 『하이델베르크 논제』에서 루터는 하나님이 자기의 계시 안에 숨어 있으며 십자가와 고난 속에서 직접적으로가 아니라 역설적으로 우리에게 계시된다고 주장하였으나, 1525년 『노예 의지론』에서는 하나님의 계시와 은폐를 일치시키지 않으며 하나님의 계시 뒤에 그리고 계시 너머에 있는 하나님의 은폐를 주장하였다고 알트하우스는 말한다. 맥그래스*Alister E. McGrath*도 루터에게는 두 종류의 "은폐된 하나님"이 있는데, 즉 "자기의 계시 안에 숨어 있는 하나님"과 "자기의 계시 뒤에 숨어 있는 하나님"의 구별이 있다고 한다. 맥그래스에 의하면 계시 안에 숨어 있는 하나님에 있어서는, 십자가에서 하나님의 계시는 모순 아래 있는 은폐성이며, 그래서 하나님의 힘은 외견상의 약함 아래 계시되며 하나님의 지혜는 외견상의 어리석음 아래 계시된다. 그렇긴 하지만 여기서는 은폐된 하나님과 계시된 하나님이 일치한다고 맥그래스는 주장한다. 그러나 계시 뒤에 숨어 있는 하나님에 있어서는 하나님은 영원히 우리에게 미지의 분으로 있으며, 신비하고 악의가 있는 존재로 나타난다고 맥그래스는 말한다.

요컨대 루터에게 있어서 하나님의 왕국에 대비되는 두 개의 왕국, 즉 세상적 왕국과 사탄의 왕국이 있듯이, 계시된 하나님에 대비되는 두 가지의 은폐된 하나님, 즉 계시 안에 숨어 있는 하나님과 계시 뒤에 숨어 있는 하나님이 있다.

루터는 『95개 조문 해설』에서 "십자가의 신학자"를 "십자가에 달리고 숨어 있는 하나님에 대해 말하는 자"라고 말하였다. 또한 루터는 이렇게 말하였다. "인간은 자기 것들을 부인하기 위하여 그것들을 숨기나, 하나님은 자기 것들을 계시하기 위하여 그것들을 숨긴다." 여기서는 계시된 하나님과 은폐된 하나님이 상호 관련되어 있다. 또한 루터는 『창세기 주석』에서 이렇게 말하였다. "시간 밖의, 시간 전의 하나님에 대해 많이 논의하는 것은 어리석은 일이다. 왜냐하면 이것은 신성을 덮은 것 없이, 혹은 벗겨진 신적 본질을 이해하려는 노력이기 때문이다. 그러나 이것은 불가능하다. 하나님은 그의 작품들 안에서 그리고 어떤 형태들 안에서 자신들 싼다." 여기서도 덮어진 하나님과 벗겨진 하나님을 대비함으로써 계시된 하나님과 은폐된 하나님을 관계시키고 있다.

그러나 루터는 『노예 의지론』에서는 은폐된 하나님을 이런 뜻으로 사용하지 않는다. 여기서는 계시된 하나님과 은폐된 하나님이 대립적으로 사용된다. 루터는 에라스무스가 "전파된 하나님과 숨어 있는 하나님, 즉 하나님의 말씀과 하나님 자신을 구별하지 않았다"고 비판하였다. "하나님은 자신의 말씀 속에서 우리에게 나타내지 않은 많은 것들을 행한다." "그래서 하나님은 자신의 말씀에 따라서는 죄인의 죽음을 원하지 않으나 자신의 불가해한 의지에 따라서는 죄인의 죽음을 원한다" 하고 루터는 말하였다. 요컨대 『95개 조문 해설』에서의 숨어 있는 하나님과 『창세기 주석』에서의 덮어진 하나님이 일치하고, 『창세기 주석』에서의 "벗겨진 하나님"과 『노예 의지론』에서의 "숨어 있는 하나님"이 일치한다. 루터가 용어를 다소 혼란스럽게 사용하고 있으나 그가 뜻하는 바는 분명한 것 같다. 루터의 용어를 간과하고 내용을 말한다면 루터에게는 "계시된 하나님", "은폐된 하나님", "하나님 그 자신"의 구별이 있다고 말할 수 있다.

5. 율법의 세 용도

루터에게 율법의 제 3용도가 있느냐 없느냐 하는 것은 루터 연구가들 사이에 큰 논쟁이 있어 온 문제이다. 엘러트Werner Elert는 루터에게는 율법의 제 3용도가 없다고 보았다. 그래서 그는 루터의 『반율법주의자들에 대한 제 2논쟁』의 마지막 부분을 위조라고 주장하였다. 여기서 루터는 "율법은 보존되어야 한다. 이는 성도들이 무슨 일을 하나님이 요구하는지 알고, 그들이 무슨 일로 하나님께 복종해야 하는지를 알도록 하기 위해서이다"라고 이 저작을 끝맺는 것으로 되어 있다. 그러나 알트하우스는 이 문제에 대해 엘러트에 반하여 이렇게 말하였다.

루터는 "율법의 제 3용도"(*tertius usus legis*)라는 표현을 사용하지 않는다. 멜란히톤은 이 표현을 사용하였으며, 그 후 그것은 일치신조, 루터교 정통주의 및 19세기 신학에 채택되었다. 그러나 사실상 그것은 루터에 있어서도 나타난다.

로제Bernhard Lohse도 한 저작에서 이 문제에 대해 이와 비슷한 결론을 내렸다.

멜란히톤은 1530년대부터 율법의 삼중적 용도론을 발전시켰으며 특히 교육적 목적에서 분명한 도식화를 하였다. 루터는 결코 그런 용도를 용어로나 주제로나 변호하지 않았다. 물론 이것은 루터가 율법이 '득의'에 대해 의미가 없다고 믿었다는 뜻은 아니다. 첫째로 율법은 고발하는 기능을 가지고 있다. … 그 다음에 율법은 교육적 기능을 가지고 있다. 이 경우에는 율법보다는 계명이라고 말하는 것이 더 낫다. 어쨌든 이런 의미의 율법의 기능은 율법의 고발하는 기능과 동일하지 않다. 루터는 특히 그의 설교에서 훈계를 위해 율법을 계속 사용하였다.

루터의 본문들을 종합적으로 정리해 보면 루터의 세 왕국론에 대응하는 율법의 세 용도가 있음을 발견할 수 있다. 첫째로 세상의 왕국에 대응하는 율법의 용도가 있다. 루터는 율법의 이 용도에 대해 이렇게 말하였다.

율법은 두 가지 용도를 위해 주어졌다. 첫째는 야만적이고 사악한 자들을 억제하는 것이다. 이런 의미에서 "이것들을 행하는 자는 그것들에 의해 살 것이다"라는 진술은 정치적 진술이다. 그것은 만약 어떤 사람이 관리에게 외적으로 그리고 시민적 영역에서 복종한다면, 그는 형벌과 죽음을 면할 것이라는 뜻이다. 시민적 관리는 그에게 형벌을 부과하거나 그를 처형할 권한이 없으며 그로 하여금 무사히 살게 허락한다. 이것이 율법의 시민적 용도인데, 그것은 야만적인 사람들을 억제하는 데 타당한 것이다.

둘째로 사탄의 왕국에 대응하는 율법의 용도가 있다. 루터는 율법의 이 용도에 대해 이렇게 말하였다.

율법의 또 다른 용도는 신학적 혹은 영적 용도인데, 이것은 범죄를 증가시키는 데 이바지한다. 이것이 모세의 율법의 일차적 목적이다. 그것을 통해 특히 양심에 있어서 죄가 성장하고 증가한다. 바울은 로마서 7장에서 이것을 장엄하게 논의한다. 그러므로 율법의 참된 기능과 중요하고 고유한 용도는 인간에게 그의 죄, 맹인됨, 비참함, 사악함, 무지, 하나님에 대한 증오와 경멸, 죽음, 지옥, 심판 및 하나님의 합당한 진노를 계시하는 것이다.

또한 루터는 반율법주의자들에 대한 논제에서 율법의 이 용도를 이렇게 표현하였다.

1. 율법은 득의를 위해 필요하지 않을 뿐만 아니라 명백하게 무용하며 전적으로 불가능하다.
4. 율법이 주어진 것은 의롭다 하거나 살리기 위한 것도 아니고 어떤 사람을 의롭게 되도록 도와주기 위한 것도 아니다.
5. 그것은 죄를 보여주고 진노를 유발시키기 위한, 즉 양심으로 가책을 느끼게 하기 위한 것이다.

"죄의 힘은 율법인데, 이는 항상 우리를 고발하고 죽게 한다," "그리스도 밖에 있는 사람들에게는 율법의 강요가 고통스럽고 증오스럽고 불가능하다" 하고 루터는 말하였다.
셋째로 영적 왕국에 대응하는 율법의 용도가 있다. 루터는 율법의 이 용도에 대해 다음과 같이 말하였다.

그들은 이미 율법의 왕국에서 취해져서 그리스도의 왕국으로 이전되었다. 그렇지만 경건한 자들이 선행을 행할 유형을 갖도록 경건한 자들에게 보유되어야 한다.

또한 루터는 "율법의 기능은 악을 책망하고 비판하고 생명을 세우는 것인데, 이는 새 사람인 성도들이 새 삶에 들어가도록 하기 위한 것이다"라고 말하였다.

6. 세 종류의 의

루터의 저작들을 면밀히 검토해 보면 의의 문제에 있어서도 세 왕국에 대응하는 세 종류의 의가 있음을 발견할 수 있다. 첫째 의는 세상의 왕국에 대응하는 의이다. 알트하우스는 이 의를 "시민적 의"라고 불렀다. 루터는 이 의에 대해 이렇게 말하였다.

율법의 행위들은 칭의 전이나 칭의 후에 행해질 수 있다. 칭의 전에 심지어 이방인들 중에서도 많은 선한 사람들—크세노폰, 아리스티데스, 파비우스, 키케로, 폼포니우스 아티쿠스 등—이 율법의 행위들을 행하였으며 위대한 일들을 성취하였다. 키케로는 의롭고 선한 대의로 용감하게 죽음을 당하였다. 폼포니우스는 고결하고 진실한 사람이었다. 왜냐하면 그 자신이 결코 거짓말을 안 하였으며 그리고 다른 사람들이 그렇게 하는 것을 참아줄 수 없었기 때문이다.

그런데 이 정치적 의는 선하고 찬양받을 만하다. "하나님 자신이 이 (덕)들이 선하다는 것을 부인하지 않으며 —이것은 사실상 부인될 수 없다— 하나님은 그것들을 권력, 부, 영광, 명성, 위엄, 명예, 즐거움 등등과 같은 현세의 축복들로 보상해 주고 장식해 준다." "하나님은 이 시민적 정직성을 인정하고 공공의 평화를 위해 그것에 보상한다. 왜냐하면 그렇지 않으며 이 사회와 삶이 존재할 수 없기 때문이다" 라고 루터는 말하였다.

둘째 의는 사탄의 왕국에 대응하는 의이다. 이것은 자기 의self-righteous이다. 루터는 이렇게 말하였다. "이것이 자기 자신의 의의 자랑에 취한 자기 의를 주장하는 사람들에게 최종적으로 일어나는 것이다. 그들은 어려움이 없을 때 자기들이 하나님에게 사랑을 받는다고 생각하며 하나님이 자기들의 맹세, 금식, 하찮은 기도, 구제를 인정해 주고 자기들에게 이것들에 대해 하늘의 특별한 관으로 갚아 줄 것이라고 생각한다." 루터에 의하면 이 의는 악마에 사로잡힌 자의 의이다. "만약 어떤 사람이 살인자, 간음자, 도적이 아니고 외적 죄를 짓지 않는다면 ―그 바리새인처럼(눅 18:11)― 그는 악마에 사로잡혀서 자기가 의로운 사람이라고 맹세코 말할 것이다. 그러므로 그는 의를 자랑하고 선행에 의존한다." 루터는 이 의를 역병이라고 불렀다. "하나님은 죄되고 불결하고 비참하고 저주받음을 부인하고 의롭고 거룩하다고 주장하는 위험한 역병인 의의 자랑에 영향을 받지 않는다." 또한 루터는 이 의를 야수에 비유하였다. "인간은 자기가 지혜롭고 의롭고 거룩하다고 자랑하며 또 그렇게 가정한다. 그러므로 인간은 율법에 의해 겸비해지는 것이 꼭 필요하다. 이는 의의 자랑인 이 짐승이 죽도록 하기 위한 것이다. 왜냐하면 그것이 죽지 않으면 인간은 살 수 없기 때문이다." 루터는 『스콜라 신학 논박』에서는 "하나님의 은총 없이 행해진 율법의 모든 일은 외적으로 선한 것 같으나 그것은 내적으로 죄이다"라고 말하였다. 『하이델베르크 논제』에서는 인간적 의를 다음과 같이 비판하였다.

3. 비록 인간의 행위들은 항상 매력적이고 선한 것같이 보이지만, 그럼에도 불구하고 그것들은 치명적 죄가 될 수 있다.
7. 의인들의 행위들은 그 의인들 자신들이 하나님에 대한 경건과 두려움으로 그것들을 치명적 죄로 두려워하지 않는다면 치명적 죄가

될 것이다.

16. 자기 안에 있는 것을 행함으로써 은총을 획득할 수 있다고 믿는
    사람은 죄에 죄를 더해서 이중적으로 죄인이 된다.

셋째 의는 영적 왕국에 대응하는 의이다. 루터는 전술한 바 있는
"두 가지 종류의 의"라는 설교에서 이 의의 양면성을 다음과 같이 설명
하였다. 우선 이 의의 외래적인 면을 이렇게 말하였다.

인간의 죄에 두 종류가 있듯이 그리스도인의 의에도 두 종류가 있습
니다. 첫째 것은 외래적인 의입니다. …
그러므로 그리스도에 대한 신앙을 통해 그리스도의 의가 우리의 의가
되며 그가 가진 모든 것이 우리의 것이 됩니다. … 이것은 무한한 의
이며 모든 죄를 한 순간에 없애 버리는 것입니다. … 그리스도를 신뢰
하는 자는 그리스도 안에 존재합니다. 그는 그리스도와 함께 있는 자
이며, 그리스도가 가진 것과 똑같은 의를 가진 자입니다. 그러므로 죄
가 그 안에 남아 있다는 것은 불가능합니다.

다음으로 루터는 이 의의 또 다른 면을 이렇게 설명하였다.

두 번째 종류의 의는 우리 자신의 의입니다. 그러나 우리 자신의 의라
고 하는 것은 우리가 혼자서 그것을 행하기 때문이 아니라 외래적인
첫 번째 의와 더불어 우리가 그것을 행하기 때문입니다.
이 의는 첫째 유형의 의의 산물입니다. … 이 의는 언제나 옛 아담을
제거하고 죄의 몸을 멸하려고 노력하기 때문에 첫째 의를 완성해 가

는 것입니다.

7. 세 종류의 교회

루터에게 있어서는 두 쌍의 두 왕국론이 있듯이 두 쌍의 두 교회론이 있다. 즉, 참된 교회와 거짓 교회라는 한 쌍의 교회론과 가시적 교회와 불가시적 교회라는 또 다른 한 쌍의 교회론이다. 루터에게 있어서 복음주의적 교회는 참된 교회이고 가톨릭교회는 거짓 교회, 사탄의 창녀였다. 루터는 『한스부르트 반박』에서 이렇게 말하였다.

우리는 우리가 참된 옛 교회이며, 거룩한 보편적 그리스도 교회와 한 몸이며 성도들의 한 교제임을 입증하였다. 이제 여러분 교황주의자들은 여러분이 참된 교회이거나 참된 교회와 같다고 입증한다. 여러분은 그렇게 할 수 없다. 나는 여러분이 새로운 거짓 교회, 즉 모든 것에서 변절한 교회, 참된 옛 교회로부터 분리되어 사탄의 창녀와 회당(계 2:19)이 되었음을 입증할 것이다.

루터는 위에 인용한 글에서 복음주의적 교회와 가톨릭교회를 참된 교회와 거짓 교회로 대립시켰지만, 그러나 이 두 교회는 상극적인 교회들은 아니라고 보았다. 이 두 교회는 일치점과 상위점이 있다. 루터는 이 두 교회가 공유한 일치점을 이렇게 말하였다.

예컨대 우리는 교황의 교회 안에 참된 성서, 참된 세례, 참된 성찬,

죄의 용서를 위한 참된 열쇠, 참된 목회직, 주기도문과 십계명과 신조의 형태로 된 참된 교리 문답이 있음을 시인한다. … 나는 교황제 안에 참된 기독교, 참된 종류의 기독교와 많은 위대한 헌신적인 성도들이 있음을 주장한다.

루터는 곧 이어서 이 두 교회의 상위점들을 이렇게 말하였다.

우리가 교황을 반대하고 거부할 때 그 이유는 그가 사도들로부터 내려온 기독교의 이 보화들을 지키지 않았기 때문이다. 그 대신 그는 악마의 첨가물을 추가하면서, 이 보화들을 성전의 개선을 위해 사용하지 않는다.

루터에게 불가시적 교회란 관념이 있느냐 없느냐 하는 것은 루터 연구가들 사이에 논쟁이 되는 문제이다. 알트하우스는 "루터는 분명히 '불가시적 교회'에 대해 말하지 않고 우리가 '입회'할 수 있는 인식 가능한 '집단'(Haupe)에 대해 말한다"라고 말하였다. 하이크Otto W. Heick도 "루터는 '가시적' 교회가 참된 교회가 아닌 양 '가시적' 교회와 대립되게 '불가시적' 교회를 결코 두지 않는다"라고 말하였다. 트뢸취는 이 문제에 대해 신중하게 이렇게 말하였다. "불가시적 교회는 루터의 교회 개념에는 적당한 용어가 아니다. 비록 그 자신이 때때로 이 혼란된 표현을 사용하지만 말이다. 그가 참으로 의미한 것은 교회가 말씀과 성례 안에서 가시적이나 그것의 순전히 영적인 영향에 있어서 불가시적이고 측량할 수 없다는 것이었다." 그러나 이들과는 반대로 조지Timothy George는 루터가 불가시적 교회에 대해 말하였다고 하였다.

"루터는 그 이전에 아우구스티누스, 위클리프, 후스처럼 예정된 자들의 전체 회집이 그 구성원이 되는 불가시적 교회에 대해 말하였다." 또한 그리취Eric W. Gritsch도 루터에게 불가시적 교회라는 관념이 나타난다고 말하였다.

> 그러므로 교회의 참된 본질은 완전히 계시되지 않는다. 이는 하나님이 예수의 십자가에서도 완전히 나타나지 않고 은폐된 하나님(*deus absconditus*)으로 머물러 계신 것과 같다. 반면에 교회는 말씀의 선포, 성례의 분배, 신앙고백 그리고 심지어 권징과 같은 구체적인 표시들을 통해 인식될 수 있다. 루터는 이 세상에 있는 교회에 대해 그의 주의를 더욱 돌리긴 하였지만 은폐된 교회와 가시적 교제라는 이 변증법을 그의 저작 전반에 걸쳐 근본적으로 일관되게 주장하였다.

루터에게 있어서는 조지나 그리취가 말한 것처럼 불가시적 교회라는 관념이 분명히 나타난다. 루터는 "그리스도와 모든 성도들의 사랑과 교제는 숨겨져 있고 불가시적이고 영적이고, 그리고 단지 그것들의 육적이고 가시적이고 외적인 표시만이 우리에게 주어져 있다"라고 말하였으며, "교회는 높고 깊고 숨겨진 것이어서 지각하거나 볼 수 없고 단지 신앙에 의해서 세례와 성례와 말씀을 통해 파악해야 한다"라고 말하였다. 루터는 불가시적이고 영적인 교회와 육적이고 가시적인 교회를 이렇게 부연해서 설명하였다. "이 공동체 혹은 회집은 참된 신앙, 희망 및 사랑 안에 사는 모든 자들을 가리킨다. 그래서 기독교의 본질, 삶 및 본성은 육적 회집이 아니라 한 신앙 안에 있는 마음들의 회집이다." "따라서 그들이 육적으로는 천 마일 떨어져 있다 하더라도 그들은 각자가 다른 사람들처럼 설교하고 믿고 바라고 사는 한 여전히 영 안에서 한 회집이라 불리운다." "그래서 우리는 성령에 대해 '당신은 많은 혀들을 신앙의 일치 안으로 결속시켰나이다' 하고 노래한다. 이것이 사람들이 '성도들의 교제'라고 부르는 것에 근거한 영적 일치가 참으로 뜻하는 바이다. 이 일치만이 기독교를 창조하기에 충분하며 그것 없이는 어떤 일치도 —그것이 도시, 시간, 사람, 일 혹은 그 외 무엇의 일치라도— 기독교를 창조할 수 없다." 다음으로 "기독교는 집이나 교구나 주교구나 대주교구나 교황청 안에 있는 회집이라 불리운다." 이 외적 기독교는 "기독교 안에 있는 교회법과 고위 성직자들에 의해 지배를 받는다. 그 안에는 모든 교황들, 추기경들, 주교들, 수도원장들, 사제들, 수도사들, 수녀들 및 외적인 것에 따라 그리스도인이라고 간주되는 모든 사람들이—참되고 실제적으로 그리스도인들이거나 아니거나 간에— 포함된다. 그런 공동체가 참된 그리스도인들을 만들지는 못하더라도 … 그것은 참된 그리스도인들인 어떤 사람들 없이 사실상 결코 존재하지 않는다." 그러나 신앙이 없이 외적 기독교 안에 있는 사람들과 내적 기독교 밖에 있는 사람들은 "하나님 앞에 죽은 것이다"라고 루터는 말하였다.

8. 결언

루터의 복잡한 신학 사상 속에서 통일적 원리를 찾으려는 시도는 결코 쉬운 일이 아니다. 하지만 니그렌은 중세의 인간 중심적 종교에 반한 신 중심적 종교, 혹은 중세의 상승 운동에 반한 하강 운동이라는 통일적 경향성을 찾아내어 루터의 신학 사상을 일관되게 해석하였다. 그러나 니그렌이 찾아낸 통일적 경향성으로 루터 신학의 많은 부분을 해석할 수 있지만 루터의 두 왕국론 같은 다른 많은 부분은 해석하기 어렵다. 이런 점에서 루터 사상을 "상반되지만 관련이 있는 양극들 사이의 긴장"으로 해석한 에벨링의 해석이 더 타당성이 있는 것 같다. 그러나 에벨링은 율법의 이중적 용도만을 말하지만 많은 루터 연구가들이 루터에게는 율법의 제 3용도라는 요소가 나타난다고 주장하는 것으로 보아 에벨링의 해석도 한계가 있다고 하겠다.

본 장에서는 루터 사상의 통일적 경향성을 셋 사이의 관계로 해석해 보려고 시도하였다. 그래서 왕국, 이성, 신인식, 율법, 의, 교회라고 하는 여섯 가지 주제를 선택하여 이 통일적 경향성으로 해석해 보았다. 물론 이들 주제 외에 다른 많은 주제들도 이 통일적 경향성으로 해석할 수 있을 것이다.

제 7 장
루터는 반민주주의자였는가

1. 서언

알렌J. W. Allen은 『16세기 정치사상사』에서 루터는 엄격한 의미에서 정치사상가라고 할 수 없다고 주장했다. 그는 "루터는 위대한 정치사상가라고 말해 왔다. 나 자신은 그가 엄격한 의미에서 결코 정치사상가라고 볼 수 없다"라고 말했으며, 또한 "루터의 사상은 본질적으로 비정치적이었음이 매우 분명한 것 같다"고 말하였다. 그러나 카질 톰슨W. D. J. Cargill Thompson은 그의 유작 『마르틴 루터의 정치사상』의 결론에서 "이 연구의 목적들 가운데 하나는 루터가 중요한 정치사상가로 진지하게 고려될 가치가 있음을 보여 주는 것이었다"고 말하였다. 만일 알렌의 주장대로 루터를 엄격한 의미에서 정치사상가로 볼 수 없다면 루터의 정치사상을 다룰 의미가 별로 없을 것이다. 그러나 루터 자신은 자기가 확고한 정치사상을 피력했다고 확신하고 있었다. 루터는 1526년 한 저작에서 "나는 사도 시대 이후 세속적 검과 세속적 정부를 나만큼 분명하게 서술하거나 높이 찬양한 사람이 결코 없었다고 여기서 자부할 수 있다"고 말했으며, 또한 1529년의 한 저작에서도 "사도 시대 이후 아마 성 아우구스티누스를 제외하고 나는 어떤 선생보다도 세속 정부를 높이는 글을 써왔다"고 말하였다. 우리가 여기서 말할 수 있는 것은 루터 자신이 스스로 분명한 정치사상을 가지고 있음을 확신하고 있었다는 것과 그의 이런 정치적 저작들이 루터를 존경하는 사람들에게 큰 영향을 미쳤다는 것이다.

2. 두 왕국론과 두 정부론

루터의 정치사상에 있어서 두 왕국론이 중요한 역할을 했다는 것은 주지의 사실이다. 틸리케Helmut Thielicke는 한 걸음 나아가서 두 왕국론이 윤리의 영역에 있어서 결정적 역할을 했다고 주장했다. 틸리케는 "루터에게 있어서 교의 영역의 결정적인 문제는 오직 신앙으로sola fide라면 윤리 영역의 결정적 문제는 확실히 '두 왕국들'에 관한 그의 가르침이다"라고 말하였다. 틸리케가 두 왕국론이 단순히 루터의 정치사상에 있어서 결정적 역할을 한 것이 아니라 윤리 영역 전반에 있어서 결정적인 역할을 했다고 한 것은 옳은 것 같다. 그러나 교의 영역에 있어서는 두 왕국론이 아니라 '오직 신앙으로'가 결정적 역할을 했다고 구별한 것은 옳은 것 같지 않다. 루터의 사상은 일관된 것 같으며, 그래서 '오직 신앙으로'가 루터의 사상을 지배하고 있다고 보던가 아니면 '두 왕국론'이 루터의 사상을 지배하고 있다고 보아야 할 것 같다. 카질 톰슨은 두 왕국론이 "루터의 사회적, 윤리적 가르침의 해석을 위해서 뿐만 아니라 그의 신학 전반의 이해를 위해서도" 근본적인 중요성이 있음을 지적했는데, 이 지적은 옳은 것 같다.

전술한 바와 같이 루터에게는 두 쌍의 두 왕국론이 있다. 하나는 상호 대립하는 두 왕국으로 하나님의 왕국과 사탄의 왕국이라는 두 왕국론이며, 다른 하나는 하나님의 오른손과 왼손이라는 두 왕국론이다. 루터에 의하면 하나님은 영적 왕국을 통해서는 복음으로 통치하고 세상적 왕국을 통해서는 법과 칼로 통치한다.

3. 세속 정부의 역할과 한계

세속 정부에 관련되어 루터 연구가들 사이에 논쟁을 불러일으켜 온 문제 중 하나가 세속 정부의 기원에 관한 것이었다. 루터에게 있어서 정부는 창조 질서에 속한 것인가, 아니면 인류가 타락한 후 악을 방지하기 위해 주어진 것인가 하는 것이다. 이것은 단순히 현학적 논쟁이 아니라 국가의 본질에 관한 핵심적인 문제라고 할 수 있다. 보른캄Heinrich Bornkamm은 "그에게 있어 정치 질서라는 의미는 죄로 야기된 무질서라는 대조적인 개념과 분리되어 이해할 수 없다. … 세속 정부 안에는 하나님의 왕국 안에서의 사랑의 자유로운 질서와 대조되는 내재적이고 필수적인 강제 요소가 있다는 것이 중요하다"고 말함으로써 정부는 타락 후에 주어진 것으로 해석했다. 그러나 알트하우스는 "루터가 세속 정부로 이해하고 있는 모든 것은 죄의 지배 이전의 기초, 즉 이 지상 생활의 기초적 필요들에 근거를 가지고 있다. 이것이 루터가 세속 정부는 이미 낙원에 존재했으며 '창조의 시작으로부터 제정되었다'고 말한 것의 의미이다"라고 말함으로써 세속 정부는 창조 질서에 속한 것으로 보았다. 그러나 데이비스Rupert E. Davies는 "인간은 낙원의 무죄의 원시적 상태에 있어서 어떤 정부도 필요로 하지 않았다. 죄가 오기 전에는 정부가 없었으며 또한 그것에 대한 필요가 없었다"고 말함으로써 루터에게 있어서 정부의 기원을 창조 질서에 두는 것에 반대했다. 데이비스는 여기서 "wenn nicht bose leut weren, so durfft man keyner ubirkeytt"라는 루터의 글을 참조 문구로 제시하면서 "there was no polity before sin came, nor was there any need for it"라고 말했으나, 이에 대해 왓슨은 다음과 같이 비판한다. "R. E. Davies가 *The Problem of Authority*라는 저서 51면에서 루터는 국가를 타락 이후에 된 것으로 본다는 이론은 ubirkeytt('정부', 이보다도 더 낫게 표현하자면 'the Powers that be', 즉 당국자라고 할 것)를 Politia와 동일시 한 데서 온 것 같다. 루터에게 있을 수 있는 견해는 Politia는 타락 이전에 만들어진 것이지만 ubirkeytt는 타락으로 필요하게 되었다고 보아서 아무 모순이 없다는 것이다." 사실상 루터는 "하나님이 창세기 1(:28)에서 '생육하고, 번성하라 땅에 충만하라 땅을 정복하라'고 말씀했을 때 아담에게 세속 정부를 위임했다"고 했는데, 이것은 정부가 창조 질서에 속한 것임을 보여준 것이다. 루터는 정부는 창조 질서에 속한 것으로 보았지만 현재의 정부 안에 있는 검과 같은 요소는 타락 후에 추가된 것으로 보았다고 할 수 있을 것이다.

루터는 시편 82편 주석에서 바람직한 통치자가 해야 할 일을 그리스도의 사역에 비교하여 이렇게 말하였다. "그리스도는 위에서 언급한 세 가지 신적 덕목들을 바르게 실천한다. 그는 하나님의 말씀과 그 말씀의 설교자들을 장려한다. 그는 가난한 자들을 위해 법을 만들고 지킨다. 그는 비참한 자들을 보호하고 구조한다." 그래서 루터는 통치자의 세 가지 악덕을 이렇게 열거했다. "첫째는 그들이 하나님의 말씀을 진전시키는 의무를 받아들이지 않는 것이다", "둘째 악덕은 그들이 그들의 세상적 정부에 주의를 기울이지 않고 법과 보호로 가난한 자들과 비참한 자들에게 필요한 것을 공급하지 않는다는 것이다", "셋째 악덕은 … 마치 단지 그들이 자신들의 이익과 명예, 쾌락과 이기적 욕망, 자존심과 허영을 구하고 추구하기 위해 통치력을 가진 것처럼 단지 자신들을 위해서만 산다는 것이다."

루터는 『세속 권위: 어느 정도로 복종해야 하는가』에서 통치자의 임무는 다음과 같이 사중적이라고 했다. "첫째, 하나님을 향해서는 참된 신뢰와 진지한 기도가 있어야 한다. 둘째, 그의 신민들을 향해서는 사랑과 그리스도인의 봉사가 있어야 한다. 셋째, 그의 보좌관과 관리들에 대해서는 자유로운 이성과 자유로운 판단을 지녀야 한다. 넷째, 악행자들에 대해서는 절도있는 엄정함과 확고함을 나타내야 한다."

루터는 정부 형태에 대해 어떤 특정한 정치 형태가 하나님에 의해 제정되었다고 믿지 않았지만 안정성과 일관성이 없는 민주정보다는 군주정을 더 낫게 생각했다. 그러나 루터가 군주정을 선호했다고 해서 그를 전제 정치의 주창자로 보는 것은 옳지 않다. 루터는 『독일민족의 크리스천 귀족에게』에서 "우리 모두는 세례를 통해 사제들로 성별되기" 때문에 "모든 그리스도인들은 참으로 영적인 계급에 속하며 그들 사이에는 직책의 차이 이외 다른 아무 차이도 없다"고 말했으며, 그러므로 "교황, 주교, 사제 및 수도사들은 영적 계급이라 부르고, 군주, 영주, 장인 및 농부들은 세속적 계급이라 부르는 것은 순전히 조작적인 것이다"라고 말하였다. 루터는 이처럼 교권으로부터 속권의 독립을 주장했다는 점에서 근대적 정치 발전에 공헌했을 뿐만 아니라 만인 사제설에 의한 인간의 평등성과 그리스도인의 자유성에 근거한 개인의 자유를 옹호했다는 점에서 민주주의의 발전에 기여했다. 루터는 "그리스도인은 만물 가운데서 완전히 자유로운 주인이며 아무에게도 예속되지 않는다"라고 말했으며 "우리는 왕들 가운데 가장 자유로운 왕일 뿐만 아니라 또한 우리는 영원히 제사장이다"라고 말하였다.

루터는 세속 정부의 역할 가운데 하나로 백성을 외부의 침입으로부터 보호하기 위한 전쟁을 들었다. 루터는 『군인도 구원받을 수 있는가』에서 전쟁을 욕망의 전쟁과 필연의 전쟁 두 종류로 나누고 필연의 전쟁, 즉 침략에 대한 방어일 경우에는 정당성을 인정했다. "우리는 어떤 사람이 누가 자기를 공격하기 전에 자기가 원해서 시작하는 전쟁들과 어떤 사람이 공격해서 자극을 받아 하는 전쟁들 사이를 구별해야 한다. 첫째 종류는 욕망의 전쟁, 둘째는 필연의 전쟁이라 부를 수 있다. 첫째 종류는 악마에게 속하며, 하나님이 그런 종류의 전쟁을 하는 자에게 행운을 주지 않는다. 둘째 종류는 인간적 불행이며 하나님이 그들을 도와준다"라고 루터는 말하였다.

루터는 권력에 대한 저항의 문제에 있어서 외견상 다소 변화를 일으킨 것 같다. 루터는 이 문제에 있어서 로마서 13장 1절 "위에 있는 권세들에게 굴복하라"는 말씀과 사도행전 5장 29절 "사람보다 하나님을 순종하는 것이 마땅하니라"는 말씀을 함께 고려하고 조화시키려고 고심했다. 외견상 루터는 서로 모순되는 사상을 피력한 것같이 보이지만 실상 루터는 "사람보다 하나님을 순종하는 것이 마땅하니라"는 말씀을 위에 두고 "위에 있는 권세들에게 굴복하라"는 말씀을 아래에 둔 것 같다. 그래서 루터는 보통 때는 권세에 대한 복종을 주장하다가 자기가 하나님의 진리라고 믿는 일과 마찰을 일으킬 때는 하나님에 대한 순종을 강조했다. 루터는 1522년 급진적 개혁자들의 소요에 반대하여 한 저작을 쓰면서 이렇게 말하였다.

> 나는 반란을 일으키는 자들의 반대편—그들의 대의가 아무리 불의하더라도—에 서있으며 또 항상 그러할 것이다. 나는 반란을 일으키는 자들이 아무리 대의가 의롭다 하더라도 그들을 반대할 것이다. 왜냐하면 어떤 반란도 무죄한 자를 해치고 그들의 피를 흘리지 않고는 있을 수 없기 때문이다.

어떤 루터 연구가들은 통치자에 대한 복종의 문제에 있어서 1522년 저작의 루터와 1531년 저작의 루터가 다르다고 말한다. 또 어떤 루터 연구가들은 이런 변화를 루터의 이기적 동기에서 나왔다고 주장한다. 즉, 작센의 선제후가 루터의 개혁을 지지하던 1522년에 루터는 선제후에 대한 반란을 비판했지만 황제가 개혁 운동을 탄압하려고 하던 1531년에 루터는 황제에 대한 제후들의 반란을 인정했다는 것이다. 그러나 1522년의 루터와 1531년의 루터는 다르지 않다. 루터는 1522년에도 비텐베르크의 개혁 운동이 급진주의자들에 의해 위협받고 있다고 생각했을 때 선제후의 명령에 불복하고 사람보다 하나님을 순종하는 것이 마땅하다는 신념으로 비텐베르크에 갔으며, 1531년에도 종교개혁 운동을 탄압하려고 하는 황제에 대해 같은 신념으로 저항을 권했다고 할 수 있다. 루터가 1531년에 와서 비록 조심스럽긴 하지만 황제에 대한 저항을 인정한 후 이 주장은 더욱 확대되어 후에 칼빈주의자들에게 있어서는 민중 저항권으로 발전하게 되었다.

4. 교회와 국가의 관계

루터가 말하는 영적 정부와 세속 정부가 교회와 국가와 완전히 일치하는 것은 아니지만 교회와 국가의 관계에 대한 루터의 이해는 이두 정부론에 의해 지배받고 있다. 전술한 바 있지만 루터는 두 정부의관계에 대해 이렇게 말하였다.

하나님은 인간들 중에 두 종류의 정부를 수립하였다. 하나는 영적이다. 그것은 검을 가지지 않고 말씀을 가지고 있다. 그것에 의해 인간들은 선하고 의롭게 되기로 되었으며, 이 의로 영생을 얻게 하였다. 그는 이 의를 말씀을 통해 주관하며 그는 말씀을 설교자들에게 맡겼다. 다른 종류는 세상적 정부이며 검을 통해서 역사하는데, 이는 영생을 향해 선하고 의로워지기를 원하지 않는 자들이 억지로 세상의 눈에 선하고 의롭게 되도록 하기 위한 것이다.

요컨대 영적 정부와 세속 정부가 다 하나님이 세운 신적 정부이다. 그런데 영적 정부는 설교자들의 말씀을 통해 의롭게 하며 이 의를 통해 영생을 얻게 하는 것이다. 세속 정부는 통치자들의 검을 통해 평화를 유지하고 현실적 축복을 받게 한다. 이런 점에서 이 두 정부는 구별된다.

전술한 바와 같이 영적 정부와 세속 정부는 그 구성원을 그리스도인 대 비그리스도인으로 구별할 수 없다. 참된 그리스도인이라 하더라도 신체와 재산을 가지고 있기 때문에 세속 정부의 지배를 받아야 한다. 루터는 이렇게 말하였다.

참으로 그리스도인들은 싸우지 않고 그들 가운데 세상적 통치자를 가지지 않는다. 그들의 정부는 영적 정부이며, 성령에 따라 그들은 그리스도 이외 아무의 신민들이 아니다. 그럼에도 불구하고 신체와 재산에 관한 한 그들은 세상적 통치자들에게 종속되고 그들에게 복종해야 한다. 만일 세상의 통치자들이 그들을 싸우라고 부르면 그들은 싸워야 하고 싸울 수밖에 없으며 복종해야 하나 그리스도인으로서가 아니라 국가의 구성원과 복종적 시민으로서 그렇게 한다.

이처럼 루터는 영적 정부에 속한 그리스도인이 세속 정부의 지배를 받는 것을 받아들였지만 세속 정부가 목회직에 간섭하는 것은 용납하지 않았으며 오히려 목사들은 하나님을 대신해서 세속 통치자들을 책망할 수 있다고 보았다. 루터는 1543년 크로이츠부르크 시의회에 보낸 편지에서 관리들에게 이렇게 경고했다.

당신들은 목회직과 목사들 위의 지배자들이 아니다. 당신들이 그 직임을 세운 것이 아니라 하나님의 아들만이 그렇게 했다. … 악마가 하늘의 왕국에 권한이 없듯이 당신들은 목회직에 대한 권한이 없다. 따라서 당신들은 목회직을 지배하거나 명령하거나 목회직이 당신들을 책망하지 못하게 막아서는 안 된다. 목사들이 당신들을 책망할 때 그것은 인간의 책망이 아니라 하나님의 책망이기 때문이다.

스키너Quentin Skinner는 루터가 제후들이 교회를 관장하는 국가 교회를 예상했다고 했으나, 여기서 루터는 스키너의 주장과는 달리, 한편으로는 관리들이 교회 일에 간섭하는 것을 비판하고 있으며, 다른 한편으로는 목사들은 하나님을 대신해서 관리들의 잘못을 책망해야 한다고 주장하고 있다.

전술한 바와 같이 루터는 한 국가가 침략을 받았을 때 전쟁에 참여하는 "정당한 전쟁"은 인정했지만 종교적 이름으로 전쟁하는 십자군 전쟁이나 성전 같은 것은 거부했다. "크리스천이기를 원하며 더욱이 최고 최선의 크리스천 설교가이기를 원하는 교황이 교회 군대나 그리스도인의 군대를 인솔하는 것은 옳지 않다. 교회는 검으로 투쟁하거나 싸우지 말아야 하기 때문이다"라고 루터는 말하였다. 또한 루터는 자기가 터키인에 대한 전쟁을 인정하는 것은 그들의 종교 때문이 아니라 그들의 침략적 행위 때문임을 분명히 했다. "나는 사람들이 터키인이나 교황에 대한 전쟁에 나가는데 있어서 거짓된 신념이나 악한 생활 때문이 아니라 그가 행하는 살인과 파괴 때문에 나가기를 권고한다"라고 루터는 말하였다.

알렌은 루터는 정부가 이단에 대해 어떤 태도를 취하여야 하는지에 대해 서로 모순되는 입장을 취했다고 한다. 알렌은 "루터의 발언들은 전체로 볼 때 단순히 불일치하는 것이 아니라 명백히 자기 모순적이다. 후에 카스텔리온은 보편적 관용에 대한 자기의 입장을 지원하기 위해 그를 인용할 수 있었다. 한편 베자 역시 위대한 이름의 그런 오용에 의분을 느끼면서 다른 면으로 그를 인용할 수 있었다"라고 말하였다. 알렌에 의하면, 루터는 1520년부터 1525년까지 상당히 일관되게 종교 자유를 주장했다고 한다. 그러나 1525년 농민 반란을 경험하면서 루터는 "재세례파의 악마적 활동들에 반해 세속 통치자는 힘으로 백성을 보호해야 한다고 선언했다"고 한다. 그리고 1527-1528년에는 로마 가톨릭과 재세례파에 대해 가혹한 조치를 취하는 것을 묵인했다고 한다. 그러다가 1531년 소교리 문답 서언에서 "우리는 어떤 사람을 신앙으로 강요할 수도 없고 해서도 안 된다"고 선언했다고 한다. 1531년 이후 자기의 상황이 좋아졌을 때 힘으로 순수한 종교를 유지하는 입장을 지지했다고 한다. 1533년 루터는 거짓 교리와 거짓 예배를 멸절하기 위해 검을 사용하는 것은 관리의 임무라고 하는 원리를 확립했으며, 그 후 루터는 상당히 일관되게 이 원리를 고수했다고 한다. 그러나 루터는 임종하기 얼마 전인 1546년 2월 7일, 가라지의 비유에 관한 설교에서 이단을 힘으로 멸절하려고 하는 시도는 무용하며 가라지들, 심지어 로마 가톨릭과 재세례파도 추수 때까지 남겨두어야 한다고 선언했다고 한다. 알렌의 연구에 의하면 루터는 종교 자유와 이단 박해 사이에 동요한 것 같다. 다른 관점에서 보면 루터는 황제나 교황에 의해 탄압을 받을 즈음에는 종교 자유를 주장하고 자기의 사상이 용납될 상황이 되면 다른 사상에 대한 박해를 종용한 것처럼 보인다.

그러나 좀 더 심층적으로 살펴보면 루터는 결코 기회주의적 사상가가 아닌 것 같다. 외견상으로는 종교 자유와 이단 박해 사이에 동요한 것 같지만 심층적으로는 그의 두 정부론에 일관되어 있었다. 영적 정부와 세속 정부는 구별되어야 한다. 그런 점에서 루터는 처음에도 마지막에도 종교 신앙을 무력으로 강요해서는 안 된다고 주장했다. 루터는 1523년의 저작에서 종교에 대한 자유를 이렇게 주장했다. "어떤 사람에게 힘으로 이것이나 저것을 믿으라고 명령하거나 강요하는 것은 무익하고 불가능하다", "신앙은 자유 행위이며 아무도 그것에 강요될 수 없다." 만약 신앙을 강요한다면 "약한 양심을 거짓말하게 하고 부인하게 하고 그들의 마음속에 없는 것을 말하게 강요할 뿐이다."

그러나 혁명적 종교개혁가들이 농민란을 주도하면서 영적 정부와 세속 정부의 구별을 무시하고 기존의 세속 정부를 전복시키려고 했을 때 루터는 이에 대해 반대했다. 재세례파 전부가 일부 신령주의자들처럼 내면의 빛이나 내면의 평화를 추구하고 세속 정부의 일에 관여하지 않았더라면 루터가 재세례파에 대한 탄압을 주장하지 않았을 것이다. 루터는 1530년 『시편 82편 주석』에서 이단에 대한 문제를 자세히 다루었다. 루터는 우선 이단인 동시에 반역자인 경우를 다룬다. 통치자를 거부하고 사유 재산을 부정하고 공유 재산을 주장하는 이단인 경우는 세속 법과 정부에 저항하는 자로 "이단일 분만 아니라 반역자"이기 때문에 통치자에 의해 처벌되어야 한다고 했다. 둘째로 그리스도의 신성을 부정하는 등 신조를 부정하는 이단은 "관용하지 말고 신성 모독자로 처벌해야 한다." 그러나 루터는 첨언하여 "이 절차 중 아무도 믿도록 강요해서는 안 된다. 왜냐하면 그가 원하는 것을 여전히 믿을 수 있기 때문이다. 그러나 그가 가르치거나 신성 모독하는 것은 금해야 한다"고 말하였다. 이런 사람은 비기독교 지역으로 이주할 수 있을 것이나 그가 시민으로 거주하는 한 그 시의 법을 지켜야 한다고 루터는 말하였다. 말하자면 여기서도 루터는 신성 모독을 시의 법을 범한 죄로 처벌해야 한다고 보았다. 그리고 문제가 신조의 문제가 아니라 관습이나 인간적인 법의 문제인 경우 "사랑과 평화가 모든 의식보다 훨씬 더 중요하다"고 루터는 말하였다. 그래서 루터는 "누구나 자기가 좋아하는 것을 읽을 수 있고 자기가 좋아하는 것을 믿을 수 있다"고 말하였다.

　루터는 종교 자유주의자였는가, 아니면 하나의 국교만 인정하고 비국교도들에 대해서는 탄압해야 한다고 하는 국교주의자였는가 하고 질문을 제기한다면 루터는 시종 일관 종교 자유주의에 가까웠다고 해야 할 것이다. 그러나 로마 가톨릭의 일부 교황주의자들처럼 교황이 이 세상을 지배해야 한다든가 일부 급진적 종교개혁가들 처럼 기존 정부를 전복하고 자기들의 종교적 원리에 맞는 정부를 구성해야 한다고 주장하는 사람들에 대해서는 단순히 종교적 이단사상 때문이 아니라 정치적 반역 사상 때문에 용납해서는 안 된다고 본 것이었다.

　지금까지 살펴본 바와 같이 루터에 의하면 그리스도인은 영적 정부와 세속 정부, 이 두 정부에 다 속한다. 복음 혹은 말씀이 지배하는 영적 정부에 속한 그리스도인이 법과 검이 지배하는 세속 정부에서 어떻게 처신할 수 있는가, 이 문제에 대해 트뢸취는 루터가 윤리의 이원론을 가르쳤다고 주장했다. 즉, 한편으로는 "개인을 위한 내적 도덕성"과 다른 한편으로는 "외적인 '공적' 도덕성"을 가르쳤으며 여기에는 "극도의 고통에 찬 불일치가 존재한다"고 했다. 그러나 루터의 저작을 살펴보면 루터는 한 그리스도인이 이중적 윤리 기준으로 살아야 한다고 가르치지 않았다. 루터는 이렇게 말하였다.

　　당신은 악과 불의를 감내하지만 동시에 당신은 악과 불의를 벌한다. 당신은 악을 대적하지 않지만 동시에 악을 대적한다. 전자의 경우는 당신이 당신 자신과 당신의 것을 고려한 것이고 후자의 경우는 당신의 이웃과 이웃의 것을 고려한 것이다. 당신과 당신의 것에 관한 한 당신은 참된 그리스도인으로 복음으로 자신을 다스리고 자신에 대한 불의를 감내한다. 다른 사람들의 인격과 소유에 관한 한 당신은 사랑에 따라 자신을 다스리고 당신 이웃에 대한 어떤 불의도 용납하지 않는다. 복음은 이것을 금하지 않는다. 사실상 복음은 다른 곳들에서 실제로 이것을 명한다.

이런 점에서 루터는 그리스도인들에게 결코 이중의 윤리를 가르쳤다고 볼 수 없다. 하나의 윤리를 가르쳤는데, 그것은 복음적 사랑의 윤리라고 할 수 있다. 즉, 이웃이 내게 불의를 행할 때 사랑으로 용서한다. 그리고 악인이 선인에게 불의를 행할 때 불의 당하는 선인을 위해 사랑으로 징벌한다는 것이었다.

5. 결언

우리는 이 장에서 루터의 소위 '두 왕국론'은 영적 왕국과 세상적 왕국이라는 상호 관련적인 두 왕국론인가, 아니면 하나님의 왕국과 악마의 왕국이라는 상호 배타적인 두 왕국론인가 하는 문제를 다루었다. 이 장에서 고찰한 바에 의하면 루터는 처음에는 세상의 왕국이라는 말과 세속 정부라는 말을 구별했으며, 그래서 하나님의 왕국의 백성은 참된 그리스도인으로 구성되고 세상의 왕국의 백성은 나머지 사람들로 구성되지만, 하나님이 세운 두 정부인 영적 정부와 세속 정부가 각각 이 두 왕국들을 지배한다고 했다. 그러나 후에는 세상의 왕국과 세속 정부를 같은 의미로 사용했다. 물론 루터에게는 하나님의 왕국과 악마의 왕국이라는 두 왕국론도 나오지만, 세상의 왕국 혹은 세속 정부는 악마의 왕국이 아니었다. 오히려 세상의 왕국 혹은 세속 정부는 악마의 왕국을 방어하기 위한 신적 제도였다. 이런 점에서 루터는 세속 정부를 적극적으로, 긍정적으로 평가했다고 하겠다.

또한 우리는 이 장에서 루터의 정치사상이 서양의 민주주의적 발전에 기여했는가, 아니면 이 발전에 역행적이었는가 하는 문제를 다루었다. 루터는 『그리스도인의 자유』에서 자유의 관념을 제시했고 『독일민족의 크리스천 귀족에게』에서 만인 사제설에 근거해서 평등의 관념을 제시했으며, 또한 두 정부론을 통해 정치의 자율화를 제시했다. 그리고 1531년의 저작에서 황제에 대한 제후들의 저항권을 인정함으로써 독재자에 대한 저항의 길을 열어 놓았다. 루터는 선제후가 통치하는 봉건 사회 속에서 자라나서 선제후의 보호 아래 개혁 운동을 했기 때문에 봉건적 군주정의 틀을 벗어나지 못했다. 그러나 그 틀 속에서나마 진보적인 사상을 피력함으로써, 칼빈처럼 민주주의적 도시 국가에서 활동하던 개혁자들에게 민주주의적 이상을 발전시킬 계기를 주었다고 할 수 있다. 이런 점에서 루터는 전제 정치의 주창자가 아니었으며, 따라서 루이 14세나 히틀러의 사상적 원조도 아니었다.

그리고 우리는 이 장에서 루터가 국교주의자였는가 아니면 정교 분리주의자였는가 하는 문제를 다루었다. 이단에 대한 정부의 처리에 대해 루터는 시기에 따라 외견상 상호 모순되는 생각을 피력했다. 그러나 이 장에서 살펴본 바에 의하면 루터의 모든 생각 기저에는 두 왕국론 혹은 두 정부론이 깔려 있었다. 영적 정부와 세속 정부는 구별되어야 한다는 관점에서는 정교 분리주의자였으며, 세속 정부가 이단 문제에 관여해서는 안 된다고 생각했다. 그러나 교황주의자들이나 급진적 종교개혁가들처럼 교권이 속권을 지배하려고 한다든가 기존의 세속 정부를 전복하려고 한다든가 하는 경우에는 영적 정부와 세속 정부의 구별이라는 차원에서 탄압을 주장했다. 이런 점에서 루터를 국교주의자로 볼 수 없다고 하겠다.

루터가 개혁 운동을 시작하기 전의 상황은 루터가 보기에는 혼돈의 상태였다. 루터가 사악한 iron-eater 혹은 반쪽 악마라고 맹공한 줄리어스 2세(1503-1513) 같은 교황의 이상은—그의 이름이 보여주듯이— 베드로가 아니라 줄리어스 씨저였다. 그는 제2의 줄리어스로서 무장하고 전쟁에 나가기를 좋아했다. 루터에게는 이런 중세말의 상황이 창조 이전의 혼돈 상태로 보였다. 루터의 종교개혁은 이런 혼돈의 상태에서 빛과 어두움을, 육지와 바다를 구분하는 창조의 활동이었다. 루터는 이런 자기의 노력을 두 왕국론 혹은 두 정부론으로 나타냈다. 두 영역은 구별되어야 했다. 정치적으로 영적 정부와 세속 정부가 구별되어야 했으며, 사상적으로 신학과 철학이 구별되어야 했다. 루터는 1517년 95개 조문을 작성하기 전에 스콜라 신학을 비판하는 97개 조문을 작성했다. 이것은 토마스 아퀴나스를 비롯하여 중세 스콜라 신학자들에게서 종합된 신학과 철학을 구별시키는 작업이었다. 이런 점에서 그는 신앙과 이성을 구별했으며 복음과 율법을 구별했으며 신앙과 행위, 즉 외래적 의와 본래적 의를 구별하였다.

토마스 아퀴나스는 아우구스티누스적 전통의 신학이 지배하던 서양 중세 세계에 아리스토텔레스의 사상이 유입되어 전통적 신학이 도전을 받을 때 이 둘을 종합함으로써 위기를 극복하였다. 그레고리우스 대교황은 서로마 제국이 멸망하고 정치적 공백지가 되어 무질서한 서로마에서 정치적 영향을 미치기 시작했으며, 이로써 교권과 속권의 일치 운동이 시작되었다.

그러나 루터의 시대는 상황이 달랐다. 이제는 속권의 자리를 메워 질서를 주는 교권이 필요하던 시대도 아니었고, 철학을 포용함으로써 신학의 위기를 극복할 필요가 있던 시기도 아니었다. 오히려 상황은 반전되었다. 교권이 세속화되어 지탄을 받고 있었으며, 신학이 철학화되어 신앙인의 삶에서 유리되어 있었다. 이때 루터는 교권과 속권의 구별과 신학과 철학의 구별을 주장하고 나섰다. 그의 이런 구별 작업을 일관하고 있는 사상이 두 왕국론이었다. 루터의 두 왕국론은 시대적 소임을 다했으나, 이 두 왕국론이 다른 시대에 루터의 정신과는 다르게 이용됨으로써 '독일 그리스도인'을 산출하고 '고백 교회'의 비판을 받기도 하였다. 그러나 루터가 두 정부, 즉 영적 정부와 세속 정부의 구별을 주장하면서도 세속 정부의 통치자들은 하나님을 대신한 목사의 책망을 받아야 한다고 주장하고 실제로 세속 통치자들을 계속 비판했던 것으로 보아 '독일 그리스도인'은 결코 루터의 후손이라 할 수 없을 것이다.

제 8 장
루터는 반자본주의적이었는가

1. 서언

경제에 관한 루터의 가르침은 전근대적이거나 자본주의의 발달에 역행한 것으로 평가되어 왔다. 독일의 종교 사회학자 막스 베버는 그의 『프로테스탄트 윤리와 자본주의 정신』에서 루터는 "세상적 의무들을 성취하는 것이 모든 상황에서 하나님께 받아들일 만하게 사는 유일한 길"이라고 보고 "모든 합법적 소명이 하나님 보시기에 똑같은 가치를 갖는다"고 봄으로써 직업 소명설을 형성하는 데 공헌했으나, 루터는 이 새로운 직업 관념에 잠재해 있는 경제적 가능성을 발전시키지 못하고 오히려 경제적 전통주의로 복귀했다고 보았다. "루터에게 있어서 소명의 개념은 전통주의적인 것에 머물렀다. 그의 소명은 인간이 자신을 적응시켜야 하는 신적 질서로 받아들여야 하는 어떤 것이다"라고 베버는 말하였다. 트뢸취도 루터가 윤리의 이원성, 즉

"개인을 위한 내적 도덕성"과 "외적인 '공적' 도덕성"을 가르침으로써 "세상은 받아들여지는 것이 아니라 무관심과 극복의 문제로 간주되게" 되었으며, 여기서 세상에 대한 부정인 금욕주의는 더 이상 (가톨릭에서처럼) 개인적 성취와 연결된 것이 아니라 삶의 전 구조에 스며들어 있어서 최후의 날을 기대하는 일 이외 아무 것도 남지 않게 되었다고 하였다. 요컨대 트뢸취는 루터의 윤리적 가르침은 사회 구조와 제도에 대해 무관심하게 만들었다고 보았다. 근래에 와서 스택하우스Max Stackhouse도 루터는 "일차적으로 영적이고 좁은 의미의 교회적인 혁명에 몰두했다. 그는 (그의 시대의) 정치적이고 사회적인 운동들에 대해 전혀 공감하지 않았다"라고 말하였다.

한편, 칼빈 연구가들은 루터와 칼빈을 비교하면서 "근대적인 칼빈과 전근대적인 루터"라는 도식을 즐겨 사용했다. 그레이엄W. Fred Graham은 "칼빈의 경제 사상을 중세 신학자들 및 루터와 구별시키는 것은 그가 상업을 인정했다는 것이다"라고 말함으로써 칼빈과 루터를 구별했다. 그레이엄에 의하면 칼빈은 "물품의 교환은 사회를 통해 하나님의 은사를 보급시키는 데 필수적이라고 본" 반면에 "루터는 … 상업에 대해 지속적인 혐오감을 가지고 있었다"라고 한다. 월리스Ronald S. Wallace도 루터가 보기에 "모든 상인이 불가피하게 사기꾼이었으며", 루터는 "무역에 무슨 선한 것이 있을 수 있느냐"라고 물은 반면에 칼빈에게 있어서는 "… 물질적인 무역은 사회 구성원들의 영적 교제의 표시"였으며, 칼빈은 "개인들과 다른 사회 부분들 사이의 건전한 상업 거래에 속하는 상호 교환은 좋은 공동체 생활을 창조하는 데 있어서 귀중한 역할을 할 수 있음을 보았다"고 한다.

그러나 린드버그Carter Lindberg는 그의 한 저작에서 트뢸취나 스택하우스의 루터 해석들은 "루터의 신학과 실천에 대한 왜곡들"이라고 보았으며, "루터는 사회에 대한 신앙의 신학적 적용의 결정적 역할을 위한 분명한 모형을 제공할 뿐만 아니라 좀 더 중요하게 성서에서 그 신학의 위치를 정하는 분명한 모형을 제공한다"고 말하였다.

우리는 이미 루터의 정치사상이 근대 민주주의의 발전에 공헌했음을 지적한 바 있으며, 이런 맥락에서 루터의 경제 사상도 단순히 전근대적인 것이 아니었음을 이 장에서 밝혀 보려고 한다. 또한 우리는 루터의 두 왕국론이 그의 정치사상 뿐만 아니라 그의 신학 전반에 반영되어 있음을 살펴본 바 있으므로 이 장에서는 루터의 두 왕국론에 근거해서 그의 경제사상을 고찰하려고 한다.

2. 직업

전술한 바와 같이 베버는 루터가 직업 소명설을 주장했지만 그 직업 소명설을 근대적 관념으로 발전시키지 않고 자기 신분에 충실하라고 하는 전통주의적 관념에 머물러 있었다고 한다. 그러나 알트하우스는 이런 주장에 대해 비판하였다. "삶의 신분들에 대한 이런 주장들은 루터가 사회의 전반적인 기존 질서에 대해 무비판적인 보수적 태도를 취한다는 뜻이 아니다"라고 알트하우스는 말하였다. 루터의 직업 관념이 보수적인가 아닌가 하는 문제는 루터의 두 왕국설에 기초하여 설명되어야 할 것이다.

루터의 직업 소명 사상은 1520년에 쓴 『선행론』에 나타나 있다. 전술한 바와 같이 루터는 여기서 우선 중세적인 선행론을 비판했다.

"그들은 선행을 너무 좁게 정의함으로써 선행이란 교회에서 기도하는 것, 금식하는 것, 구제하는 것만이라고 한다. 그들은 다른 것들은 가치 없는 것으로 여기고 하나님이 그것들에 중요성을 전혀 두지 않는다고 생각한다. 그래서 그들은 저주받을 불신앙으로 말미암아 하나님에게서 하나님의 것을 빼앗고 신앙을 경멸한다. 하지만 하나님은 신앙 안에서 행해지고 말해지고 생각되어진 모든 것에 의해 섬김을 받는다"라고 루터는 말하였다. 루터는 이렇게 새로운 선행론을 말함으로써 세상의 모든 일들이 하나님이 기뻐하시는 선행이 될 수 있다고 하지만, 그러나 인간이 하는 일마다 다 선행이라고 하지는 않았다. 루터는 "모든 선행들 가운데 첫째가고 가장 높고 가장 귀중한 것은 그리스도에 대한 신앙"이라고 말했으며, "행위들은 그 자체로가 아니라 신앙 때문에 받아들일 만하게 된다"라고 말하였다.

전술한 바와 같이 중세기에서는 성직자가 되거나 수도사가 되는 데 대해 소명이라는 말을 사용했지만, 루터는 세상의 모든 일이 소명이 될 수 있음을 지적했다. 루터는 1526년 『군인도 구원받을 수 있는가』라는 저작에서 군인의 직임도 소명이라고 말하였다.

루터가 신앙으로부터 유래한 모든 일들을 선행으로 받아들였지만 일 그 자체를 찬양했다고 볼 수 없다. 쉘Otto Scheel은 루터가 시편 90편 10절을 "삶에 있어서 최선의 것은 수고와 일(Arbeit)"이라고 번역한 것에 기초하여, 이것은 "일의 가치에 대한 용기 있고 즐거운 긍정"이라고 말하였다. 그러나 알트하우스는 루터의 어법에 있어서 Arbeit가 고통을 의미하고 있음을 예증하고, "여기에는 자유주의적 프로테스탄티즘이 발견했다고 생각하는 일을 예찬하는 찬양의 흔적이 조금도 없다"라고 말하였다. 루터는 1530년 멜란히톤에게 보낸 편지에서 "우리는 역시 휴식할 때 하나님을 예배한다. 참으로 이것보다 하나님에 대한 더 큰 예배가 없다"라고 말하였다. 또한 루터는 한 찬송가 가사에서 "하나님이 당신 안에서 그의 일을 하도록 당신은 당신 자신의 일로부터 자유로워져야 한다"라고 말하였다. 알트하우스가 "루터가 휴식에 두고 있는 높은 가치는 일에 대한 어떠한 우상화로부터 그를 지켜준다"라고 말한 것처럼, 루터는 일에만 몰두하는 인간상을 주장하지는 않았다.

전술한 바와 같이 루터는 신앙으로부터 나온 일을 강조하면서, 일에 있어서 하나님의 영광과 이웃의 유익을 동시에 강조했다. 루터는 마태복음 7장 12절을 본문으로 한 설교에서 "성서가 당신이 일터에, 당신의 손에, 당신의 마음에 두어져 있다. 성서는 당신이 당신의 이웃을 어떻게 대해야 하는지를 가르치고 선포한다. 당신의 도구들을 보기만 하라. … 이 모든 것이 당신에게 계속 외치고 있다. '친구여, 당신이, 당신의 이웃이 그의 소유를 사용해 주기 원하는 그대로 당신의 이웃과의 관련 속에서 나를 사용하라'"라고 말하였다. 루터에게 있어서 일은 하나님에 대한 봉사인 동시에 이웃에 대한 봉사였다.

3. 상업과 이자

루터가 상업보다 농업을 중시한 것은 사실이었다. 루터는『독일민족의 크리스천 귀족에게』에서 "농업을 증가시키고 상업을 감소시키는 것이 훨씬 더 경건한 일이 될 것임을 나는 잘 알고 있다. 나는 또한 성서에 따라 땅에서 일하고 그것으로부터 생계를 구하는 사람들이 훨씬 더 선하게 행하는 것을 알고 있다"라고 말하였다. 그렇다고 해서 루터가 상업을 전적으로 배격한 것은 아니었다. 루터는 『상업과 고리 대금업』에서 "사고파는 일이 필수적임을 부인할 수 없다. 매매는 없앨 수 없으며, 특히 상품들이 필수적이고 명예로운 목적에 기여하는 매매는 기독교적 방식으로 실시될 수 있다"라고 말하였다. 이처럼 루터는 상업을 필요악 정도로 취급한 것이 아니라, 기독교적 방식으로 이루어질 수 있다고 보았다.

그러나 루터는 해외 무역에 대해서는 매우 비판적이었다. "해외 무역, 즉 캘커타와 인도와 같은 곳으로부터 비싼 비단, 금붙이 및 향로와 같은 상품들을 가지고 오는 것—그것은 겉치레에만 기여하고 유용한 목적에는 기여하지 못하며 땅과 백성의 돈을 말려 버린다—은 우리에게 (적절한) 정부와 제후들이 있다면 허락되지 않을 것이다"라고 루터는 말하였다. 여기서 루터는 그 시대의 많은 사람들이 생각한 것처럼 수입에 대해 돈을 지불하는 것만 염려하고 그 반대로 수출에 의해 그 돈을 상쇄하거나 더 벌 수 있는 것은 생각하지 못했다. 그래서 루터는 "하나님은 우리 독일인들을 버리셔서 우리가 우리의 금과 은을 외국 땅에 내던지고 우리 자신은 거지가 되면서 전 세계를 부유하게 만들 정도가 되게 하셨다"라고 탄식했다.

이처럼 루터가 해외 무역에 대해서는 비판적이었지만, 상업에 대해서는 전술한 바와 같이 필요한 것으로 여겼다. 그러나 루터가 상업에 대해 인정했다고 해서 그 당시의 상업적 관행을 그대로 인정한 것은 결코 아니었다. 그는 당시의 잘못된 상업적 관행들을 시정하려고 노력했다.

우선 루터는 상품 가격에 대해서 공정한 가격을 주장했다. 루터는 당시 상업에 있어서 "이웃의 필요가 마치 상품의 가치와 가격의 척도인 양 된다"고 비판했다. 그래서 루터는 상인의 규칙이 "나는 내 상품을 내가 할 수 있는 한, 혹은 내가 뜻하는 한 비싸게 팔 수 있다"는 것이 아니라 "나는 내 상품을 내가 해야 하는 만큼, 혹은 옳고 공정한 만큼 비싸게 팔 수 있다"고 해야 한다고 말하였다. 여기서 루터는 공정한 가격(just price)이라고 하는 로마법의 개념을 따르고 있다. 루터 이전에 스콜라 신학자들도 공정한 가격이 시장 가격이 되어야 한다고 주장했다. 그러나 루터는 공정한 가격이란 일률적으로 정해질 수 없다고 말하였다. 루터는 같은 물품이라도 이동 거리나 부대비용에 의해 다른 가격이 매겨져야 한다고 보았으며 같은 도시에서 같은 길로 운송했다 하더라도 작년과 금년이 같을 수 없다고 보았다. 그래서 루터는 공정한 가격이란 경비와 상인의 수고, 노력, 위험성을 계상한 비용을 합친 것으로 보았다. 루터는 "누가 아무 소득도 없는 것을 위해 봉사하거나 일하겠는가"라고 묻고, 복음은 "일꾼이 그 삯을 얻는 것이 마땅하니라"(눅 10:7)고 말한다고 했다. 루터는 상인이 상품의 비용에 첨가하는 이윤의 폭을 결정할 때 그 상품에 투입된 시간과 노동의 양을 계산하고 다른 직업에서 일하는 날품 근로자의 노력과 비교하고 그들이 받는 일당을 계산하여 결정하는 것이 최선의 방법이라고 말하였다. 루터는 여기서 상인의 노동과 함께 위험성을 포함시키라고 함으로써 상인은 날품 근로자의 임금에 해당하는 이윤 이상의 이윤을 남길 수 있음을 말한 것 같다.

　루터는 또한 누가 상품 가격을 결정할 것인가 하는 문제를 다룬다. 루터는 최선의 가장 안전한 방법은 세속 당국자들이 현명하고 정직한 사람들을 임명하여 모든 상품들의 비용을 계산하고 거기에 따라서 상인이 살아가고 적절한 생활 형편을 그에게 제공할 수 있는 가격을 정하게 하는 것이라고 한다. 그리고 루터는 어떤 지역에서는 포도주, 생선, 빵 등등에 대해 이런 일을 했음을 지적한다. 루터가 말한 것처럼 역사적으로 볼 때 콘스탄티노플의 시장은 매일 아침 생선 가격을 정했는데, 전날 밤 생선이 잡힌 양에 따라 가격을 정했으며, 영국에서는 1202년 왕이 빵의 가격을 결정했다. 또한 중세 유럽의 대부분의 지역에서 빵과 포도주는 가격, 무게, 질을 당국이 통제했다. 루터는 이 점에서 당시 독일의 통치자들이 마시고 춤추는 일에 너무 바빠 이런 규칙들을 정하지 않고 있음을 비판했다. 루터는 통치자가 가격을 정하는 일을 하지 않을 경우 차선의 방법은 시장에서 상품들이 사고 팔리는 가격에 따라 가치가 결정되게 하는 것이라고 했다. 루터는 시장에서 결정되는 가격이 정직하고 적절하다고 보았다. "왜냐하면 여기서는 항상 상품과 비용에 있어서 상실할 위험이 있지 과도한 이익들은 거의 불가능하기 때문이다"라고 루터는 말하였다. 이처럼 국가의 법이나 아니면 시장의 관습에 의해 가격이 결정될 경우가 아니고 상인이 직접 가격을 결정해야 할 경우, 상인은 양심에 따라 이웃에게 너무 비싸게 팔지 않도록 조심해야 한다고 루터는 말하였다. 즉, 탐욕에 차서 폭리를 취하려고 해서는 안 되고 평범한 생활을 할 만큼 이윤을 붙여야 한다고 보았다. 여기서 루터는 첨언하기를 상인은 가격을 공정하게 결정해야 한다는 강박 관념에 사로잡힐 필요가 없다고 했다. 고의적으로가 아니라 실수에 의해 이윤을 많이 남긴 경우 "우리가 우리에게 죄지은 자를 사하여 준 것같이 우리 죄를 사하여 주옵소서"라고 주기도문을 기도함으로써 그 문제를 잊어버리라고 루터는 권면하였다. 루터는 일례를 들어 100굴덴 규모의 사업을 하는 사람이 비용과 수고와 노력과 위험성을 계산한 것 이상 1, 2, 3굴덴을 더 남겼다면 이것은 불가피한 사업상 실수로 양심의 가책을 느낄 필요가 없으며 주기도문을 통해 용서를 구할 수 있다고 했다. "왜냐하면 이런 실수를 하게 하는 것은 악함이나 탐욕이 아니라 당신의 직업의 본질과 필연성이기 때문이다"라고 루터는 말하였다.

루터는 당시의 상업의 관행에 대해 여러 가지로 비판했다. 루터는 무엇보다 독점을 비판했다. "어떤 사람들은 한 나라나 한 도시에 있는 어떤 물품이나 상품들을 전량 사들여서 이 물품들을 자기들의 통제 아래 전적으로 두려고 한다. 그 다음에 그들은 자기들이 원하는 대로 혹은 할 수 있는 대로 비싸게 가격을 결정해서 판매한다"라고 말하였다. 이런 일은 가증스러운 일이며 제국과 세속의 법도 이것을 금한다고 루터는 말하였다. 루터는 또한 상품을 지나치게 싸게 팔므로 다른 사람들을 망하게 하고 결국 독점하려고 하는 사람들을 비판했다. 루터는 "그런 자들은 인간이라 불리우거나 인간들 중에 살 가치가 없다"라고 말하였다. 세속 당국자들은 그런 사람들의 소유를 다 빼앗고 추방해야 한다고 루터는 말하였다. 또한 루터는 과점에 대해서도 비판했다. 즉, 서너 명의 상인이 한두 물품을 지배하고 다른 사람들이 그 물품을 가지고 있으면 구입해서 자기들이 독점하면 담합해서 마음대로 비싸게 파는 행위를 비판했다. 루터는 또한 물품이 품귀 현상을 빚을 때 평소보다 비싸게 파는 것을 비판했다. 루터는 그런 사람들은 절도요, 강도요, 고리 대금업자라고 했다.

요약해 보면, 루터는 당시의 상업상의 불공정한 가격과 거래를 비판했지만, 상업 그 자체를 비판한 것은 아니었다. 루터는 그리스도인이 상업에 종사할 수 있다고 보았으며 물품의 원가에다 상인의 수고와 노력과 위험성을 계상한 이윤을 붙이는 것을 공정하다고 보았다.

　이자에 대한 루터의 견해는 일관성이 없다는 비판을 받아 왔다. 사실상 얼핏 보기에 루터는 어떤 곳에서는 이자를 전혀 부정하는 말을 하기도 하고 어떤 곳에서는 이자를 용인하는 말을 하기도 했다. 그러나 좀 더 깊이 살펴보면 이자에 대한 루터의 견해에도 두 왕국론이 일관되게 작용하고 있음을 알 수 있다.

　루터는 우선 영적 왕국에 속한 그리스도인은 성서의 말씀에 따라 이자를 받아서는 안 된다고 주장했다. 루터는 『상업과 고리 대금업』에서 "세상적 물질을 공정하고 이롭게 다루는 세 가지 등급 혹은 방법이 있다"라고 말하였다. 첫째 등급은 "어떤 사람이 우리의 세상적 재물 가운데 어떤 것을 폭력으로 탈취한다면 우리는 그것을 허락하고 그 소유를 포기할 뿐만 아니라 그가 원한다면 더 많이 가져가도록 하는 것이다. 우리의 사랑하는 주 예수 그리스도는 이것에 대해 마태복음 5:40에서 '또 너를 송사하여 속옷을 가지고자 하는 자에게 겉옷까지도 가지게 하며'라고 말씀하신다"라고 하였다. 둘째 등급은 "우리가 우리의 물질을 필요로 하거나 그것을 요구하는 사람에게, 돌려받지 않고 거저 주는 것이다. 이것에 대해 주 예수 그리스도는 마태복음 5:42에서 '네게 구하는 자에게 주며'라고 말씀하신다"라고 하였다. 셋째 등급은 "우리가 이자나 zinss를 받지 않고 기꺼이 즐겁게 빌려주는 것이다. 이것에 대해 우리 주 예수 그리스도는 마태복음 5:42에서 '네게 꾸고자 하는 자에게 거절하지 말라'고 말씀하신다. … 이 등급은 모든 것 중에 가장 낮은 것이다"라고 하였다. 루터는 여기까지에서 이자 받는 것을 전적으로 금지했다. 루터는 "빌려 준 것보다 더 많은 것이나 더 좋은 것을 돌려받기를 기대하고 빌려 주는 자는 공개적이고 정죄받을 고리 대금업자에 불과하다"라고 하였다.

그러나 그 다음에 루터는 "이 세 등급 아래 세상적 물질을 거래하는 다른 등급들과 방법들이 있다"라고 말함으로써 세상적 왕국에서는 이자를 받는 것이 가능함을 말하고 있다. 루터는 "100굴덴에 대해 4, 5, 6굴덴을 지불하는 것이 교회법을 범하지 않고 행해질 수 있다면 그것은 허락될 수 있다"라고 말하였다. 또한 루터는 "내가 위에서 말한 것처럼 비록 모든 사람이 10퍼센트를 부과한다 하더라도 교회 제도들은 여전히 엄격하게 ─두려움을 가지고─ 그 법을 지켜서 4 혹은 5퍼센트를 지켜야 한다"라고 말하였다. 루터는 결국 5퍼센트 정도의 이자를 받는 것을 인정한 것이다.

루터는 이 문제에 대해 요셉의 이야기를 관계시키고 있다. 요셉은 애굽 백성들에게 곡물을 거저 준 것이 아니라, 돈을 받고 주고 짐승을 받고 주었으며, 나중에는 전지를 받고 주고 난 다음 전지에 대해 추수의 오분의 일을 상납하게 했다. 요셉의 행위가 기독교적 행위가 아니라고 하는 비판을 염두에 두면서 루터는 두 왕국론으로 대답했다. 요셉이 한 것은 왕을 대신해서 세속 정부를 통치하면서 한 것이었다. 그래서 요셉에 대해 복음과 그리스도인의 사랑으로 통치해야 했다고 주장하는 것은 무리라고 루터는 말하였다. "세계는 복음과 그리스도인의 사랑에 따라 통치되어서는 안 되고 될 수도 없으며, 엄격한 법에 의해 칼과 힘으로 통치되어야 한다. 왜냐하면 세상은 악하기 때문이다"라고 루터는 말하였다. "만약 단지 사랑이 적용된다면, 모든 사람은 다른 사람의 비용으로 먹고 마시고 쉽게 살 것이고 아무도 일하지 않을 것이다." 루터는 이어서 "모든 사람이 다른 사람의 것을 가지려고 할 것이며, 우리는 다른 사람들 때문에 아무도 살 수 없는 사태를 맞이할 것이다"라고 말하였다.

　루터는 이런 점에서 당시 쉬트라우스Strauss의 주장을 비판했다. 쉬
트라우스는 이자를 주는 것은 이자를 받는 것과 마찬가지로 그리스도
인의 신앙과 형제애에 상반된다고 주장했다. 이에 대해 루터는 그리
스도인이 복음서에 따라 이자를 받지 않는 것은 옳지만 자기가 빌려
쓴 것에 대해 이자를 주어야 한다고 보았다.

4. 재산

　루터는 당시 급진주의자들이 주장하던 공유 재산 제도를 비판하
고 사유 재산 제도를 주장했다. 그러나 재산에 관한 루터의 견해에 있
어서도 두 왕국론이 작용하고 있다. 영적 왕국에 속한 그리스도인은
재산에 대한 욕망을 가져서는 안 된다. 그리스도인은 누가 빼앗으면
빼앗기고 달라고 하면 거저 주고 꾸어 달라고 하면 이자를 받지 않고
꾸어 주어야 한다. 그러나 세상적 왕국은 그렇지 않다. 루터는 마태복
음 5장 3절에 관한 설교에서 "돈, 재산, 명예, 권력, 땅 및 종들을 소유
하는 것은 세상적 영역에 속한다. 세상적 영역은 이것들 없이 지탱될
수 없다. 그러므로 군주나 영주는 가난해서는 안 되고 가난할 수 없다.
왜냐하면 그의 직임과 신분상 이것과 같은 것들을 모두 가져야 하기
때문이다. … 가정의 가장이 아무 것도 가지지 않으면 그의 식구와 종
들을 부양할 수 없을 것이다"라고 말하였다. 또한 루터는 이렇게 말하
였다. "그리스도인이 어떤 것을 주려면 그는 그것을 이미 가지고 있어
야 한다. 아무 것도 가지지 않은 사람은 아무 것도 주지 못한다. …

그러므로 우리 주 그리스도께서 우리에게 주라고 했기에 그는 어떤 것을 소유하여서 그것을 줄 수 있는 자들에게 명령한 것이다." 또한 루터는 "네 가진 것을 팔라"는 예수님의 말씀에 대해 이것은 사유 재산을 전제한 것이라고 말했으며, 도적질하지 말라는 계명도 역시 사유 재산을 인정한 것이라고 했다.

이런 관점에서 루터는 당시 급진주의자들의 공산주의적 사상을 이렇게 비판했다. 급진주의자들은 재산의 공유화를 주장한다. 그러나 성서는 사도행전 4장의 경우 이외에는 재산의 공유를 주장하지 않았다. 사도행전 4장의 경우에도 사도들과 제자들이 자발적으로 자기의 소유를 공유화했지 다른 사람들의 재산을 공유화하라고 요구한 것은 아니었다. 루터는 『약탈하고 살인하는 농민떼들에 대항해서』에서 이렇게 말하였다. "우리의 농민들은 다른 사람들의 재산을 공유화하기를 원하고 다른 사람들의 것을 자신들이 가지기를 원한다." 그러나 "복음은 사도행전 4장 32-37절에서 사도들과 제자들이 행한 대로 자유 의지로 재산을 공유화하는 자들의 경우 외에는 재산을 공유화하지 않는다." 사도들과 제자들은 "우리의 광적 농민들이 광기에 차서 하듯이 다른 사람들의 재산을 공유화하라고 요구한 것이 아니라 단지 자기 자신들의 재산을 공유했다"라고 루터는 말하였다.

루터는 이처럼 사유 재산을 인정한 점에서 프랜시스에 대해 비판적이었다. 루터가 보기에 모든 소유를 버리라고 한 프랜시스는 순진하거나 어리석은 사람이었다. "나는 프랜시스가 악한 사람이었다고 생각하지는 않는다. 그러나 사실은 그가 순진하였거나 혹은 좀 더 진실되게 말하자면 어리석었음을 입증한다. 그는 그의 추종자들이 복음에 따라서 살아야 한다는 법 혹은 규칙을 세운다. 그러나 그는 모든 것을 팔아 가난한 사람에게 주는 것이 복음의 가장 완전한 규칙이라고 주장한다"라고 루터는 프랜시스를 비판하였다.

루터는 세상적 왕국에 있어서 사유 재산 제도를 인정했지만, 자기 것을 자기만을 위해서 쓸 수 있다고 보지는 않았다. 루터는 가난한 자들은 제도적으로 보살펴져야 한다고 보았다. 루터는 "곤궁한 사람들을 돕고 섬기는 그리스도인의 사랑보다 하나님에 대한 더 큰 섬김은 없다"라고 말하였다. 또한 루터는 『독일 민족의 크리스천 귀족에게』에서 "그리스도인들 중에서는 아무도 구걸하러 가서는 안 된다. … 모든 도시는 그 도시의 가난한 자들을 부양해야 하며 그 도시가 너무 작으면 주위에 있는 촌락들에 있는 사람들이 기부금을 내도록 해야 한다"라고 말하였다. 루터가 서문을 쓴 바 있는 라이스니히의 조례에서는 수도사들이나 걸인들의 구걸 행위를 금지했으며, 가난한 사람들은 당국에서 보살펴 주도록 했다. 또한 가난한 아동들은 당국에서 교육시키도록 했다. "우리의 전 교구의 도시나 마을들에 있는 가난하고 버림받은 고아들은 그들이 일할 수 있고 자기들의 빵을 벌 때까지 관리들에 의해 공동 금고로부터 교육 및 물질적 필수품들을 제공받을 것이다."

중세기에는 선행에 의해 구원받는다고 보았기 때문에 구걸은 다른 사람들에게 선행할 기회를 주는 것으로 긍정적으로 평가받았다. 그래서 수도사들도 탁발 생활을 했다. 그러나 루터는 은총에 의한 신앙을 통한 득의론을 주장했기 때문에 선행의 기회를 주는 구걸이란 관념은 있을 수 없었다. 루터에게 있어서는 모든 사람들은 하나님의 은총으로 구원을 받기 때문에, 그에 대한 보답으로 하나님의 영광을 위해, 이웃에 대한 봉사를 위해 일해야 했으며, 일할 수 없는 사람은 국가가 부양해야 했다.

5. 결언

우리는 지금까지 경제에 관한 루터의 가르침을 살펴보았다. 루터는 그의 이신득의론에 근거해서 신앙으로부터 유래한 모든 일이 선한 일이라고 봄으로써, 중세기 사람들이 선한 일이라고 본 기도, 금식, 구제 같은 종교적 일만 선한 일이 아니라 일상사의 모든 일이 신앙으로부터 나오면 선한 일이라고 주장했다. 루터는 이와 함께 성직만 하나님의 소명에 의한 것이 아니라 신앙으로부터 유래하는 한, 군인을 포함해서 세상의 모든 직업이 하나님의 소명에 의한 것이라고 봄으로써 직업 소명설을 주장했다. 루터는 상업에 대해서 공정한 가격과 공정한 거래를 주장했으며, 해외 무역에 대해서는 비판했지만 국내 상업은 인정했으며, 상인의 상품의 원가에다 수고와 노력과 위험성을 계상한 이윤을 붙이는 것을 인정했으며, 따라서 상업도 기독교적 방식으로 행해질 수 있다고 보았다. 루터는 이자 문제에 대해서, 그리스도인은 산상 설교에 따라 이자를 받지 말아야 한다고 주장했지만, 세상적 왕국에서는 5퍼센트 정도의 이자를 받는 것을 인정했다. 루터는 급진주의자들이 주장하던 재산의 공유화를 비판하고 사유 재산 제도를 인정했다. 그러나 가난한 이웃에 대한 그리스도인의 자발적인 봉사는 강조했으며, 특히 정부가 가난한 자들을 보살펴 주고 가난한 아동들을 교육시켜야 한다고 주장했다.

지금까지 살펴본 것처럼 경제에 관한 루터의 가르침에도 그의 두 왕국론이 적용되어 있다. 영적 왕국에 속한 그리스도인은 산상 수훈의 말씀에 따라 사랑으로 살아야 하며, 그래서 빼앗는 사람에게 빼앗기고 달라는 사람에게 거저 주고 빌려줄 때에도 빌려준 것 이상 더 받아서는 안 된다. 그러나 세상적 왕국에 속한 사람들은 산상 수훈의 말씀에 따라 살지 않으므로 법과 칼로 다스려야 한다. 빼앗는 사람, 빌려 갔다가 갚지 않는 사람은 법과 칼의 원리에 따라 처벌해야 한다. 한 사람이 그리스도인이면서 공직자일 때 그는 그리스도인으로서는 빼앗는 사람에게 빼앗겨야 하지만 공직자로서는 빼앗는 사람을 처벌해야 한다. 이것은 모순되는 것같이 보인다. 그러나 공사를 엄격히 구분해야 하다고 생각하는 현대인에게 그렇게 생소한 것만도 아니다. 공인이 자기의 사적 재물을 가지고 자기가 원하는 사람을 원하는 대로 도와줄 수 있을 것이나 공금을 자기 마음대로 사용하면 그것은 공금 유용이나 횡령이 되는 것이다.

경제에 관한 루터의 가르침에는 시대적 제약과 안목의 협소함이 있음이 사실이다. 해외 무역에 대한 루터의 비판과 그가 주장한 보호 정책은 타당성이 없다. 그러나 알트하우스가 말한 것처럼 "그가 사랑과 형평에 근거하여 경제생활을 비판한 진지성은 여전히 타당한 모범으로 남아 있다"고 하겠다. 또한 알트하우스가 "그가 정치에 있어서 마키아벨리적 자율을 인정하지 않은 것처럼 사업에 있어서도 배금주의적 자율을 인정하지 않았다. 우리의 경제 체제의 유물주의적 왜곡의 위험은 상존하고 있다. 그리스도인은 그것에 대해 경계해야 한다. 이 까닭에 루터가 재산과 사업에 대해 말한 것을 다시 듣고 생각해 보는 것이 우리에게 유익하다"라고 말하였다. 파시즘과 공산주의의 질곡을 거치고 21세기에 사는 현대인들에게는, 루터가 정치에 있어서는 마키아벨리적 자율을 인정하지 않고 경제에 있어서는 배금주의적 자율을 인정하지 않았으며, 영적 왕국에 속한 그리스도인 개인의 사랑의 삶을 강조하면서도 세상적 왕국 속에서의 법과 규제를 주장한 가르침은 깊이 음미해 볼 가치가 있다고 하겠다.

제 9 장
루터파의 종교개혁은 어떻게 확산되었는가

루터가 종교개혁 운동을 전개하면서 신성 로마 제국의 황제 찰스 5세는 프랑스와의 전쟁과 이슬람교도들과의 전쟁에 휩싸이게 되었다. 찰스 5세는 1521년 보름스 제국 의회가 개최되었을 시점에 루터를 정죄한 후 네덜란드에 들렀다가 곧 스페인으로 갔으며 그 후 8년 동안 제국으로 돌아오지 않았다. 그는 그 후 프랑스와 4차 전쟁(1521년, 1529년, 1536년, 1542년)을, 이슬람교도들과도 역시 4차 전쟁(1521년, 1526년, 1529년, 1532년)을 치러야 하였다. 황제가 제국을 떠난 사이에 루터파는 확산될 수 있었다.

1. 쉬파이어 제국 의회와 마르부르크 회담

그러나 황제가 제국으로 돌아와서 1529년 2월에 쉬파이어 제국

의회가 모이게 되었다. 이 제국 의회에 참석한 다수가 가톨릭 교인이었다. 그래서 모든 것이 가톨릭에 유리하게 결정되었다. 로마 가톨릭 교회의 이전 재산은 다 회복시키고, 루터파 지역에서도 로마 가톨릭식 예배가 허용되도록 결정하였다. 이것은 루터파를 멸절시키려는 계획이었다. 그래서 1529년 4월 19일 루터파 제후들은 이 결정에 항의하는 Protestatio(항의)를 작성하여 제출하였다. 여기서부터 Protestant라는 용어가 나오게 되었다.

이처럼 가톨릭의 탄압이 임박했을 때 개신교 쪽에서는 루터와 츠빙글리가 계속 논쟁을 벌이고 있었다. 그래서 개신교도들의 일치가 필요했다. 마르부르크라는 곳에서 루터파와 츠빙글리파간의 회담을 열게 되었다. 이 논쟁에서 결론이 나지 않았다. 이 논쟁을 주도했던 사람은 헤센의 필립이었는데 그는 이 당시의 개신교 지도자 중에서 가장 대표적인 사람이었다. 개신교의 연합을 위해서 루터에게 믿는 바를 적으라고 했고 루터는 15개 조항을 적어냈다. 츠빙글리는 1조부터 14조까지는 동의할 수 있다고 말했다. 마지막 15조는 성찬에 관한 것인데 항목이 6개였다. 츠빙글리는 그 항목 중 5개는 동의할 수 있으나 마지막 1개 항목은 동의할 수 없다고 말했다. 마지막 항목은 빵과 포도주에 예수님의 몸이 신체적으로 임재하는가(bodily present) 하는 문제였다. 결국은 마지막 한 개의 항목 때문에 갈라서게 된다. 필립이 하려고 했던 개신교의 연합체는 실패로 돌아갔다. 1529년 찰스 황제는 프랑스와 평화 협정을 체결하게 된다.

2. 아우그스부르크 제국 의회와 아우그스부르크 신앙고백

한편 1530년 다시 아우그스브르크에 제국 의회가 모이게 되었다. 이때 루터파에서는 이른바 아우그스부르크 신앙고백을 제출하게 된다. 이 신앙고백은 그 후 모든 개신교 신앙고백의 표준이 되게 된다. 루터는 제국의 수배령 하에 있었기 때문에 그 제국 의회에 참석할 수가 없었다. 그래서 아우그스부르크 신앙고백의 공식적인 작성은 전적으로 멜란히톤에게 맡겨졌다. 그러나 이 신앙고백의 기초인 마르부르크 조문과 토르가우 조문이 본질적으로 루터의 작품이라는 사실 이외에도, 멜란히톤은 루터와 오랜 협의를 거쳤으며 계속 서신 왕래를 했으며 기질과 학문과 통찰력이라는 면에서 루터를 잘 대변했다고 할 수 있다. 멜란히톤이 이것을 구상하고 작성했다 한다면, 루터는 영감을 주었다고 할 수 있다.

제1부 제1조 '신론'에서는 니케아 교리를 인정하며, '위격'은 한 부분이나 특질을 의미하는 것이 아니라 "고유하게 실재하는 것"을 의미한다고 하며 고대 및 근래의 이단들을 정죄했다.

제2조 '원죄론'에서는 "아담의 타락 이후 자연의 일반적 과정에 따라 태어나는 모든 사람들은 죄와 함께 태어난다. 즉 하나님에 대한 두려움과 하나님에 대한 신뢰 없이 육적 욕망을 가지고 태어난다. 그리고 이 질병, 즉 본래적 결함은 참으로 죄이며 지금도 세례와 성령에 의해 거듭나지 않은 모든 사람들에게 정죄와 영원한 죽음을 가져온다"라고 가르친다. 그리고 "이 본래적 결함이 참으로 죄가 아니라고 주장하고 그리스도의 공로와 유익의 영광을 감소시키기 위해 인간이 자기 자신의 이성의 힘에 의해 하나님 앞에 의롭다 함을 받을 수 있다

고 주장하는 펠라기우스파와 기타 사람들을" 정죄한다.

제3조 '하나님의 아들에 대하여'에서는 사도 신조의 내용을 조금 확대시켰다.

제4조에서는 '득의'를 다음과 같이 설명한다. 즉 "인간들은 하나님 앞에서 자신의 능력과 공로와 행위에 의해 의롭다 함을 받을 수 없으며 그리스도로 말미암아 신앙을 통해 값없이 의롭다 함을 받는다. 즉 그들이 그리스도께서 죽으심으로 말미암아 우리의 죄를 위해 보상하셨으며 그래서 그리스도로 인하여 은총 속에 영접되며 그들의 죄가 용서된다고 믿을 때에 값없이 의롭다 함을 받는다. 하나님은 이 신앙을 자신 앞에서 의로 간주하신다"(롬 3, 4장).

제5조에서는 '교회의 목회'를 성령을 통해 이 신앙을 확보하게 하는 방편으로 설명한다. 그리고 재세례파를 정죄한다.

제6조 '새로운 순종'에서는 "이 신앙은 선한 열매들을 산출해야 하며 인간들은 하나님이 명하신 선행들을 행해야 한다. 이는 그것이 하나님의 뜻이기 때문이지, 그들의 행위에 의해 하나님 앞에서 득의의 공로를 쌓는다는 확신을 가지게 하기 위한 것이 아니다. '너희가 이 모든 것을 행했을 때 우리는 무익한 종이라고 말하라'고 하신 그리스도의 음성이 증거하는 것과 같이 죄의 용서와 득의는 신앙에 의해 얻어지기 때문이다"라고 가르친다.

제7조 '교회'에서는 교회는 "성도들의 회합으로서 복음이 바르게 가르쳐지고 성례가 바르게 집행되는 곳이다. 교회의 참된 일치를 위해서는 복음의 교리와 성례의 집행에 대해 동의하는 것으로 족하다. 또한 사람들에 의해 제정된 인간적 전통, 의식 혹은 예식이 모든 곳에서 똑같아야 할 필요가 없다. 이는 성 바울이 '믿음도 하나이요 세례도

하나이요 하나님도 하나이시니 곧 만유의 아버지시라'고 말한 것과 같다"라고 가르친다.

제8조 '교회의 본질'에서는 "그리스도께서 '서기관들과 바리새인들이 모세의 자리에 앉았으니…' 하고 말씀하신 대로 악한 사람들에 의해 집행된 성례를 받는 것도 합법적이다. 성례와 말씀은 비록 악한 사람들이 전달한다 하더라도 그리스도의 제정과 명령 때문에 유효하다"고 말한다.

제9조 '세례론'에서는 세례는 구원에 필수적이며 아동들은 세례에 의해 하나님께 바쳐지며 하나님의 은총 속에 영접된다고 가르친다. 그리고 재세례파를 정죄한다.

제10조 '성찬론'에서는 "그리스도의 몸과 피가 참으로 임재하며 성찬에서 먹는 사람들에게 전달된다"는 점을 인정한다. 그러나 그 몸과 피가 빵과 포도주와 어떻게 관련되는지에 대해서는 설명하지 않는다. 이 침묵은 아마 이 당시 루터파 지도자들이 로마와의 분열을 돌이킬 수 없게 하는 새로운 교리를 만들기를 싫어했음을 보여 주는 것일 것이다.

제11조 '고백에 대하여'에서는 "사적 사죄는 유보하지만 고백에서 모든 범죄를 열거하는 것은 필요하지 않다. 왜냐하면 시편 19:12 '자기의 허물을 능히 깨달을 자 누구리요'라는 말씀대로 그것은 불가능하기 때문이다"라고 가르친다.

제12조에서는 '회개'는 다음의 두 부분으로 이루어진다고 말한다. 즉 "하나는 참회, 즉 죄를 인식함으로써 양심이 받는 공포이며, 다른 하나는 신앙인데, 신앙은 복음 혹은 사죄에 의해서 얻어지는 것이며 그리스도로 인해 죄가 용서되었다고 믿고 양심을 위로하고 공포로부

터 양심을 해방시키는 것이다. 그 다음에 회개의 열매들인 선행이 따른다"고 말한다.

제13조 '성례전의 용도에 대하여'에서는 성례전들이 "단순히 사람들 가운데 고백의 표시가 되도록 제정된 것이 아니다. 오히려 그것들은 우리를 향한 하나님의 뜻의 표적과 증거가 되어야 한다. 하나님은 우리가 그것들을 사용할 때 신앙이 각성되고 확증되도록 하기 위해 그것들을 제정하셨다"고 말한다. 성례전들은 '그 의식 자체로'(ex opere operato) 의롭다 함을 주는 것이 아니라고 한다.

제14조 '교회의 직제론'에서는 "정당하게 부름을 받지 않은 사람은 아무도 교회에서 공적으로 가르치거나 성례를 집행해서는 안 된다"라고 가르친다.

제15조 '교회 의식론'에서는 "의식들 가운데 그것을 지켜도 죄가 되지 않으며 그리고 교회의 안정과 훌륭한 질서를 위해 도움이 되는 의식들만 지켜야 한다. 그런 것들은 성일, 축제 등과 같은 것들이다. 하지만 그런 것들에 대해서 마치 그런 일이 구원에 필수적인 것처럼 양심이 속박되지 않도록 사람들을 가르쳐야 한다. 또한 하나님의 화를 풀고 은총을 받기 위해 공적을 쌓고 죄에 대해 보상하기 위해 제정한 인간적 전통들은 복음과 신앙의 교리에 반대된다는 사실을 가르쳐야 한다. 그러므로 은총을 받기 위해 공적을 쌓고 죄에 대해 보상하기 위해 제정된 음식이나 특정한 날 등과 같은 것에 대한 맹세와 전통은 소용이 없을 뿐 아니라 복음에 반대된다"고 가르친다.

제16조 '세속 생활의 문제에 대하여'에서는 "합법적인 세속 사회 제도는 하나님의 선한 일들이다. 그리스도인들이 공직을 맡고, 재판 자리에 앉고, 제국의 법률에 의해 사건을 결정하고… 정당한 처벌을

명령하고, 정당한 전쟁에 참여하고, 군인으로 복무하고, 합법적인 매매와 계약을 하고, 재산을 소유하고, 관리가 맹세를 요구할 때 맹세를 하고, 장가가거나 시집가는 것은 합법적이다"라고 가르친다. 여기서는 그리스도인들에게 이런 공직들을 금하는 재세례파를 정죄하며, 또한 "복음은 마음의 영원한 의를 가르치기 때문에, 복음의 완전성을 하나님에 대한 두려움과 신앙에 두지 않고 공직을 버리는 데 두는 자들을" 정죄한다. "그리스도인들은 반드시 관리와 법에 복종해야 한다. 다만 관리와 법이 범죄를 명령할 때는 예외이다. 그 때에는 사람보다 하나님께 순종해야 한다"(행 5:29).

제17조 '그리스도의 재림과 심판에 대하여'에서는 "정죄받는 사람들과 악마에게도 고통이 끝날 때가 있을 것이라고 생각하는 재세례파와 또한 죽은 자들이 부활하기 전에 경건한 자들이 세상 왕국을 차지하고 모든 곳에서 악한 자들을 진압할 것이라고 하는 유대인의 견해를 퍼뜨리는 자들을" 정죄한다.

제18조 '자유 의지에 대하여'에서는 "인간의 의지는 세속 사회의 의를 행하고 이성이 도달할 수 있는 것들을 선택할 약간의 자유가 있다. 그러나 하나님의 영이 없이는 하나님의 의, 즉 영적인 의를 행할 힘이 없다. 왜냐하면 자연적 인간은 하나님의 영의 일들을 받지 못하기 때문이다(고전 2:14). 그러나 사람들이 말씀을 통해 하나님의 영을 받을 때에 자유 의지가 마음에서 역사한다"고 말한다.

제19조에서는 "비록 하나님이 자연을 창조하시고 보존하시지만, '죄의 원인'은 악한 자들의 의지, 즉 악마와 불경건한 사람들의 의지이다"라고 가르친다.

제20조 '선행론'에서는 루터파는 선행을 금한다는 비난에 대해 반

박한다. "십계명에 대한 그들의 문헌들을 보면 그들이 모든 종류의 삶과 그 의무에 대하여 선한 목적으로 가르쳐 왔음이 입증된다. … 전 시대의 설교자들은 그것들에 대해 거의 혹은 전혀 가르치지 않았다. 그들은 다만 성일을 지키고 금식하고 단체를 조직하고 순례하고 성자를 예배하고 로자리오 기도를 드리고 수도원 생활을 하는 등의 유치하고 불필요한 일들을 역설했다. 우리의 적들은 그 일에 대해 경고를 받고 지금은 그것들을 버리고 그들이 해 오던 그런 무익한 일들에 대해 설교하지 않는다. 그 외에도 그들은 이제 신앙에 대해 언급하기 시작했는데, 이전에는 신앙에 대해 깊은 침묵을 지켰다" 하고 말한다.

제21조 '성인 예배에 대하여'에서는 "성인들에 대한 기억을 우리 앞에 제시할 수 있을 것이다. 이는 우리가 우리의 소명에 따라 그들의 신앙과 선행을 따르도록 하기 위해서이다. 이를테면, 황제가 자기 나라에서 터키인들을 쫓아내기 위해 전쟁을 할 때 다윗의 모범을 따를 수 있을 것이다. 왜냐하면 둘 다 왕이기 때문이다. 그러나 성서는 성인들에게 기원하라고 가르치지 않는다. … 왜냐하면 성서는 우리에게 한 분 그리스도를 중보자, 화해자, 대제사장, 중재자로 제시하기 때문이다. … '만일 누가 죄를 범하면 하나님 앞에서 우리에게 대언자가 있으니 곧 의로우신 예수 그리스도시라'(요일 2:1)"고 가르친다.

제2부는 당시의 가톨릭의 관행들을 비판하는 것이었다. 즉, 첫째, 성찬에서 잔을 주지 않는 것, 둘째, 성직자의 의무적인 독신 제도, 셋째, 희생으로서의 미사, 넷째, 의무적인 고백 제도, 다섯째, 많은 축제들, 여섯째, 수도사의 서약 제도, 일곱째, 주교가 세속적인 권세와 재물을 가지는 것 등이었다.

이 신앙고백은 그 전체가 분열된 기독교 세계의 재결합을 추진시키려고 한 저자의 열망을 잘 말해 주고 있다. 여기에는 변호의 정신이 나타나 있지 도전의 정신은 없다. 이것은 양심적인 차이점을 말하기 전에 먼저 일치점을 강조한다. 많은 로마 가톨릭 교인들은 이것으로부터 루터파 교리가 본질적인 가톨릭주의를 표방하고 있음을 보고 놀랐다. 이것은 모든 사람들을 향해 크게 갈리진 길들 사이의 '중간 길'로 제시된 것이었다. 그러나 이것은 그 평화적 목적을 이루지 못했다. 이 신앙고백에 대한 공식적 반박문이 발표되었으며, 멜란히톤은 이에 대해 1531년에 박학하고 훌륭한 "아우그스부르크 신앙고백에 대한 변증론"으로 답변했다.

3. 슈말칼덴 동맹과 루터교의 발전

이 신앙고백이 제국 의회에서 거절되고 루터파는 1년 내인 1531년 4월 15일까지 가톨릭에 순응해야 한다는 결정이 내려졌다. 그러자 1531년 2월 27일 루터파의 제후들이 슈말칼덴에 모여 동맹을 체결하였다. 가톨릭 제후들이 황제를 강력하게 지원하지 않아 1531년 4월 15일은 무사히 지나갔다. 그러다가 1532년 이슬람교도들의 침략의 위험이 생기자 황제는 개신교도들과 화해가 필요하였다. 1532년 7월 23일 뉘른베르크에서 황제와 슈말칼덴 동맹국 사이에 휴전 협정이 체결되었으며, 황제는 1541년까지 독일로 돌아오지 않게 된다. 이 9년 동안 루터교가 급속하게 성장하게 되었다. 1534년에는 안할트 데싸우, 하노버, 프랑크푸르트, 아우구스부르크가 루터파 진영으로 넘어왔으며, 개신교의 대표적 영주인 헤센의 필립이 뷔르템베르크를 정복

함으로써 개신교 지역이 넓혀졌다. 1539년에는 작센의 공작이 죽고 그 공국이 루터파 진영으로 넘어 왔다. 1539년에는 브란덴부르크가 루터파로 넘어왔다. 이들 독일 지역이 루터교화하는 과정은 대체로 다음과 같이 3단계의 과정을 밟았다. 1단계로 가톨릭 지역에 선교사를 파송하여 전도를 하도록 했다. 그래서 개신교가 확산되면 2단계로 구교와 신교의 지지자들 사이에 논쟁이 벌어지게 되었다. 3단계로 이 논쟁을 지켜보던 시의회나 제후들이 신교를 지지하게 되어 개신교가 확립되게 되었다.

4. 찰스 황제와 루터파 와해 노력

찰스 황제는 독일로 돌아와서 루터파를 와해시키려고 여러 가지 노력을 하였다. 첫째로 교회 총회를 소집하여 개혁을 통해 개신교의 일부 주장을 수용함으로써 개신교의 분열을 종식시키려고 하였다. 사실상 루터는 개혁 초기부터 총회를 소집하여 교회를 개혁하자고 주장하였고 마침내 1545년 트렌트 총회가 소집되었다. 그러나 그 총회를 주도하던 사람들은 반개신교적 인사들이었다. 루터는 이 총회에 기대를 걸지 않았으며, 그 다음 해인 1546년에 세상을 떠나게 된다. 황제는 둘째로 개신교의 지도적 영주인 헤센의 필립의 중혼을 이용하여 개신교를 약화시키려고 했다. 필립은 성적 탈선 때문에 양심의 가책으로 10여 년 동안 성찬에 참여하지 않았으며, 영혼의 구원에 대한 불안을 가지고 있었다. 루터는 구약의 족장들의 예에 따라 중혼을 허락하였다. 그러나 제국의 법에는 중혼한 제후는 제후의 권리를 박탈당하게 되어 있었다. 황제는 이 법을 이용하였고, 결국 필립은 슈말칼덴 동맹에 다른 나라들을 더 이상 가입시키지 안 하겠다고 약속했다. 그래서 프랑스, 영국, 덴마크, 스웨덴과의 동맹 체결 기회를 잃게 되었다. 셋째로 황제는 작센 공작 모리츠를 이용하였다. 황제는 모리츠가 원하는 선제후 지위를 인정해 주고 작센의 선제후 영지 일부를 그에게 줌으로써 개신교 동맹의 약화를 유도하였다.

5. 파사우 조약과 아우그스부르크 종교 화해

모리츠는 그 후 프랑스 왕 앙리 2세와 조약을 체결하고 황제와 전쟁을 하게 된다. 결국 이 전쟁에서 황제가 패배를 하게 되어 1552년 파사우 조약을 체결하게 되었다. 이 조약에 따라서 앞으로 제국 의회에서 종교 문제를 다루도록 되었다. 1555년 아우구스부르크에 제국 의회가 열렸다. 여기서 결정된 사항은 cujus regio, ejus religio였다. 이것은 지역에 따라 종교가 결정되는 것이었다. 즉 영주가 믿는 종교를 그 지역에서 믿도록 하는 것이었다. 이것은 가톨릭뿐만 아니라 루터파에게도 종교의 자유를 주는 것이었다. 그리고 자기의 신앙과 영주의 종교가 다를 때에는 종교의 자유를 찾아 이전할 자유를 주었다. 결국 독일에서는 루터의 종교개혁이 1555년에 와서 합법적으로 인정을 받았다.

제 10 장
츠빙글리는 왜 루터와 결별하였는가

전술한 바와 같이 루터와 츠빙글리는 헤센의 필립의 노력에도 불구하고 1529년 결별했다. 성찬론에 대한 사상적 차이를 극복하지 못했기 때문이었다. 여기서 우리는 먼저 루터와 츠빙글리의 성찬론의 차이에 대해 살펴보려고 한다.

츠빙글리에게 있어서 성례는 거룩한 것의 표시였다. "성례들은─심지어 교황주의자들도 주장하듯이─단순히 거룩한 것들의 표시들이다"라고 츠빙글리는 말했다. 빵은 단순히 빵이고 그리스도의 몸이 아니었다. 그러나 루터가 보기에 츠빙글리의 성례론은 하나님이 우리에게 은총을 주시는 통로를 파괴하는 것이었다. 루터는 이렇게 말하였다.

그 맹인인 바보는 '그리스도의 공적'과 '공적의 분여'가 두 개의 서로 다른 것들임을 알지 못한다. 그래서 그는 더러운 암퇘지처럼 그것들을 혼합시킨다. 그리스도는 단 한 번 십자가에서 공적을 쌓고 우리를 위해 죄의 용서를 이루었다. 그러나 그는 이 용서를 그가 있는 곳마다, 항상 그리고 모든 곳에서 나누어 준다. …

같은 방식으로 나는 천상의 예언자들에 대항하여 그리스도의 수난의 사실과 그것의 사용 … 이 동일한 것이 아니라는 점을 신중하게 썼다. 그리스도의 수난은 십자가에서 단 한 번 일어났다. 그러나 그것이 나누어지고 적용되고 사용되어지지 않는다면 누구에게 유익을 줄 것인가? 그리고 그것이 말씀과 성례를 통하지 않고 어떻게 사용되고 나누어질 수 있는가?

츠빙글리는 자기의 상징설을 뒷받침하기 위해 요한복음 6장 63절에 "살리는 것은 영이니 육은 무익하니라"는 말씀을 인용했다. 루터는 이에 대해 여기서 '육'은 그리스도의 육체를 가리키는 것이 아니라고 했다. 루터는 이렇게 말했다. "우리는 이것을 다른 방식으로가 아니라 다음과 같이 해석했다. 즉, '나의 가르침은 영적이다. 그것을 육적인 방식으로 이해하는 자는 잘못을 저지르는 것이며 그의 해석은 무익하다. 그러나 그것을 영적으로 이해하는 사람은 살 것이다'라고." 이어서 루터는 "성서에서 영과 육이 대비될 경우 육은 결코 그리스도의 육체를 의미하는 것이 아니라 옛 아담을 의미한다"라고 말했다. 알트하우스는 "츠빙글리와 그의 추종자들은 … 영을 신체성의 의미로서의 육과 상반되는 것으로 이해한다. 그러나 루터에게 있어서 영은 죄성의 의미로서의 육과 상반되는 것이다"라고 말했는데, 이 해석은 적절하다고 하겠다.

츠빙글리는 사도행전 1장과 사도 신조에 따라 그리스도께서 인성으로는 승천하여 하나님 우편에 계신다고 주장했다. 그래서 루터가 주장하는 것처럼 그리스도의 몸이 빵 안에 있을 수 없다고 했다. 루터는 츠빙글리의 이런 주장에 대해 그리스도의 편재설로 대답했다. 루터는 오캄주의의 견해를 받아들여 존재의 세 방식—즉, locally 혹은 circumscriptively, definitively, repletively—이 있다고 보았다. 한 존재가 locally하게 존재한다는 것은 통 속의 물처럼 공간과 그 공간을 점유한 대상이 정확하게 상응하는 것이다. 한 존재가 definitively하게 존재한다는 것은 천사나 악마처럼 전체 도시에 존재할 수도 있고 상자 속에 존재할 수도 있는 것을 가리킨다고 루터는 말했다. 그리스도께서 닫힌 문을 통과하여 제자들에게 왔을 때 그리스도의 몸의 존재 방식이 이와 같았다고 한다. 한 존재가 repletively하게 존재한다는 것은 하나님의 경우처럼 동시에 모든 곳에 존재하는 것을 가리킨다고 루터는 말한다. 이렇게 말함으로써 루터는 그리스도의 몸이 빵 안에 definitively하게 존재할 수도 있고, 또한 그리스도는 하나님이시기 때문에 repletively하게 존재할 수 있다고 했다.

츠빙글리는 자기의 상징설을 뒷받침하기 위해 성서에서 '이다'는 '상징하다'로 해석해야 한다고 주장했다. 츠빙글리는 이렇게 말했다.

예컨대 요한복음 15장에서 그리스도는 "나는 포도나무이다"라고 말씀하신다. 이것은 가지들이 포도나무에서 자라듯이 똑같은 방식으로 그리스도 안에서 지탱되고 자라는 우리와 관계지어 볼 때 그리스도는 포도나무와 같다는 뜻이다. 비슷하게 "너희는 가지들이다"하는 말도 비유이다. 우리는 그것들을 은유적으로 받아들여야 한다. '이다'라는 단어는 특별히 자주 비유적 혹은 은유적 의미로 사용된다. 예컨대 누가복음 8장에서 그리스도는 "씨는 하나님의 말씀이다"라고 말씀하신다. 그런데 이 예에서 '이다'라는 단어는 '상징하다'로 사용된다. 즉 "씨는 하나님의 말씀을 상징한다." … 이 모든 말씀들에서 '이다'는 '상징하다'라는 뜻이다.

츠빙글리의 이런 해석에 대해 루터는 이렇게 반박했다.

'꽃'이라는 단어는 그것의 일차적이고 본래적인 의미에 따르면 장미, 백합 … 을 의미한다. 지금 내가 그리스도를 우아한 찬양으로 예찬하기를 원한다면… 나는 '꽃'이라는 단어를 가지고 비유를 만들 수 있다. 즉 "그리스도는 꽃이다"라고 말함으로써 그것에 새 의미와 적용을 부여할 수 있다. 모든 문법 학자들은 여기서 '꽃'은 새 단어가 되었으며 새 의미를 획득했으며 이제 더 이상 아기 예수 이외에 들에 있는 꽃을 의미하지 않는다고 말한다. 그들은 여기서 '이다'라는 단어가 은유적이 되었다고 말하지 않는다. 왜냐하면 그리스도는 한 꽃을 상징하는 것이 아니라 한 꽃인데, 자연적 꽃과는 다른 꽃이기 때문이다. 친구여 당신이 츠빙글리의 견해에 따라 "그리스도가 참 포도나무를 상징한다"고 이것을 해석하려고 노력할 때 어떻게 들리는가? 그러면 그리스도가 상징하는 참 포도나무는 누구인가? … 그리스도가 상징하는 것보다 그리스도가 상징되는 것이 더 낫다. 왜냐하면 상징하는 것은 항상 그것들이 상징하는 것보다 열등하기 때문이다. 심지어 바보도 어린 아이도 그것을 아주 잘 안다.
… 어떤 언어도 논리도 우리가 "그리스도가 참 포도나무를 상징한다"고 말하는 것을 허락하지 않는다. 이 구절에서 아무도 참 포도나무가

포도원에 있는 나무라고 말할 수 없다. 그래서 본문은 불가항력적으로 '포도나무'를 새 단어로, 포도원에 있는 포도나무가 아니라 제2의, 새로운, 실제적 포도나무를 의미하는 것으로 보게 한다. 그러므로 '이다'는 여기서 은유적일 수 없다.

요컨대 츠빙글리가 "이것은 내 몸이다"라는 말씀을 "이것은 내 몸을 상징한다"고 해석함으로써 상징설을 주장한 것과는 달리 루터는 "이것은 내 몸이다"라는 말씀을 글자 그대로 받아들임으로써 성찬에 그리스도의 몸이 임재한다는 임재설을 주장했다.

이어서 우리는 츠빙글리의 개혁 운동에 대해 살펴보기로 한다. 루터의 종교개혁은 곧 독일 국경을 넘어 유럽 전역으로 파급되기 시작했다. 특히 신성 로마 제국에 소속되긴 했으나 주마다 자유를 지니고 있던 스위스에서는 주에 따라 종교개혁 운동이 일찍부터 활성화되기 시작했다. 스위스 가운데 독일어를 사용하는 지역에서는 츠빙글리가 큰 영향을 미치면서 개혁 운동을 전개했다. 츠빙글리 사후에는 프랑스인인 칼빈이 스위스로 와서 프랑스어를 사용하는 지역을 중심으로 개혁 운동을 계승해 갔다. 루터는 바른 교리를 확립하는데 주로 관심을 가진 반면 츠빙글리나 칼빈은 좀 더 철저하게 의식이나 제도까지 개혁하려고 했다.

종교개혁기에 스위스는 명목상으로는 제국의 일부였으나 13개 주가 독립적으로 자치했으며 연맹체를 이루고 있었다. 그러나 경제적 여건은 좋은 편이 아니어서 많은 사람들이 용병으로 프랑스와 교황청에 봉사하고 있었다. 사상이나 이념도 없이 돈을 받고 전쟁에 가담하고 상대방을 살해하는 용병 제도는 경제적 수입 이면에 심각한 도덕적 문제를 내포하고 있었다. 한편 스위스도 다른 지방처럼 교회의 여러 가지 억압과 수도원의 강제 노역에 대한 반감이 만연되어 있었다. 스위스에 루터의 종교개혁의 영향이 파급되면서 민중들 편에서는 가톨릭교회에 대해 더 비판적이 되어 갔다.

츠빙글리는 바젤 대학에서 인문주의자인 토마스 비텐바하로부터 영향을 받았다. 그는 원전으로 돌아가라고 하는 인문주의적 주장에 따라 교회의 원전인 성서를 강조하였고 성서가 교회의 유일한 권위라고 보았다. 또한 그는 그리스도의 죽음이 사죄의 유일한 대가라고 주장하면서 1519년 루터 사상의 영향을 받기 시작했다. 츠빙글리는 처음에는 같은 인문주의자인 에라스무스를 존경했으나, 루터 사상의 영향을 받으면서 단순한 기독교 인문주의에서 루터의 복음주의로 전환하게 되었다.

츠빙글리가 복음주의적 설교를 하기 시작하면서 취리히에서 로마 가톨릭 측과 복음주의 측이 대립하게 되었다. 마침내 1523년 1월 취리히 주정부에서는 로마 가톨릭 측과 종교개혁 측에 공중 토론회를 개최할 것을 요구했다. 츠빙글리는 이 공중 토론회를 위해 67개 조문을 작성했다. 이 67개 조문은 루터의 95개 조문에 비교될 수 있는 조문이며, 중요한 조문들을 살펴보면 다음과 같다.

1. "복음이 교회의 승인이 없었다면 아무 것도 아니라고 말하는 모든 사람은 잘못을 범하는 것이며 하나님을 비방하는 것이다."
2. "복음의 요점은 하나님의 참 아들이신 우리 주 예수 그리스도께서 우리에게 하늘 아버지의 뜻을 알려 주셨으며 그의 무죄함에 의해 우리를 영원한 죽음에서 구속하셨고 우리를 하나님과 화해시키셨

다는 것이다."

3. "그러므로 그리스도는 존재했고 존재하고 있고 존재할 모든 사람들에게 있어서 유일한 구원의 길이시다."

7, 8. "그리스도는 모든 믿는 자들의 머리이시다. 이 머리 안에 사는 모든 사람들은 그의 지체들이요 하나님의 자녀들이다. 그리고 이것은 참된 가톨릭교회, 즉 성도들의 교제이다."

17. "그리스도는 유일하신 영원한 대제사장이시다. 그러므로 스스로 대제사장이라고 주장하는 자들은 그리스도의 영광과 능력을 거스르며 그리스도를 배격하는 자들이다."

18. "일찍이 십자가에서 자신을 바친 그리스도는 모든 믿는 자들의 죄를 위한 충족하고 영원한 희생이시다. 그러므로 미사는 희생이 아니라 십자가의 유일한 희생을 기념하는 것이며 그리스도를 통한 구속을 인치는 것이다."

22. "그리스도는 우리의 의이시다. 그래서 우리의 일들이 그리스도의 일인 한에서는 선하지만 우리 자신의 일인 한에서는 선하지 않게 된다."

24. "그리스도인은 아무도 그리스도께서 명하시지 않은 일을 하도록 속박받지 않는다. 그리스도인은 자기가 원하는 때 자기가 원하는 것을 먹을 수 있다. 그러므로 '치즈와 버터에 관한 규정들'은 로마가 만든 것에 불과하다."

27. "모든 그리스도인들은 그리스도의 형제들이요, 서로 간의 형제들이다. 그러므로 지상에 있는 사람은 그 누구도 '아버지'라고 부르지 말아야 한다. 이 사실은 교단, 분파, 파당들을 배제시킨다."

34. "소위 영적인 권세라고 하는 것은 그리스도의 교훈에서 설 자리

가 없다."

49. "사제들에게 합법적인 결혼을 금지하면서 내연의 처들을 거느릴
    돈을 허락하는 것보다 더 큰 추태를 나는 알지 못한다. 그것은 망
    측한 일이다."

50. "하나님만이 죄를 용서하시며, 그리고 이는 그리스도 예수 우리
    주를 통해서만 이루어진다."

52. "그러므로 사제나 이웃에게 죄를 고백하는 것은 죄의 용서를 위
    한 것이 아니라 상담을 위한 것이어야 한다."

57. "성서에서는 현세 다음의 연옥에 대해 인정하지 않는다."

58. "죽은 자의 심판은 하나님만이 아시는 일이다."

59. "이 문제들에 대해 하나님이 우리에게 적게 계시하신 만큼 우리
    는 적게 탐구해야 한다."

60. "만약 어떤 사람이 죽은 자들에 대해 걱정하면서 하나님께 그들
    에게 은총을 주실 것을 간구하거나 기도한다면 나는 그를 정죄하
    지 않는다. 그러나 무거운 죄에 대해서는 7년이라는 등 그것에
    대해 시간을 지정하는 것과 이득을 얻기 위해 거짓말을 하는 것
    은 인간적인 잘못이 아니라 악마적인 잘못이다."

62. "성서에서는 하나님의 말씀을 선포하는 사람들 이외에 다른 장로
    들이나 사제들을 인정하지 않는다."

67. "어떤 사람이 이자, 십일조, 세례받지 않은 아동들, 견신례 등에
    대해 나와 토론하기를 원한다면 나는 대답할 준비가 되어 있음을
    선언한다."

이 토론회에서 츠빙글리가 승리의 판정을 받음으로써 취리히에

종교개혁이 시작되게 되었다. 그리하여 1525년까지 교리, 교회 제도, 교회 의식이 다 바뀌고 설교 중심의 예배가 되었으며, 취리히의 이 개혁 운동은 다른 스위스 지역으로 파급되어 갔다.

스위스에서 복음주의 운동의 파급은 가톨릭 측에 자극을 주게 되었으며 이에 따라 1524년 4월 우리, 쉬비츠 등 스위스의 여러 주들이 로마 가톨릭 신앙을 지킬 것을 선언하고 연맹을 결성했다. 그러나 이번에는 프로테스탄트 측이 동맹을 결성하기 시작했다. 우선 1527년 취리히와 콘스탄츠가 기독교 시민 동맹을 맺었으며 그 후 베른, 성 갈렌, 비엘, 뮐하우젠, 바젤, 샤프하우젠, 쉬트라스부르크 등이 가입했다. 로마 가톨릭 측의 주들은 그 이름을 기독교 연맹이라고 불렀다. 이래서 프로테스탄트 측의 동맹과 가톨릭 측의 연맹이 갈등 관계에 놓이게 되고 1531년 양측 사이에 전쟁이 발발했다. 츠빙글리는 이 전쟁에 종군 목사로 참전했다가 카펠에서 전사하게 되고 불링거가 그를 이어 개혁 운동을 계승하게 되었다. 스위스는 이 전쟁을 통해 종교적 전쟁이 얼마나 무익한가를 깨닫게 되고 그 후 신, 구교 사이에 전쟁을 회피하게 되었다. 그래서 스위스는 1618년에 발발했던 30년 전쟁의 소용돌이 속에 빠지지 않게 되었다.

츠빙글리의 사상의 근원에 대해 루터는 자신 이전에는 복음주의를 전파한 사람이 없었다고 하였으나 츠빙글리 자신은 루터의 저작을 거의 읽지 않았다고 하였다. 독일 학자들(예컨대 Martin Brecht)은 츠빙글리의 사상은 루터에게서 파생되었다고 주장하나 스위스 학자들(예컨대 Ulrich Gäbler)은 츠빙글리의 사상은 독자적이라고 주장한다.

츠빙글리에 의하면 하나님은 영원하고 무한하고 창조되지 않은 분이다. 무한한 분이 두 분이 있을 수 없으므로 하나님은 한 분이 계신다. 무한하고 창조되지 않은 분이기 때문에 창조물을 통해 섬길 수 없다. 츠빙글리는 이런 사상을 가지고 있었기 때문에 루터의 성례론을 두고 격하게 논쟁할 수밖에 없었다. 츠빙글리는 고대 교회의 전통에 따라 마리아를 '하나님의 어머니'라고 불렀다. 그러나 그것은 마리아를 공경하는 뜻으로 그런 것이 아니라 그리스도가 하나님임을 나타내는 뜻으로 그런 것이었다. 마리아도 한 인간으로 피조물이지 창조자가 아니므로 신성을 가지고 있지 않으며, 따라서 신적 예배의 대상이 아니라고 츠빙글리는 주장하였다. 성례는 상징이므로, 성례 역시 신적 예배의 대상이 아니라고 주장하였다. 성찬에 그리스도가 실제로 임재하는 것이 아니라, 그리스도의 은총을 기념함으로써 그 은총을 생각나게 한다고 츠빙글리는 보았다. 성인들도 신적 예배의 대상이 아니다. 그들은 다만 우리들이 모방할 삶의 모범을 보인 사람들일 뿐이다. 츠빙글리는 하나님의 선하심을 자비와 정의의 종합으로 보았다. 사랑 없는 정의는 폭력이며, 정의 없는 사랑은 무질서이므로 하나님의 선하심에는 자비와 정의가 함께 있는 것으로 보았다.

츠빙글리는 전통적 신조에 따라 그리스도는 완전한 인간이며 완전한 신이라고 하였다. 그리고 그리스도의 인성과 신성의 관계를 인간의 육체와 영혼의 관계로 보았다. 츠빙글리는 "그리스도는 하나님의 아들의 인격 안에 인간의 본성을 취하였다"고 말하였다. 츠빙글리는 그리스도의 속죄의 힘이 지옥에도 미친다고 말했다. 그리고 그리스도가 재림할 때까지 믿는 모든 영혼은 그리스도와 함께 있다고 주장했다.

츠빙글리는 연옥의 존재를 부정하였다. 첫째로, 연옥에서 보상해야 한다는 로마 가톨릭의 주장은 그리스도의 공로를 해친다고 보았다. 둘째로, 로마 가톨릭교회에서는 죄는 용서받을지라도 죄에 대한 벌은 연옥에서 보상해야 한다고 말하지만, 츠빙글리는 죄가 용서되면 벌도 없어진다고 주장하였다. 셋째로, 성서에서 믿는 자는 정죄 받지 않는다고 하였으므로 연옥의 형벌은 성서의 가르침에 모순된다고 주장하였다.

성례에 대해 츠빙글리는 신앙을 산출하는 것은 성례가 아니라 성령이라고 주장하였다. 그리스도는 신성에 있어서는 무한하므로 편재하지만 인성에 있어서는 유한하므로 천상에 승천하여 하나님의 우편한 곳에 계신다고 하였다. 그래서 그리스도의 살을 먹는다는 성서의 표현은 그리스도를 믿는 것을 뜻하며, 영적으로 먹는 것을 뜻한다고 말하였다. 츠빙글리는 유한은 무한을 포용할 수 없다고 보았다(*finitum non capax infiniti*). 츠빙글리에 반해 루터는 유한이 무한을 포용할 수 있다고 보았다(*finitum capax infiniti*).

츠빙글리는 루터의 임재설을 비판하였지만, 성례의 여러 가지 유익을 주장하였다. 첫째로, 성례는 그리스도가 친히 제정한 거룩한 것이라고 하였다. 둘째로, 성례는 역사적 신앙을 증거해 준다고 보았다. 셋째로, 성례는 상징하는 것을 보여 준다고 하였다. 넷째로, 성례에 있어서 상징과 그 대상 사이에 유비가 있다고 말했다. 다섯째로, 성례는 신앙을 증가시켜 준다고 말했다. 마지막으로 성례는 라틴어 *sacramentum*이 뜻하는 바와 같이 그리스도에 대한 충성을 서약하는 것이라고 보았다.

츠빙글리는 교회에 대해 가시적 교회와 불가시적 교회를 구별하였다. "이 교회는 가시적이거나 불가시적이다. … 불가시적 교회는 하늘나라에서부터 내려온 것, 즉 성령의 계몽에 의해 하나님을 알고 받아들이는 교회이다. 이 교회에는 전 세계에 있는 믿는 모든 사람들이 속한다. … 가시적 교회는 전 세계에 있는 그리스도에 대한 신앙을 고백하는 모든 사람들이다. … 그러므로 가시적 교회 안에는 선택된 불가시적인 교회의 구성원들이 아닌 자들이 있다"

츠빙글리는 고대 철학자들의 구분에 따라 정부 형태를 군주정, 귀족정, 민주정으로 나누고 그중 귀족정을 선호하였다. 츠빙글리는 독재자에 대한 민중 저항권은 부정하였지만, 관리의 저항권은 인정하였다. 츠빙글리는 정부를 하나님이 제정한 제도로 봄으로써 재세례파의 입장을 비판하였다. 츠빙글리는 하나님의 법이 실현되는 사회, 복음적 사회에 대한 이상을 지니고 있었으며, 이 사상은 프로테스탄트 국가관에 큰 영향을 미쳤다.

죄의 용서 문제에 대해 츠빙글리는 중세 교회의 고해 성사를 비판하고 성령이 죄를 용서해 주시며, 인간은 신앙으로 죄의 용서에 대한 확증을 가진다고 말하였다.

츠빙글리는 신앙과 행위의 문제에 대해서는 이렇게 설명하였다. 우리가 왕 앞에서 신실한 마음으로 하지 않는 행동은 왕에 대한 불경이 되듯이 하나님에 대한 신앙이 없는 행동은 경건하지 못한다고 보았다. 그래서 츠빙글리는 신앙 없는 행위는 죄라고 말하였다. 인간이 자선을 행한다고 하더라도 신앙 없이 행하면 그 자선은 이기적 동기에서 비롯된다고 말하였다. 츠빙글리는 마치 불이 있으면 열이 있듯이 신앙이 있으면 행위가 나온다고 말하였다.

츠빙글리는 당시 일부 인문주의자들이 주장한 영혼 사망설이나 재세례파가 주장한 영혼 수면설을 비판하고 사후의 영혼은 깨어 있다고 주장하였다. 그는 그 증거로 우리 육체는 잠을 자지만 영혼은 깨어서 꿈을 꾸고 있다고 말하였다. 믿는 자의 영혼은 하나님께로 간다고 말했다. 츠빙글리는 또한 소크라테스와 같은 고대의 훌륭한 철인들도 하나님께로 갔다고 주장하였다.

츠빙글리가 1531년 카펠 전투에서 종군 군목으로 출전하여 전사한 후 취리히의 종교개혁은 불링거가 계승하였다. 불링거는 1549년 칼빈과 함께 취리히와 제네바 사이의 일치 신조를 만들어 내는 등 개혁파 교회의 일치에 큰 공헌을 하였다. 특히 불링거는 츠빙글리파의 신앙고백 중 마지막 것이며 가장 중요한 "제 2 스위스 신앙고백"을 작성하였다. 불링거는 1562년 죽음을 기다리면서 이 신앙고백을 작성하는 데 마지막 시간을 바쳤다.

제 1 1 장
급진적 종교개혁이란 무엇인가

1. 재세례파의 시작

취리히에서 츠빙글리와 함께 종교개혁 운동을 하던 사람들 중에
는 유아 세례의 타당성에 대해 회의하던 사람들이 생기기 시작했다.
그들은 그레벨Conrad Grebel, 만츠Felix Manz, 후브마이어Balthasar Hubmaier 같
은 사람들이었다.

츠빙글리도 처음에는 성례가 그 자체로 효력을 갖는다고 하는 마
술적인 성례관에 반대하여 세례는 신앙을 가진 사람이 받아야 한다고
보고 유아 세례에 대해 회의적이었다. 그러나 주정부가 유아 세례에
대해 확고한 입장을 취함으로써 츠빙글리는 유아 세례를 인정하게 되
었다. 주 정부는 1525년 1월 18일 시민들에게 유아 세례를 명령하였
다. 주정부가 보기에는 건전한 사회를 위해서는 유아 세례가 필수적
이었던 것 같다. 한 어린 아이가 태어나면 그는 그 국가의 국민으로

태어나서 국법을 지키고 그 국가의 국교인으로 태어나서 신앙과 윤리
를 따라야 건강한 사회가 될 수 있다고 생각한 것 같다.

주 정부와 츠빙글리의 개혁에 불만을 품은 사람들은 1525년 1월
21일 만츠 집에 따로 모였다. 후터파의 연대기에는 그 상황이 이렇게
묘사되어 있다.

기도 후에 조지 카자코브(George Cajacob, Georg Blaurock)가
일어나서 콘라드에게 하나님을 위해 자기의 신앙과 지식에 근거한 참
된 크리스천 세례로 세례를 베풀어 달라고 요청하였다. 그가 이 간청
과 열망을 가지고 무릎을 꿇자 콘라드는 그에게 세례를 주었다. …
그렇게 한 후 다른 사람들도 이와 비슷하게 조지에게 자기들에게 세
례를 베풀어 줄 것을 요망하였다. 이로써 세상과 세상의 악한 일들로
부터 분리가 시작되었다.

이로써 스위스 형제단이 결성되었다. 이들은 신앙을 가진 자에 대
한 세례를 강조하고 유아 세례를 부정하였다. 또한 국교주의에 반대
하고 자유 고백 교회free confessional church를 주장하였다. 그들은 마태복
음 18장에 따라 권징을 강조하였다. 예배 순서는 소박하게 진행하였
으며, 성찬은 개인들의 집에서 기념의 의미로 행했다. 그들은 세속 사
회에서의 분리를 주장하였다. 그들은 산상 설교에 따라 핍박에 대해
저항하지 않고 맹세하는 일을 거부하였다. 그들은 또한 병역을 거부
하였다. 그들은 고난의 종의 모습을 따르는 고난 받는 교회가 참된 교
회라고 주장하였다.

이 최초의 모임에 참여하였던 지도자들은 곧 세상을 떠나게 된다.

처음으로 '믿는 자의 세례'를 받았던 그레벨은 1525년 흑사병으로 사망하고, 장소를 제공하였던 만츠는 1527년 익사형에 처해졌으며, 처음으로 '믿는 자의 세례'를 베풀었던 블라우로크는 1529년 티롤에서 화형을 당하였다.

이들 중에는 다소 비정상적인 행동을 하던 사람들도 없지 않았다. 어떤 사람은 이사야를 따른다고 빨갛게 단 석탄을 입술에 대었다가 화상을 입어 예언은 고사하고 더 이상 말도 못하게 되기도 하였다. 또 어떤 네덜란드 사람도 이사야를 본 따서 벌거벗고 시내를 뛰어다니기도 하였다. 다른 한 사람은 취리히 시내를 다니면서 "화 있을진저! 화 있을진저! 최후의 심판이 다가왔느니라" 하고 외치기도 하였다.

2. 재세례파 운동의 전개

이 재세례파 운동은 곧 스위스, 남부 독일, 모라비아 등으로 퍼져나갔으며 유럽 곳곳에 재세례파 공동체가 형성되게 되었다. 그들은 박해를 피해 그들 나름의 지역 사회를 만들기도 했다.

우선 이 운동은 취리히를 넘어서 스위스의 다른 지역으로 확산되었다. 바젤에서는 1529년 12월 29일 복음주의 진영과 재세례파 사이에 공중 토론회가 개최되었다. 이 토론 후에 재세례파 운동은 금지되었다. 1530년과 1531년에 세 사람의 재세례파가 처형당하고 다수가 추방되었다. 1571년까지 모두 40명이 처형되었다.

이 운동은 곧 남부 독일인 아우그스부르크에 들어가게 되었다. 후브마이어가 뎅크Hans Denck에게 세례를 주고 다시 뎅크가 후트Hans Hut에게 세례를 주었다.

후트는 자신은 예언자라고 말하였다. 그는 신성 로마 제국이 참된 성도들인 자기들을 핍박할 것이나 터키에 의해 멸망할 것이라고 하였다. 그러고 나면 참된 성도들이 일어나서 사제들과 부패한 관리들을 멸망시킬 것이라고 하였다. 그 후 그리스도가 재림하실 것이라고 하였다. 그는 1527년 9월 아우그스부르크 감옥에 투옥되었으며, 그 해 12월 6일 감옥을 방화하고 도망하려 하다가 불길에 타 죽었으며, 당국에서는 12월 7일 시신을 공개적으로 화형에 처했다.

스트라스부르크에도 재세례파 운동이 들어갔다. 이곳의 지도자는 자틀러Sattler였다. 그는 1527년 5월 21일 오스트리아에서 화형을 당하였으며, 그의 부인은 익사형에 처해졌다. 또 다른 지도자는 호프만 Melchior Hoffmann이었다. 그는 스와비아 출신의 피장이었다. 1522년 루터의 영향을 받고 순회 전도자가 되었다. 1529년 재세례파와 접촉하면서 루터를 비판하기 시작하였다. 루터는 가룟 유다처럼 시작의 사도지만 자기는 최후의 사도라고 하였다. 1533년 최후 심판이 스트라스부르크에서 시작하여 온 세상에 퍼진다고 예언하였다. 그는 1533년 투옥되어 1543년 감옥에서 옥사하였다.

1526년 7월 후브마이어가 모라비아 지방 니콜스부르크Nikolsburg로 왔다. 그리고 1527년 5월 후트와 후브마이어 사이에 논쟁이 일어났다. 후트는 1528년 세계의 종말이 온다고 주장하면서 무기를 드는 것조차 거부하는 철저한 평화주의를 주장하였다. 반면에 후브마이어는 시민 정부의 필요성을 인정하고 군 복무와 세금 납부를 인정하였다. 1528년 후트의 지지자들이 아우스테를리츠Austerlitz에 정착하여 공산주의적 공동체를 건설하였다. 이 공동체를 1529년부터 1536년까지

후터Jakob Hutter가 이끌었다. 그들은 주교 밑에 '말씀의 종', '일상 문제의 종'들을 두고 100-200명 단위의 소공동체를 이루고 살았다. 그들은 재산을 공유했으며, 이 공동체에 들어오는 사람들은 모두 육체적 노동을 하도록 했다. 독신자들은 남녀별로 공동의 방을 쓰고 기혼자들은 독방을 사용하게 했으며, 자녀를 낳으면 이유 시기가 지날 때 기숙사 학교에 보내어 공동생활을 하도록 했다. 그들은 기숙사 학교의 공동생활을 통해 이 공동체에 속한 사람들은 모두 한 형제자매라는 점을 익히도록 했으며, 그리고 부모와 자녀, 형제자매 사이의 관계를 소원케 함으로써 한 분 하나님 아래 모두가 형제자매가 되는 계급 없는 사회를 건설하려고 했다. 그들은 이런 공동체야말로 사도행전에 나오는 초기 기독교 공동체와 같다고 생각했다. 춤, 도박, 과음을 금지하고 찬송가만 부르게 하였다. 새벽에 기도와 감사로 기상하여 밤에 기도와 감사로 취침하였다. 결혼도 통제되었다. 1년에 한 번 선을 보는 날을 정하고 처녀 1인이 청년 3인을 보게 한 후 배우자를 결정하도록 한 것 같다. 이 공동체에서 죄를 지은 사람에게는 처음에는 그 사람을 기피하는 벌을 주고, 그래도 회개하지 않으면 추방하였다. 추방이 이 공동체의 최고형이었다.

한편 1533년 독일의 북부 도시 뮌스터에 들어가기 시작한 재세례파는 마침내 뮌스터를 장악하고 불신자들을 제거하기 위해 집단 세례를 실시하고 성서 이외의 모든 책을 소각했다. 재산의 공유 제도를 실시할 뿐만 아니라 구약의 정치 제도를 모방한 왕정 제도를 도입하고 성직자가 지배하는 신정 정치를 실현하려고 했다. 그들은 반대자들을 살해하고 일부다처제를 실시했다 그러나 뮌스터의 재세례파 운동은 1535년 주교와 제후들의 군대에 의해 진압되었으며, 신자들은 거의 살해되었다. 지도자들의 시신은 철장에 넣어 람베르티 교회 종탑에 효시하였다.

이 뮌스터 참사가 있은 후 온건한 재세례파 교회가 형성되었는데, 그것이 메노파 교회이다. 메노 시몬스Menno Simons는 1496년에 태어났으며, 그의 형제 중 한 사람이 뮌스터 참사에서 처형되는 아픔을 겪기도 하였다. 그는 처음에는 네덜란드의 가톨릭 사제였으나 루터파로 전향하였다. 그리고 1536년에는 다시 재세례파로 전향하였다. 메노는 멜키오르 호프만의 주장과 오베 필립스Obbe Philips의 주장 사이에 동요한다가 결국은 오베파에 합류하였다. 즉, 메노는 천년 왕국주의를 거부하고 성령의 내적 교회를 지향하게 되었다. 오베 필립스가 이 파를 떠나자 메노가 이 파의 지도자가 되었다.

3. 급진적 종교개혁의 중심 사상

1) 재세례파의 사상

재세례파라는 이름은 신앙과 지식에 근거한 세례를 주장하면서 이미 세례를 받은 사람들에게 다시 세례를 베푼다고 해서 붙여진 이름이다. 이들은 의식이 없는 유아기에 받은 세례는 의미가 없다고 보아 다시 세례를 베풀었으며, 자기들의 교리와 다른 교리를 가르치는 집단에서 받은 세례도 무효라고 생각하여 재세례를 베풀었다. 초대 교회에서 키프리아누스는 이단이나 분파에게서 받은 세례는 무효라고 해서 재세례를 베풀 것을 주장했다. 아우구스티누스는 누가 세례를 베풀든 성부, 성자, 성령의 이름으로 베풀면 타당성이 있으나 정통 교회에 들어와야 효과가 있다고 하였다. 즉, 아우구스티누스는 이단 세례의 유효성은 부정하나 타당성은 인정함으로써 재세례를 반대했다. 이후 교회의 입장은 재세례를 부정하는 편이었다.

이들 재세례파는 곧 정부로부터 박해를 받기 시작했으며, 정부의 탄압은 재세례파 편에서 정부를 비판하는 계기가 되고, 따라서 재세례파는 시민 공동체와 신앙 공동체를 엄격하게 구분하게 되었다. 그래서 그들은 참된 신앙인은 정부의 관리가 되거나 군대에 가거나 세금을 내거나 해서는 안 된다고 주장했다. 그러나 어떤 자들은 이 악한 세상에서 세상 정부의 필요성을 인정하여 세금을 내는 것을 인정하기도 했다. 그들 중 어떤 이들은 삼위일체론을 비판하고 그리스도의 신성을 부정하고 그리스도를 단순히 모범적 인간이나 신적 능력이 충만한 인간으로 보았다. 교회에 대해서는 거룩한 자들의 공동체로 여겨 신앙고백을 하고 세례를 받고 교회의 일원이 되며, 그런 사람이 거룩하지 못한 삶으로 공동체를 더럽혔을 때는 징계에 의해 공동체를 정화해야 한다고 보았다. 전쟁에 대해서는 평화주의를 고수하여 어떠한 경우에도 무기를 사용해서는 안 된다고 보았다.

이들의 신앙을 잘 요약해 놓은 신조가 7개 조문 혹은 슐라이타임 Schleitheim 조문이다.

제1조는 세례에 관한 것이다. 세례는 회개 및 회심을 경험하고 죄가 그리스도에 의해 소멸되었다고 믿는 자에게 베풀어야 한다고 하였다. 세례는 그리스도와 함께 부활하기 위해 그리스도와 함께 매장되는 것이라고 해석하였다.

제2조는 파문에 관한 것이다. 세례를 받은 후 실수하거나 죄를 지

었을 경우 파문하도록 하였다. 파문은 형제된 공동체를 정화하기 위해 예배 시 성찬 전에 내 보내는 것이다. 두 번 사적으로 훈계하고 그래도 회개하지 않으면 세 번째는 공개적으로 치리하도록 하였다.

제3조는 성찬에 관한 것이다. 세례받은 자만 성찬에 참여하게 하였다. 떡을 뗀다는 표현을 선호하였다.

제4조는 교회에 관한 것이다. 세례받은 자들은 사탄이 이 세상에 심어 놓은 악과 죄악으로부터 스스로를 성별해야 한다고 하였다.

제5조는 목회에 관한 것이다. 목사는 믿지 않는 자들에게서도 좋은 평판을 듣는 인물이어야 한다고 하였다.

제6조는 무력에 관한 것이다. 신자들은 어떤 경우에도 무기를 사용해서는 안 된다고 하였다. 세상에서는 악한 자를 처벌하고 선한 자를 보호하기 위해서 무력이 필요하나 교회에서는 권징만 사용해야 한다고 하였다.

제7조는 맹세에 관한 것이다. 신자들은 아무도 맹세해서는 안 된다고 하였다.

일부 재세례파에서는 재산의 공유를 참된 교회의 표지로 보았다. 그들은 재산의 공유를 주장하는 근거를 다음과 같이 말하였다. 첫째로, 창세기에 나오는 에덴동산과 요한계시록에 나오는 신천지에는 사유 재산이 없으며, 예루살렘의 최초의 교회도 재산을 공유하였으므로 재산을 공유해야 한다는 것이었다. 둘째로, 성부와 성자가 일체이므로 성부에게 자기 것이란 없고, 역시 성자에게 자기 것이란 없기 때문에 신자들도 하나님을 본받아 자기 것이 없이 공유해야 한다는 것이었다. 셋째로, 그리스도인은 그리스도의 말씀을 따라 자기를 부정하는 삶을 살아야 하는데, 사유 재산을 버리고 자기 유익에서 벗어날 때 자기 부정의 삶이 가능하다고 보았다. 넷째로, 누가 복음 14장 33절을 보면 누구든지 자기의 모든 소유를 버리지 아니하면 주님의 제자가 되지 못한다고 하였으므로 주님의 제자가 되기 위해서는 사유 재산을 버려야 한다는 것이었다. 그들은 물질이 우리의 관심을 하나님에게서 물질에게로 돌리게 하므로, 하나님을 닮는 최선의 길은 물질을 버리는 길이라고 주장하였다.

앞에서 언급한 바와 같이 뮌스터에 들어간 일부 재세례파는 일부다처제를 실시하였다. 그들은 자기들의 행위를 이렇게 정당화하였다. 첫째로, 성경에는 아내는 남편에게 복종하라고 하였는데, 일부일처제를 시행하면 아내가 성을 도구로 하여 남편을 지배하려고 하게 되므로 일부다처제를 실시해야 한다고 주장하였다. 둘째로, 창세기에서 하나님은 인간에게 생육하고 번성하라고 말씀하였으므로 일부다처제를 실시하여 많은 자녀를 낳아야 한다고 주장하였다. 셋째로, 구약에서 족장들도 일부다처제를 실시하였으므로, 신자들도 그들을 따라 일부다처제를 실시하여야 한다고 주장하였다.

앞에서 언급한 바와 같이 뮌스터 참사가 있은 후 온건한 재세례파 교회인 메노파 교회가 형성되어 지금까지 잔존해 있다. 메노는 영적인 것과 육적인 것을 엄격하게 구별하였다. 그는 교회의 무기는 영적인 것이지 육적인 것이 아니라고 하였다. 그래서 혁명적 재세례파를 비판하고 평화주의를 지향하였다. 기독교 역사에서는 전쟁에 관한 세 가지 입장이 있어 왔다. 첫째는 성전聖戰 사상인데, 이 사상에 따르면 거룩한 목적을 위해서는 침략적 전쟁도 가능하다. 둘째는 정당한 전쟁just war 사상인데, 이 사상에서는 침략에 대한 방어 전쟁만 인정한다. 셋째는 평화주의(pacificism 혹은 pacifism)인데, 이 사상에서는 어떤 경우에도 전쟁을 해서는 안 된다고 한다. 또한 메노는 교회가 이 세상과 구별되어야 한다고 주장하였다. 믿는 성인의 세례를 통해 이 세상과 구별시키고, 세례받은 사람이 범죄하면 권징 즉 기피ban하도록 하였다. 그래서 메노는 세례와 권징을 중시하였다. 참된 교회는 참된 신자들의 모임이어야 하므로 참된 신자가 아닌 사람은 기피해야 한다고 하였다. 메노는 또한 회심과 회개를 중시하였다. 그는 맹세하는 것이나 병역 의무를 행하는 것이나 그리스도인이 세속 정부에 참여하는 것은 주님의 뜻에 어긋나는 것이라고 하였다. 삼위일체론은 받아들였으나, 그 용어는 성경에 없다고 하여 사용하기를 기피하였다. 메노는 그리스도의 몸은 천상적인 몸이며, 마리아는 태중에 그 몸에 영양을 공급했을 뿐이라고 주장하기도 하였다. 그러나 후에 메노파 교회는 그리스도의 몸은 천상적인 몸이라는 메노의 교리를 버렸다.

2) 신령주의자들과 합리주의자들 멜란히톤

로마 가톨릭교회에 만족하지 못한 사람들이 루터파로 전향하고, 또 루터파에 만족하지 못한 사람들이 재세례파로 전향하였으며, 재세례파에 만족하지 못한 사람들은 혼자서 신비적 명상을 지향하는 신령주의자들로 남았다.

이들 중에 대표적인 사람은 한스 뎅크였다. 그는 처음에는 인문주의적 교육을 받았으며, 고전 연구에 몰두하였다. 그 후 독일 신비주의자들의 사상과 신플라톤주의 사상에 매력을 느꼈다. 또한 그는 토마스 뮌처에게서 영향을 받았다. 그는 뉘른베르크에 있던 유명한 성 세발두스 학원의 원장이 되었다. 그러나 뉘른베르크의 개혁자인 오지안더가 그를 추방하였다. 그는 1525년 8월 후브마이어에게 세례를 받음으로써 재세례파로 개종하였다. 뎅크는 성경을 초월하는 내적 빛을 주장하였다. 그는 그리스도를 사랑의 최고의 모범으로 보았으며, 그리스도인은 그리스도처럼 살아야 한다고 가르쳤다. 그는 보편 구원론, 즉 모든 사람이 다 구원을 받게 된다는 사상을 가지고 있었다. 그는 결국 재세례파에 실망하고 재세례파를 떠나게 되었다.

또 다른 사람은 카스파르 슈벵크펠트Caspar Schwenkfeld이다. 그는 실레지아 지방의 귀족 가문 출신이었다. 슈벵크펠트는 자기는 로마 가톨릭과 루터파 사이의 중간이라고 주장하였다. 그는 내적인 것과 외적인 것, 영적인 것과 물질적인 것을 엄격히 구별하였다. 그는 성경을 연구하는 것보다 성령의 영감을 받는 것이 더 중요하다고 말하였다. 중생은 가슴으로 느껴야 한다고 하면서 영혼의 내부적 세례를 강조하였다. 내적 교회와 외적 교회는 구별될 뿐만 아니라 이 둘은 일치하지 않는다고 하였다. 그래서 외적 교회에 나간다고 구원이 보장되는 것은 아니라고 하였다. 성례전에서 빵과 포도주 등은 물질이므로 영적인 것을 매개할 수 없다고 주장하였다. 슈벵크펠트도 메노처럼 그리스도의 몸은 천상적인 몸이라고 주장하였다. 그래서 그는 천상적인 그리스도의 몸과의 신비적인 연합을 강조하였다.

또 다른 신령주의자는 세바스티안 프랑크Sebastian Frank이다. 그는 인간 안에는 하나님의 불빛이 있다고 주장하였다. 영원한 말씀은 이 불빛을 향해 말씀한다고 하였다. 하나님은 성경에 예속되지 않는다고 함으로써 성경의 권위를 약화시켰다. 그는 초대 교회는 영적으로 미성숙하였으므로 성례전이 필요하였으나 이제는 모든 외적인 것은 불필요하다고 보았다. 그도 뎅크처럼 보편 구원론을 주장하였다. 그도 재세례파에도 가담하지 않았다.

소지니주의란 소지니라는 사람에게서 유래하였다. 소지니라는 이름을 가진 두 사람이 있는데, 하나는 삼촌이고 하나는 그의 조카였다. 삼촌인 렐리오 소지니Lelio Sozzini는 법률가였으며, 1540년대 초 개신교로 개종하였다. 그리고 조카인 파우스토 소지니Fausto Sozzini는 1562년 칼빈이 살아 있는 동안 제네바를 여행하기도 한 인물이었다. 이들은 이슬람교도들의 위협이 있는 지역의 출신이었다. 이슬람교도들은 삼위일체론에 다신론적 요소가 있다고 하여 기독교에 적대적이었다. 그래서 렐리오 소지니와 파우스토 소지니는 반 삼위일체론을 전개하였다.

그들은 구약 성서가 영감으로 기록되었다는 것을 부정하고, 신약 성서를 계시의 유일한 근원으로 보았으며 이성에 의해 증명될 수 있는 것만 기독교의 진리일 수 있다고 하였다. 그래서 그리스도의 화육, 삼위일체, 그리스도의 두 본성 등에 대해서는 반대하였다. 그들은 도덕적 목적에 부합되어야 참된 종교라고 보았다.

그들의 신론은 반 삼위일체적이었으며, 초대 교회의 역동적 단일 신론이나 현대 교회의 유니테리안주의에 가까웠다. 성서에서 예수를 하나님이라 할 때 그것은 단순히 하나님에 대한 독특한 관계를 인정한 것이라고 하였으며, 성령은 하나님의 능력과 감화에 불과하다고 하였다.

그들은 인간은 처음부터 가사적 육체로 창조되었다고 하였으며, 인간의 지식은 창조 때부터 불완전하였다고 하였다. 또한 그들은 아담과 그 자손이 타락에 의해 자유 의지를 상실한 것이 아니라고 주장하였다. 그래서 회심할 때 신적 은총이 필요한 것은 아니라고 하였다.

예수의 선재, 화육, 신성의 교리에 대해 반대하였다. 예수는 모든 아들들 가운데 가장 탁월하고 가장 많은 사랑을 받는 자에 불과하다고 보았다. 그래서 예수에 대한 숭배를 거부하는 파도 있었다. 또한 그들은 예수의 죽음을 죄에 대한 배상으로 보는 것에 대해 반대하였다. 그들은 도덕적 범죄는 전가될 수 없으며, 배상은 범죄자 자신이 해야 한다고 하였다. 그래서 그들은 계명에 대한 실제적 복종에서 진정한 구원이 이루어진다고 하였다.

요컨대, 그들은 그리스도를 단순히 도덕적, 종교적 진리의 계시자나 선생으로 간주하며, 그의 죽음은 예언자의 순교로, 교회는 하나의 학교로 간주하였다. 그 기원에 있어서 두드러진 것은 감정이나 양심의 요청이 아니라 지성의 요청이었다. 죄에 대한 개념과 죄의 원인 및 죄의 심각성에 대한 개념은 루터나 다른 정통적 종교개혁자의 개념과 매우 달랐으며 그래서 그들과 완전히 분리하게 되었다.

제 1 2 장
칼빈의 종교개혁 운동은 어떻게 진행되었는가

프랑스어로 장 칼뱅Jean Calvin 혹은 장 코뱅Jean Cauvin이라 불리운 요한 칼빈은 1509년 7월 10일 프랑스의 노용Noyon에서 태어났다. 칼빈의 아버지 제라르 코뱅Gerard Cauvin은 장인과 뱃사공에서 집념과 야망에 의해 소시민 계층으로 상승했다. 제라르는 1481년 시의 등기 직원이 되었으며, 후에 노용 주교청의 비서, 노용 참사회의 대리인이 되었으며 1498년에는 시민의 신분을 얻었다. 칼빈이 태어난 노용은 파리에서 북동쪽으로 약 60마일 떨어진 피카르디Picardy 지방의 한 도시로서 대성당이 있는 곳이었으며, 그 대성당의 주교가 그 도시를 통치했다. 칼빈이 출생해서부터 1525년까지 노용시를 통치한 주교는 샤를드 앙제Charles de Hangest였는데, 칼빈은 어려서부터 이 주교 집안의 자녀들과 친하게 지냈으며 후에 파리로 유학을 갈 때 앙제 집안의 세 자녀들과 함께 갔다. 칼빈은 1532년에 쓴 세네카 관용론 주석을 이들 중 하나인 클로드Claude에게 헌정했다. 그는 헌정사에서 "나는 소년으로서 당신의 집에서 교육을 받았으며, 당신과 함께 동일한 공부를 시작했기 때문에 내 생애와 저작에 있어서 나의 첫 교육에 대해 당신의 가장 고귀한 가문에 빚지고 있습니다"라고 말했다.

칼빈은 1521년 열두 살 때, 노용 대성당에 있는 라 제신La Gésine 제단으로부터 나오는 수입의 일부를 받았다. 칼빈 이전에 칼빈의 형 샤를Charles도 1518년 이 제단에서 나오는 수입의 4분의 1을 받았다. 칼빈은 1527년 쌩 마르탱 드 마르테빌Saint-Martin-de-Martheville 교구의 사제보의 성직록을 받았으며 후에는 그 대신에 아버지의 고향인 퐁 레벡Pont l'Evêque의 성직록을 받았다. 그러나 칼빈은 로마 교회의 사제로 서품을 받지는 않았다.

칼빈이 고향을 떠나 파리로 가서 대학 공부를 시작한 것은 언제였는가 하는 문제는 아직 해결되지 않았다. 지금까지 다수의 학자들은 칼빈이 파리로 간 것이 1523년이었다고 주장해 왔으나, 근래에 들어와서 일부의 학자들은 다시 1521년경이었다고 주장하고 있다.

칼빈이 파리로 가서 처음 공부한 곳은 마르쉬 대학Collège de la Marche이고 여기서 코르디에Mathurin Cordier에게 라틴어를 배웠다는 것이 지금까지의 통설이다. 그러나 근래에 와서 이런 기존 학설에 이의를 제기하고, 칼빈은 처음부터 몽테귀 대학Collège de Montaigu에 소속했으며, 몽테귀 대학에 소속하면서 다른 대학에 있는 코르디에의 강의를 들었을 것이라고 하는 주장이 나타났다.

칼빈은 1550년 『데살로니가 전서 주석』을 코르디에에게 헌정하면서 다정다감한 헌정사를 썼다. "나의 아버지가 소년인 나를 파리로 보낼 때 나는 라틴어의 초보만 했습니다. 그러나 짧은 동안 당신은 공부의 참된 방식을 나에게 가르치기 위하여 하나님이 내게 보낸 스승이었으며, 그 후 나는 좀 더 능숙하게 되었습니다. … 나는 후진들에게 그들이 내 저작들에 조금이라도 유익을 얻는다면 그것은 상당한 정도로 당신의 덕분이라는 것을 증거하고 싶습니다"라고 칼빈은 말했다. 코르디에는 당시의 일류 교사였을 뿐만 아니라 인간 교육을 주장한 근대 교육학의 창시자였다.

칼빈이 소속한 몽테귀 대학은 정통주의의 요새들 중 하나로 간주되던 곳이었다. 에라스무스는 자신의 모교인 몽테귀 대학을 이렇게 혹평했다. "침대는 너무 딱딱하고 음식은 너무 형편없고, 종교적 철야와 연구는 너무 무거워 이 대학에 들어온 첫 해에는 장래성을 보인 많은 젊은이들이 죽지 않는다면 미치거나 맹인이 되거나 나병에 걸리거나 한다. 형벌은 매질하는 것이며 교수형 집행인의 손에서나 기대할 끔찍함으로 다스려진다. 그 대학의 학장은 우리 모두를 수도사로 만들기를 원했으며 우리에게 금식하는 것을 가르치기 위해 육류를 전혀 주지 않았다." 몽테귀 대학은 악명 높은 대학이긴 했지만, 16세기의 가장 저명한 인물들인 인문주의의 왕자 에라스무스, 종교개혁의 완성자 칼빈, 가톨릭 부흥 운동의 주도자 이그나티우스 로욜라를 배출한 대학이었다. 수도원적인 몽테귀 대학의 극기적 교육이 이런 위대한 인물들을 탄생시키는 데 어느 정도 공헌했을 것이다. 칼빈은 몽테귀 대학에서 스페인 사람 코로넬Antonio Coronel의 철학 강의에 영향을 받았을 것이다. 또한 몽테귀 대학에는 스코틀랜드인인 메이저John Major가 있었는데, 그가 칼빈에게 어떤 영향을 끼쳤는가 하는 것은 논쟁되는 문제이다. 칼빈은 이 시절 많은 친구들을 사귀었으며, 특히 왕의 주치의였던 콥Guillaume Cop 집안과 친하게 지냈다.

칼빈의 아버지는 칼빈이 어려서부터 그를 성직자로 키울 생각을 했다. 그래서 열두 살 때 체발하고 성직록을 받게 했다. 그러나 칼빈이 파리 대학교의 몽테귀 대학에서 문학 석사를 마쳤을 때 칼빈의 아버지는 칼빈에게 법학을 하라고 명했다. 칼빈의 아버지가 왜 생각을 바꾸었는가 하는 문제에 대해서는 학자들의 의견이 엇갈린다. 칼빈 자신은 『시편 주석』 서문에서 이렇게 쓰고 있다. "내가 아직 매우 어린 소년이었을 때 아버지는 나를 신학 공부를 하도록 예정해 두었다. 그러나 후에 법률계에 종사하는 사람들이 보통 수입이 높은 것을 알고 돌연히 그 목표를 바꾸었다. 그래서 철학 공부를 그만두고 법학 공부를 하게 되었다." 칼빈의 아버지가 아들의 진로를 바꾸게 한 데는 여러 가지 복합적인 이유들이 있었을 것이다. 장래 수입에 관한 생각도 했을 것이며, 노용 참사회와의 불화 때문에 아들의 장래가 불확실하다는 생각을 했을 것이다.

칼빈은 아버지의 명에 따라 오를레앙Orleans 대학교에 가서 법학 공부를 했다. 이것은 그의 생애에 있어서 중대한 의미를 가졌다. 만일 칼빈이 파리 대학교에서 신학 공부를 계속했더라면 이 보수적인 대학교의 교육에 의해 로마 가톨릭교회의 한 성직자로 남았을 것이다. 그가 오를레앙에 와서 인문주의에 접함으로써 로마 가톨릭교회를 비판하고 종교개혁 운동을 전개할 계기를 마련했다고 할 수 있다. 오를레앙 대학교는 당시 법학으로 유명했다. 파리 대학교는 오를레앙이 신학 교수좌를 가져 경쟁하는 것을 반대했기 때문에 오를레앙은 법학에 전력하게 되었다. 그 결과 8명의 법학 박사를 가지게 되었으며, 그 중에서도 가장 뛰어난 사람은 레스토알Pierre de l'Estoile이었다. 칼빈은 레스토알에 대해 "정신의 통찰력, 그의 강연, 법학에 있어서 경험으로, 그는 이 시대에 법학에 있어서 동배가 없는 왕자로 있다"라고 격찬했다.

오를레앙에는 또한 독일인 볼마르Melchior Wolmar of Rothweil가 있었다. 칼빈은 『고린도 후서 주석』을 볼마르에게 헌정하면서 이렇게 말했다. "나의 아버지가 시민법을 공부하도록 나를 보내었을 때 처음에 나는 당신의 격려에 의해, 당신의 지도 아래 그리스어 공부를 하게 되었습니다. 당신은 당시 그리스어의 아주 뛰어난 선생이었습니다."

칼빈은 1529년 유명한 이탈리아인 학자 알치아티Andrea Alciati의 명성을 따라 부르지Bourges 대학교를 갔다. 칼빈은 1531년 초에 법률가 자격증licencié ès lois을 딴 것으로 보인다.

이때까지 칼빈의 후견인 역할을 해 왔던 칼빈의 아버지가 1531년 5월 26일 세상을 떠났다. 칼빈은 이후 자기의 원대로 프랑수아 1세가 1530년 파리에 설립한 프랑스 대학Collège de France에서 그리스어 공부를 계속함과 동시에 히브리어 공부를 시작했다. 한편으로 칼빈은 『세네카 관용론 주석』에 몰두해서 1532년 4월 4일자로 서문을 써서 이 책을 출판했다. 이 책은 칼빈이 젊은 날 지니고 있었던 인문주의를 집대성한 것이라고 할 수 있다. 칼빈은 여기서 세네카와 키케로를 비롯하여 56명의 라틴 저자들과 22명의 그리스 저자들의 저작에서 인용하고 있으며, 아우구스티누스를 비롯하여 7명의 교부들을 인용하고, 뷔데Guillaume Budé와 에라스무스를 비롯하여 당시의 여러 저자들을 인용했다. 한편, 세네카의 스토아 철학이 칼빈에게 어떤 영향을 미쳤는가 하는 문제에 대해서는 학자들의 견해가 서로 다르다.

칼빈이 『시편 주석』 서문에서 "돌연한 회심"이라고 부른 사건, 즉 복음주의에로의 회심이 언제 있었는가 하는 문제는 칼빈 연구가들 사이에 뜨거운 논쟁을 불러 일으켜 왔다. 대체적으로 말하면 『세네카 관용론 주석』이 나온 1532년을 기점으로 하여 그 전이라고 보는 학자들과 그 후라고 보는 학자들로 나눌 수 있다. 근래에 와서는 칼빈의 회심이 1532년 이전에 있었으나 그의 회심은 점진적이었다고 보는 견해들이 나타나고 있다.

1533년 11월 1일 콥Nicolas Cop은 파리 대학교의 신임 총장으로 취임 연설을 했다. 그는 에라스무스와 루터의 말을 사용하여 개혁을 호소했다. 칼빈이 이 연설문을 썼는가 하는 것은 계속 논쟁되어 온 문제이다. 이 사건으로 칼빈은 파리를 떠나 피신해야 했다. 칼빈은 1534년 5월 4일 노용에서 성직록을 반환했다. 이 때 칼빈이 소요로 투옥되었다고 하는 주장은 사실이 아니다. 한편 1534년 10월 마르쿠르Antoine Marcourt가 미사를 반대하는 조문들을 붙인 사건이 있은 후 개혁자들에 대한 박해가 재개되었다. 프랑수아 1세는 황제에 대항해 독일 신교도들의 도움을 얻기 위해 프랑스 신교도들을 박해한 것은 그들의 무정부주의 때문이라고 변명했다. 칼빈은 복음주의의 진리를 설명하기 위해 이미 집필을 시작한 책을 서둘러 완성하여 신교도들을 변호하는 서문을 붙여 1536년 3월 바젤에서 출판하여 프랑수아 1세에게 헌정했다. 이 책이 그의 명저『기독교 강요』이다.

칼빈은『기독교 강요』를 출판한 후 이탈리아에 있는 페라라의 공작궁을 방문했다. 페라라의 공작 부인 르네Renée는 전임 프랑스 왕 루이 12세(Louis XII, 1498-1515 재위)의 딸로서 여자 계승을 금한 프랑스의 살릭Salic법이 아니었더라면 프랑수아 1세 대신에 프랑스 왕이 되었을 사람이었다. 르네는 박해받던 프랑스의 신교도들을 보호해 주었다. 칼빈은 이탈리아에서 잠시 머문 후 프랑스에 들렀다가 그의 동생과 누이와 함께 쉬트라스부르크로 가려고 했다. 그러나 독일과 프랑스의 전쟁 때문에 제네바를 거쳐 가야 했다.

제네바는 칼빈이 오기 얼마 전인 1536년 5월 21일 시민 총회에서 "하나님의 이 거룩한 복음적 법과 말씀 안에 살고", "모든 미사들과 다른 의식들과 교황의 폐단들, 이미지들 및 우상들을 버리기로" 결정했다. 당시 제네바에서 종교개혁을 하던 사람은 파렐Guillaume Farel이었다. 파렐은 『기독교 강요』의 저자인 칼빈이 제네바에 왔다는 소식을 듣고 칼빈을 찾아가 제네바에서 함께 일할 것을 강권했다. 칼빈은 파렐과의 만남을 이렇게 술회했다. "나는 가는 곳마다 내가 그 책의 저자라는 것을 감추려고 조심했다. 나는 마침내 제네바에서 기욤 파렐이 조언이나 권고로가 아니라 무서운 저주로 나를 제네바에 묶어 두기까지 계속 홀로 묻혀서 지내려고 했다. 나는 파렐의 저주를 마치 하나님이 나를 사로잡기 위해 하늘로부터 내 위에 권능의 손을 놓은 것처럼 느꼈다."

칼빈은 제네바에서 처음에는 성서 강해자로 일하기 시작했으며, 후에는 설교자로 임명되었다. 칼빈은 파렐과 함께 베른을 도와 보와 로잔에 종교개혁을 확립하기 위해 노력했다. 그들은 제네바에서 첫째로 성찬식을 매달 행할 것을 주장했으며, 도시의 각 구역에 감독자들을 세워 성찬을 받기에 합당치 않은 자를 찾아내어 출교시킬 것을 주장했다. 둘째로 교리 문답을 만들어 아동들을 교육할 것을 주장했다. 셋째로 신조를 만들어 시민들에게 부과할 것을 주장했다. 제네바의 소의회는 이들 제안들을 수정하여 채택했다.

제네바에서 칼빈의 일은 곧 도전을 받게 되었다. 성찬을 받기에 합당치 않은 자들은 출교 처분을 내려 성찬식에 참여하지 못하게 한다는 결정과 모든 시민들이 신조에 동의해야 한다는 결정은 곧 반대에 직면했다. 1538년 1월 200인 의회에서는 아무에게도 성찬을 거부해서는 안 된다고 결정함으로써 칼빈이 구상한 권징 체계를 부정했다. 1538년 2월 선거에서 선출된 4명의 집정관들은 제네바 안에 베른의 영향을 증대시키기를 원했다. 마침내 시 당국에서는 목사들에게 성찬식 때 유교병 대신에 베른처럼 무교병을 사용하라는 등등의 명령을 내렸다. 칼빈은 이런 문제들이 중성적인 문제들이라고 생각했지만 시 정부가 교회 일에 관여하는 것을 받아들일 수 없어 시의 명령에 불복했다. 마침내 1538년 4월 23일 칼빈을 비롯한 제네바 목사들은 제네바에서 추방되었다.

추방당한 칼빈은 부처Martin Bucer의 초청으로 쉬트라스부르크로 갔다. 칼빈은 쉬트라스부르크의 프랑스 피난민 교회에서 목회를 했으며 프로테스탄트와 가톨릭의 모임에 프로테스탄트 측 대표로 활약하기도 했다. 그는 1540년 이델렛 드 뷔르(Idelette de Bure, ?-1549)와 결혼하여 몇 명의 자녀를 두었으나 자녀들은 오래 살지 못했다. 1549년 부인이 죽기까지 아름다운 가정을 꾸려 갔다. 칼빈은 쉬트라스부르크에서 『기독교 강요』의 증보판을 냈다. 또한 여기서 『로마서 주석』을 출판했는데, 칼빈은 이후 계속 성서 주석을 출판해 갔다. 한편 칼빈이 쉬트라스부르크에 있는 동안 가톨릭의 추기경인 사돌레토Jacopo Sadoleto가 제네바에 글을 보내 로마 가톨릭교회로 돌아올 것을 종용하자 칼빈은 사돌레토의 글을 반박하는 글을 썼다. 이것은 프로테스탄트의 원리들을 훌륭하게 변증한 변증문으로 평가받아 왔다.

칼빈이 쉬트라스부르크에 있는 동안 칼빈을 반대한 친 베른파가 베른과의 조약에서 제네바에 불리한 조약을 체결한 사건이 생겼으며, 이 결과 베른파는 약화되고 기욤 파렐과 칼빈을 지지하던 소위 기욤파가 점점 우세하게 되었다. 그들은 어렵게 칼빈을 설득하여, 마침내

1541년 9월 13일 칼빈은 다시 한 번 제네바에 오게 되었다.

칼빈은 제네바에 돌아오자 '교회 법령'을 작성했다. 이 법령에서는 교회의 네 직임으로 목사, 교사, 장로, 집사를 들었다. 교회의 네 직임론은 부처가 주장했던 것이기도 하다. 장로는 의회에서 12명을 선출하도록 했으며, 이들은 목사들과 함께 '당회Consistoire'를 구성했다. 당회에서는 권징의 문제를 취급했는데, 권고해도 회개하지 않으면 출교하고, 죄가 무거우면 시 당국에 넘겨 처벌하게 했다. 칼빈은 제네바가 기독교 공동체의 모델이 되기를 원했다. 제네바에는 많은 프랑스 난민들이 몰려왔으며, 그 외에도 이탈리아, 네덜란드, 영국, 스코틀랜드에서도 왔다.

칼빈의 개혁 활동은 다시 도전을 받기 시작했다. 우선 칼빈의 개혁의 엄격성에 반대하던 자유주의자들의 도전이 있었으며, 또한 외부인들의 영향력에 두려움을 갖기 시작한 본토인들의 도전이 있었다. 또한 칼빈의 신학에 대한 비판도 있었다. 볼섹Jerome Bolsec은 칼빈의 예정설은 하나님을 죄의 원인으로 만든다고 비판했다. 볼섹은 정죄를 받고 추방당했다. 그러나 그는 칼빈에 대한 악의에 찬 전기를 써 칼빈을 악인으로 비치게 했다.

1553년 선거에서 칼빈의 반대파가 우세했다. 칼빈은 다시 한 번 추방될 위기에 처해졌다. 그러나 바로 그때 세르베투스Michael Servetus 사건이 터졌다. 세르베투스는 『기독교 회복』이라는 책을 출판했다. 그는 거기서 삼위일체론을 비판했으며, 유아 세례도 비판했다. 세르베투스는 그의 이단 사상 때문에 가톨릭 지역인 비엔나에서 화형 선고를 받고 투옥 중 탈출하여 제네바로 왔다. 세르베투스는 칼빈이 제네바에서 고전 중이라는 소문을 듣고 칼빈을 공격하기 위해 제네바로 온 것으로 추정된다. 세르베투스는 제네바에서 체포되어 투옥되었다. 세르베투스를 두고 자유주의자들과 칼빈 사이에 힘겨루기가 시작되었으며, 결국 세르베투스가 1553년 10월 27일 화형 됨으로써 자유주의자들의 세가 꺾이기 시작했다. (한편 1903년 10월 27일 세르베투스 화형 350주년을 맞아 칼빈의 후예들이 그 자리에 속죄의 비석을 건립했다.)

1554년 선거에서 칼빈파가 우세해졌다. 1555년 1월 선거에서는 네 명의 집정관 모두가 칼빈파였다. 이때 교회에서는 시 정부의 간섭 없이 출교할 독자적 권리를 획득했다. 1555년 5월 16일 저녁 칼빈 반대파가 반란을 일으켰으나 진압되었다. 이후 칼빈의 개혁 운동은 순조롭게 진행되었다. 1556년 제네바를 방문한 존 녹스John Knox는 "여기에 사도 시대 이후 가장 완전한 그리스도의 학교가 있다. 여기보다 도덕과 신앙이 향상된 곳을 나는 보지 못했다"고 말했다.

제네바의 정치는 안정되었으나 칼빈의 건강은 악화되었다. 그는 여러 가지 질병으로 고통을 겪으면서 구술하여 저작 활동을 계속했다. 병문안을 왔던 사람들이 휴식을 권고하면 그는 마지막 숨을 쉴 때까지 하나님의 일을 하겠다고 말했다. 칼빈은 1564년 5월 27일 세상을 떠났다. 칼빈은 세상을 떠났지만, 그의 저작과 제네바 아카데미에서 교육받은 유학생들을 통해 그의 사상과 정신은 전 유럽으로 확산되었다.

제 1 3 장
칼빈은 어떤 신학 구조를 가지고 있었는가

1. 중심 주제

칼빈 연구가들은 칼빈 신학의 구조를 찾아내려고 고심해 왔다. 일부 연구가들은 칼빈 신학의 중심적 교리를 찾아 그 교리에 의해 칼빈 신학 전반을 해석해 보려고 했으며, 또 일부 연구가들은 칼빈의 주저인 『기독교 강요』의 구조를 해명함으로써 칼빈 신학의 구조를 찾아내려고 했다.

20세기 초까지 칼빈 연구가들은 칼빈 신학의 통일적 원리를 하나님의 예정으로 보고 이 통일적 원리에서부터 칼빈 신학의 각 주제들을 연역해 내려고 했다. 이런 경향을 대가다운 필치로 서술한 사람은 트뢸취였다. "칼빈주의의 첫째가는 독특한 특징이며 가장 중요한 것은 칼빈주의의 유명한 중심 교리인 예정에 대한 관념이다." 칼빈은 예정에 대한 관념에서 "절대적 주권적 의지로서의 하나님의 특성을 표현하려고 노력했다." 칼빈에게 있어서 "중심적인 점은 피조물의 자기 중심적인 개인적 구원이나 신적인 사랑의 의지의 보편성이 아니라 하나님의 영광이다." 요컨데 트뢸취는 칼빈을 하나님의 예정, 하나님의 주권적 의지, 하나님의 영광을 강조한 하나님 중심적 신학자로 보았다.

전통적으로 칼빈 연구가들이 트뢸취처럼 칼빈의 신학을 하나님 중심적으로 해석해 온 데 반해 니젤Wilhelm Niesel은 그리스도 중심적 해석을 했다. 니젤은 "칼빈은 교리의 모든 부분에 있어서 한 가지 사실, 즉 육체 안에 계시된 하나님에 대해서만 관심을 둔다", "예수 그리스도는 칼빈주의적 사상의 내용뿐만 아니라 형식도 지배하고 있다"라고 말했다. 게리쉬가 "엄격한 하나님 중심적 사상가로서의 칼빈에 대한 옛 이미지가 그의 신학 안에 있는 기독론적 요소에 대한 새로운 평가에 의해 수정받아 왔다"고 말한 것처럼 니젤의 이 해석은 그 후 큰 영향을 미쳐 왔다.

그런데 근래에 와서 칼빈 신학이 하나님 중심적이냐, 그리스도 중심적이냐 하는 문제가 제기되기 전에, 워필드Benjamin B. Warfield는 칼빈을 무엇보다 '성령의 신학자'라고 했다. "어떤 의미에서 죄와 은총에 대한 교리가 아우구스티누스에게서 시작되었고, 보상에 대한 교리가 안셀무스에게서 시작되었고 이신득의론이 루터에게서 시작되었다고 한다면, 우리는 성령의 역사에 대한 교리는 칼빈이 교회에 준 선물이라고 말해야 한다." 또한 워필드는 이렇게 말했다.

그의 손에서 교회 사상 처음으로 성령론이 제자리에 왔다. 어느 누구의 마음속에서보다 그의 마음속에서 하나님의 영광의 비전이 빛났으며, 그는 누구보다 하나님의 영광을 다른 자에게 주지 않으려고 했다.

어느 누가 그보다 자기를 피로 산 구주에게 더 헌신했는가? 그러나 무엇보다도 하나님에 대한 칼빈의 모든 사상을 특징짓는 것은 성령의 전능한 능력에 의한 구원의 주권적 역사에 대한 의식이다. 그러므로 그는 무엇보다도 '성령의 신학자'라는 위대한 이름을 받을 만하다.

우리는 여기서 칼빈 신학이 하나님 중심적인가, 그리스도 중심적인가, 혹은 성령 중심적인가 하고 묻게 된다. 칼빈의 본문들을 연구해 보면 위의 주장들은 각각 타당성이 있음을 보게 된다. "그러므로 우리는 그리스도의 공적에 대해 다룰 때 그 안에 기원을 두지 않고 제일 원인인 하나님의 결정으로 향한다", "그리스도는 하나님의 선의를 떠나서는 아무 공적을 쌓을 수 없었다." 이런 표현들은 그리스도를 하나님의 주권적 의지에 종속시키고 있음이 명백하다. 그러나 다른 한편 칼빈은 『요한복음 주석』에서 "창세로부터 모든 족장들은 그리스도로부터 그들의 모든 은사를 받았다"라고 말한다. 그리고 『기독교 강요』에서 "그(그리스도)를 통해서만 죄들이 우리에게 전가되지 않게 할 수 있다"라고 말한다. 이런 주장들은 분명히 그리스도 중심적인 것들이다. 또 다른 한편 칼빈의 신학에서 성령의 역사는 매우 중요한 위치를 차지한다. 성서 기자들에게 영감을 주신 분도 성령이요, 성서 독자들에게 성서를 깨닫게 하시는 분도 성령이며, 성례를 통해 은총을 주시는 분도 성령이다. 성령의 은밀한 활동에 의해서 "우리는 그리스도와 그의 모든 축복들을 향유하게 된다." 이상의 구절들을 종합해 본다면 칼빈 신학에서는 하나님, 그리스도, 성령이 모두 중심적인 위치를 차지한다고 말할 수밖에 없다. 환언하면 칼빈 신학에서는 성부, 성자, 성령, 삼위일체 하나님이 중심 주제라고 할 수 있을 것이다. 한 가지

실례로 신앙에 대한 칼빈의 정의를 보면, 이 짧은 정의 속에 성부, 성자, 성령이 다 언급되고 있다.

신앙은 "우리를 향한 하나님의 자애에 대한 확고하고 확실한 인식으로 그리스도 안에 값없이 주어진 약속의 진리에 근거한 것이며 성령을 통해 우리 지성에 계시되고 마음에 인쳐진 것"이다.

칼빈의 본문들에는 위와 같은 삼위일체적 도식이 많이 나오고 있다. 칼빈은 이런 자기의 도식이 아리스토텔레스의 4원인설에 부합되는 것으로 보고 있다. 구원에 있어서 동인은 하나님 아버지시며, 질료인은 그리스도이시며, 형상인 혹은 도구인은 신앙이며, 목적인은 하나님의 공의, 혹은 하나님의 영광이라고 한다. 또한 사도행전 22장 16절을 주석하면서 "그러므로 죄의 용서에 있어서 우리는 하늘 아버지 이외 다른 창시자를 찾지 말아야 하며 그리스도의 피 이외 다른 질료인을 상상하지 말아야 한다. 형상인으로 말하면 성령이 참으로 지도적인 역할을 하시지만 복음의 선포와 세례와 같은 하급 도구가 첨가된다"라고 말한다. 이 본문들을 보면 칼빈은 대체로 하나님을 동인으로, 그리스도를 질료인으로, 성령의 활동을 형상인으로 보고 있음을 알 수 있다. 그러나 이 두 본문에서 4원인과 하나님의 역사를 관계시키는 것이 정확하게 일치하지는 않는데 그것은—칼빈이 자기의 생각을 아리스토텔레스의 4원인설에 그대로 부합시키려고 노력한 것이 아니라—그의 삼위일체적 도식이 4원인설과 엇비슷하게 일치했기 때문이었다고 볼 수 있을 것이다.

1917년 구마Louis Goumaz는 『요한 칼빈의 신약 성서 주석에 따른 구원론』이라는 저서에서 위와 비슷한 해석을 한 바 있다. 구마는 하나님 아버지를 구원의 동인으로, 그리스도를 질료인으로, 성령의 활동을 형상인으로, 하나님의 영광을 목적인으로 해석했다. 그러나 앞에서 언급한 바와 같이 칼빈 자신은 이렇게 정형화하지는 않았다. 구마는 지나치게 아리스토텔레스의 구조에 칼빈의 사상을 맞추려고 했다는 비판을 면하기 어렵다고 볼 수 있을 것이다. 그러나 이런 잘못이 있긴 하지만, 지금까지 칼빈 연구가들이 구마의 이 저작을 깊이 음미하지 않은 것은 애석한 일이다.

이런 관점에서 볼 때 지금까지의 칼빈 연구가들이 지닌 결점들이 드러난다. 칼빈 신학을 하나님 중심적으로 해석한 사람들은 동인을 칼빈 신학의 전체인 양 오해한 것이다. 반면에 니젤은 질료인을 칼빈 신학의 중심 주제로 과장한 것이다. 워필드는 칼빈의 형상인을 지나치게 강조하여 그를 '성령의 신학자'라고 부른 것이다. 이들은 각각 칼빈 신학의 한 면만을 강조한 것이다. 그러나 칼빈은 이 셋을 동시에 강조했다. 하나님의 역사에 있어서 계획을 세우고 그 계획을 추진해 나가는 분은 하나님 아버지이다. 그 계획을 실천하기 위한 자료를 제공해 주시는 분은 그리스도이시다. 이 자료를 담아 전달해 주시는 분은 성령이다. 하나님의 창조와 구원의 역사에 있어서 성부, 성자, 성령, 삼위일체 하나님은 함께 일하시는 것이다. 칼빈 신학의 중심 주제를 하나님의 예정이나 하나님의 주권적 의지나 하나님의 영광이라고 본 학자들은 계획하고 추진해 나가는 성부 하나님만 보고, 그 계획의 실천에 있어서 필수적인 자료와 도구를 간과한 것이다. 그리고 칼빈 신학의 중심 주제를 그리스도라고 본 학자들은 하나님의 역사에서 사용하는 자료만을 보고, 계획하고 추진해 나가는 하나님 아버지와 그 자료를 전달해주는 성령의 역사를 간과한 것이다. 그리고 칼빈 신학의 중심 주제를 성령의 역사라고 본 학자들은 계획하고 추진해 나가는 하나님 아버지의 역사와 자료를 제공해 주는 그리스도의 공적을 간과하고 그 자료를 전달해 주는 성령의 역사만을 강조한 것이다. 요컨대 하나님의 구원 활동에 있어서 그 일을 계획하고 추진해 나가는 분은 하나님 아버지이며, 십자가에 달려 구원을 위한 자료를 제공해 준 분은 그리스도이며, 오래 전에 십자가에 달려 구원의 자료를 마련한 그리스도의 공적이 우리 개개인에게 전달되도록 우리 마음속에 역사하여 그 공적을 받아들이게 하는 분은 성령이다. 하나님의 예정과 추진이 없었더라면 그리스도는 십자가에 달려 돌아가시지 않았을 것이며, 그리스도가 십자가에 달려 공적을 쌓았더라도 성령이 우리 개개인에게 역사하지 않는다면 그 공적은 우리와는 무관한 공적이 될 것이다.

한편 밀너Benjamin Charles Milner, Jr.는 그의 『칼빈의 교회론』에서 칼빈 신학의 통일적 원리는 "성령과 말씀의 절대적 상관관계"라고 말했다. 밀너가 하나님 중심적 칼빈 해석자들과 그리스도 중심적 칼빈 해석자들에 대해 성령의 역사를 충분히 그리고 정확하게 평가하지 못했다고 비판하고, 성령과 말씀, 이 둘을 강조한 것은 이전의 연구가들에 비해 진일보한 것이라고 할 수 있다. 그러나 하나님 아버지의 예정과 주권적 의지, 곧 계획하고 추진하는 성부 하나님에 대한 언급 없이 성령과 말씀만을 강조한 것은 큰 결점이라 말할 수밖에 없다.

한편 파티Charles Partee는 "칼빈의 중심 교리 재론"이라는 논문에서 칼빈의 중심 교리는 "그리스도와의 연합"이라고 주장했다. "이 논문의 목적은 칼빈의 중심적 교리에 대한 새로운 탐구는 그리스도와의 연합이라는 교리를 고려하는 것임을 제시하려는 것이다. 그것은 『기독교 강요』의 내용을 요약하는 유용한 방법을 제공한다"라고 파티는 말했다. 그리스도와의 연합이 칼빈의 중요한 교리 중 하나임에는 틀림없지만, 이 주장도 니젤에 대한 비판과 같은 비판을 면할 수 없다고 하겠다.

2. 『기독교 강요』의 구성

앞에서 말한 바와 같이 일부 칼빈 연구가들은 칼빈의 『기독교 강요』를 분석함으로써 칼빈 신학의 구조를 찾아내려고 해왔다. 제네바에서 최초로 칼빈 전집을 출판한 편집자들은 이렇게 말했다.

저자는 이 '기독교 강요'에서 이중적 목적(scopus duplex)을 가지고 있다. 전자는 하나님에 대한 지식인데 그것에 의해 우리는 축복된 불멸에 도달한다. 후자는 우리 자신에 대한 지식인데 이것은 전자에 따라 결정된다. 그는 이 목적을 위하여 모든 그리스도인들에게 가장 친숙한 사도 신조의 형식을 사용한다. 그 신조가 네 부분으로 되어 있듯이 (즉, 첫째는 하나님 아버지에 관한 것이며, 둘째는 아들에 관한 것이며, 셋째는 성령에 관한 것이며, 넷째는 교회에 관한 것이다), 우리의 저자도 자기의 '강요'를 네 권으로 나누어 전술한 두 목적을 성취하고 있다.

칼빈의 『기독교 강요』는 네 권으로 되어 있는데, 제1권은 하나님 아버지, 제2권은 성자, 제3권은 성령, 제 4권은 교회에 대해 다루었다고 한 이 해석은 전통적으로 인정되어 왔다. 그러나 1868년에 쾨스틀린J. Köstlin은 그의 한 논문에서 칼빈의 『기독교 강요』는 크게 두 부분으로 되어 있다고 주장했으며, 다우위Edward A. Dowey, Jr.는 그의 저작 『칼빈 신학에 있어서 하나님 지식』에서 쾨스틀린의 주장을 더욱 발전시켰다.

다우위에 의하면 1559년에 나온 『기독교 강요』 라틴어의 최종판은 *duplex cognitio Domini*(주님에 대한 이중적 지식)에 따라 다음과 같이 배열되었다.

1. 성부, 성자, 성령인 하나님, 그리고 죄와 및 죄에 의해 필수적이 된 구속적 활동과는 무관한 하나님의 창조와 일반적인 세계 통치 그리고 이와 비슷하게 죄 및 구원의 필연성과 무관한 인류에 대한 교리들.(제1권)
2. 죄인의 구원을 위한 하나님의 역사적 계시와 활동, 즉:
   a. 화육한 성자를 통한 구원의 확립, 그것의 준비는 이미 옛 계약 아래서 이루어졌다.(제2권)
   b. 그리스도 안에 주어진 구원을 성령을 통해 적용함, 즉:
      (1) 성령에 의해 개인들 안에 내적으로 실현되는 구원의 과정, 이것은 부활에서 이 사람들이 완성될 때까지로 확장됨. (제3권)
      (2) 하나님이 성령의 이 활동에 있어서 사용하는 외적 방편들. (제4권)

쾨스틀린과 다우위의 이 주장은 파커T. H. L. Parker에게서 맹렬한 비판을 받긴 했지만, 사실상 많은 칼빈 연구가들이 이와 비슷하게 구분하고 있다. 방델François Wendel도 그의 저서 『칼빈: 그의 종교 사상의 근원과 발전』에서 『기독교 강요』 최종판은 크게 두 부분으로 되어 있다고 보았다. 즉, 첫째 부분은 제1권으로 되어 있으며 신론(삼위일체, 창조주, 섭리), 성서적 계시 및 인간(죄 및 구원과 무관한)에 대해 다루며, 둘째 부분은 나머지 세 권으로 되어 있는데 구원의 역사적 계시와 계획에 대해 다룬다고 한다. 다시 둘째 부분은 두 부분으로 나누어져 있는데, 첫째 부분은 옛 계약 아래서의 구원 사업을 위한 준비와 하나님의 아들의 화육에 있어서 그것의 성취(제2권)이며, 둘째 부분은 성령에 의한 구원의 적용으로 이것은 다시 (a) 미래의 삶에서 완성되기까지 신앙인 안에서 성령의 개인적 활동(제3권)과 (b) 성령이 이 활동을 완성하고 그것을 바른 목적으로 이끌기 위해 사용하는 외적 방편들(제4권)로 나누어져 있다고 한다. 데이킨A. Dakin의 다음과 같은 구분도 이들의 구분과 대동소이하다.

A. 창조주로서의 하나님에 대한 지식
B. 구속주로서의 하나님에 대한 지식
   1. 그리스도가 우리에게 계시되는 방법
   2. 우리가 그리스도를 받아들이는 방법
   3. 우리가 이 친교 안에 거하는 방법

갬블Richard C. Gamble이 지적한 것처럼 "칼빈 연구는 *duplex cognitio Dei*(하나님에 대한 이중적 지식)가 그의 신학의 하나의 지배적 원리이거나 유일한 지배적 원리로 간주되어야 한다는 데 점진적으로 일치를 보아" 왔다.

　반면에 파커는 『기독교 강요』가 사도 신조의 네 부분에 따라 네 권으로 구성된 것으로 보고 있기 때문에, 그것을 두 부분으로 나눈 다우위의 구분은 부당하다고 비판한다. "자료를 그렇게 재구성하는 것은 부당한 본문 비평으로 간주되어야 한다. 왜냐하면 그것은 그 주제의 특성을 평가함에 있어서 그 순서 자체를 고려하지 않고 … 사실상 가설을 그 순서에 부과하고 있기 때문이다." 그러나 파티도 지적한 바 있지만, 파커 자신도 그의 『칼빈의 하나님 지식론』에서 "제1부 창조주에 대한 지식", "제2부 구속주에 대한 지식" 등 두 부분으로 나누어 논술하고 있다.

　요컨대 『기독교 강요』 최종판은 네 권으로 되어 있지만 내용적으로는 창조주 하나님에 대한 지식과 구속주 하나님에 대한 지식 등 크게 두 부분으로 되어 있다. 이 점은 『기독교 강요』 최종판에서 여러 번 언급되고 있는데, 그 대표적인 구절은 다음과 같다.

　　그러므로 주님이 먼저 세계의 창조와 성서의 일반적 교리에 있어서 단순히 창조주로 나타나며 후에 그리스도의 인격 안에서 구속주로 나타나기 때문에, 여기로부터 그에 대한 이중적 지식이 나오는데, 그 중 먼저 것은 지금 다루고 나중 것은 다음에 적절한 곳에서 다룰 것이다.

　그러나 근래에 나온 칼빈 연구서들에서는 『기독교 강요』 최종판이 *duplex cognitio Domini*(주님에 대한 이중적 지식)에 따라 저술되었다는 주장에 대해 이의를 제기하고 있다. 밀너는 다음과 같이 말하고 있다.

이제 나는 『강요』 최종판의 구상 밑에 깔려 있는 것은 *duplex cognitio Domini*(주님에 대한 이중적 지식)가 아니라 성령과 말씀의 상관관계 속에 이루어진 질서에 대한 칼빈의 개념이라고 제안하고자 한다. 그래서 제1권은 창조의 본래적 질서, 즉 하나님 및 죄와 무관한 인간에 대한 교리를 다루며, 제2권 제1장에서 제5장까지는 타락에 의해 그 질서가 붕괴된 것에 대해 다루며, 제2권 제6장에서 제4권까지는 질서의 회복, 즉 말씀(제2권)이 성령(제3권)에 의해 외적 방편들(제4권)을 통해 우리에게 전달되는 것을 다룬다.

밀너는 질서의 회복을 위한 제도인 교회는 칼빈 신학의 중심을 차지한다고 한다.

"이 이해는 … 칼빈의 교회론이 그의 신학 전반에 있어서 중심점이 됨을 확증해 준다. 교회는 세상에서 질서의 회복이기 때문에 제4권만이 아니라 제2권 제6장에서 제4권까지가 그것에 대한 설명으로 이해되어야 하며 제1권(질서에 대한 개념)과 제2권 제1장에서 제5장까지(질서의 붕괴)는 그것의 전제들로 이해되어야 한다."

여기서는 칼빈 신학의 중심이 신론도 그리스도론도 아닌 교회론이며, 『기독교 강요』 제1권에서 제3권까지의 모든 논의는 제4권, 즉 교회론을 위한 서론에 불과하게 된다. 밀너가 주장한 것처럼 『기독교 강요』는 제1권에서 제3권까지가 일종의 서론이며 제4권이 중심인가, 아니면 오히려 제1권에서 제3권까지가 본론이고 제4권은 어떤 의미에서 부록으로 볼 수 있는가 하는 문제는 제4권의 첫 문장을 보면 자명할 것 같다. "전권에서 설명한 것처럼 복음에 대한 신앙에 의해 그리스도는 우리의 것이 되며 우리는 그에게서 주어지는 구원과 영원한 축복의 참여자가 된다. 그렇지만 우리는 우리의 무지와 나태로 인해 … 외적 도움들을 필요로 하기 때문에 하나님은 … 그 도움들을 첨가하였다." 외적 도움들이 우리의 무지와 나태로 인해 첨가된 것이라면, 칼빈 신학에 있어서 제4권, 즉 그 외적 도움들을 다루는 교회론도 어떤 의미에서 첨가된 것으로 보아야 할 것이다.

다음으로 교회는 창조 질서가 파괴되고 난 후 그 파괴된 질서를 회복하기 위해 세워졌다는 밀너의 해석은 부분적으로는 옳다. 그러나 밀너의 이 주장이 지니고 있는 문제점은 지금도 창조 활동을 하는 하나님에 대한 칼빈의 사상이 제거되고 하나님의 구속 활동만 남게 된다는 점이다. 칼빈의 사상에서는 창조는 보존을 포함하기 때문에 창조가 단순히 과거적 사건만은 아니다. "더욱이 하나님을 순간적인 창조주, 곧 단번에 그의 작업을 완성한 분으로 여기는 것은 냉담하고 부족한 일일 것이다. 우리는 세계의 첫 시작에서 못지않게 세계의 영속적인 상태에 있어서도 하나님의 능력의 임재가 우리에게 빛나는 것을 보기 때문에 여기서 특히 세속적인 사람들과 구별되어야 한다." 요컨대 칼빈에게 있어서 하나님은 지금 교회를 통해 구속 활동을 하는 분인 동시에 여전히 창조 활동을 계속하는 분이다. 그러므로 밀너의 질서의 창조 — 질서의 붕괴 — 질서의 회복이라는 일직선적인 도식은 칼빈의 신학 체계에 일치하지 않는 것이다.

다른 한편 윌리스E. David Willis는 그의 『칼빈의 가톨릭적 기독론』에서 "이중적 지식"*duplex cognitio*구조를 부정하지는 않지만 다음과 같이 다른 해석의 가능성을 제시한다.

창조주 하나님에 대한 지식(*De Cognitione Dei Creatoris*)과 구속주 하나님에 대한 지식(*De Cognitione Dei Redemptoris*)은 있지만 성령에 대한 지식(*De Cognitione Spiritus Sancti*)은 없다. 사도 신조의 세 조항들이 아니라 이중적 지식(*duplex cognitio*)이 『강요』 최종판의 구조에 대해 근본적인 도구를 제공하고 있다는 것이 확정된다 하더라도―제1권의 주제가 대체로 창조주 하나님이고 제2권의 주제가 대체로 구세주이듯이―여전히 제3권과 4권의 주제는 대체로 성령의 활동이다.

윌리스는 칼빈의 "하나님에 대한 이중적 지식"*duplex cognitio Dei*이 창조주와 그리스도*creatoris et Christ*가 아니라 창조주와 구속주*creatoris et redemptoris*에 대한 이중적 지식이라는 것을 알고 있다. "왜냐하면 칼빈에게 있어서 그리스도는 하나님의 구속적 말씀일 뿐만 아니라 하나님의 창조적 말씀이기도 하기 때문이다"라고 윌리스는 말한다. 그리스도도 창조 역사에 참여하기 때문에 창조주와 그리스도를 대비시키는 것은 옳지 않다고 윌리스가 본 것은 옳다. 그러나 불행하게도 윌리스는 "창조주 하나님에 대한 지식"*De Cognitione Dei Creatoris*에 그리스도에 대한 지식이 포함되듯이 "구속주 하나님에 대한 지식"*De Cognitione Dei Redemptoris*에 성부 하나님에 대한 지식이 포함된다는 것을 인식하지 못하고 있다. 더구나 윌리스는 "칼빈에게 있어서 성령이 중생시키는 분일 뿐만 아니라 창조하는 분이듯이 그리스도는 하나님의 구속적 말씀일 뿐만 아니라 하나님의 창조적인 말씀이기도 하다"라고 말하면서도, "창조주 하나님에 대한 지식"*De Cognitione Dei Creatoris*에 하나님 아버지와 그리스도와 성령이 포함되며 구속주 하나님에 대한 지식*De Cognitione Dei Redemptoris*에도 하나님 아버지와 그리스도와 성령이 포함되는 것을 깨닫지 못했기 때문에 또 다른 "성령에 대한 지식"*De Cognitione Spiritus Sancti* 을 상정할 필요를 느꼈으며, 그래서 『기독교 강요』의 제3권과 4권을 "성령에 대한 지식"*De Cognitione Spiritus Sancti*을 다룬 것으로 보고 있다. 이처럼 윌리스가 제2권 "구속주 하나님에 대한 지식"*De Cognitione Dei Redemptoris*을 구세주에 대한 지식으로 잘못 해석하여, 제1권의 주제를 하나님에 대한 지식으로 해석하고 제3권과 제4권의 주제를 성령에 대한 지식으로 해석한 것은 큰 오류이긴 하지만, 칼빈의 신학에 있어서 삼위일체론적 구조를 시사한 것은 중요한 공헌 중 하나라고 할 수 있다.

요컨대 칼빈에게 있어서는 성부, 성자, 성령 삼위일체 하나님이 "창조주 하나님에 대한 지식"에 포함되며, 또한 성부, 성자, 성령 삼위일체 하나님이 "구속주 하나님에 대한 지식"에 포함된다. 창조에 있어서 하나님은 말씀과 성령에 의해 세계를 창조하였다. 그래서 "세계는 아들의 작품인 것 못지않게 성령의 작품"이다. 구원에 있어서 창시자혹은 동인은 성부 하나님이며 질료인은 성자 그리스도이며 형상인은 성령의 역사이다. 그래서 『기독교 강요』의 제1권은 창조주이신 삼위일체 하나님을 다루고 제2권부터 제4권까지는 구속주이신 삼위일체 하나님을 다룬 것이라고 할 수 있다. 그래서 주지하는 바와 같이, 『기독교 강요』는 칼빈의 저서 중 가장 포괄적이고 체계적인 저서이기 때문에, 우리는 칼빈 신학의 주제는 삼위일체 하나님의 창조와 구속 사업이라고 말할 수 있을 것이다.

한편 파티는 칼빈의 중심 교리는 "그리스도와의 연합"이라는 자신의 주장에 근거하여 『기독교 강요』를 다음과 같이 분석했다.

A. 우리를 위한 하나님

   I. 창조주로서(제1권)

      a. 그의 창조

      b. 그의 섭리

   II. 구속주로서(제2권)

      a. 계시

      b. 본성과 인격

      c. 직임

B. 우리 안에 계신 하나님

   I. 개인들로서(제3권)

      a. 신앙

         1. 중생

         2. 의인

      b. 예정

   II. 공동체로서(제4권)

      a. 목회

      b. 성례

      c. 국가

그러나 파티의 이 구분은 파티 자신이 "칼빈이 의식적으로 네 권을 객관적(우리를 위한 하나님)/주관적(우리 안에 계신 하나님) 형식으로 조직했다는 것이 증명될 수 없으며, 주장해서도 안 된다"라고 말한 것처럼, 칼빈이 『기독교 강요』에서 한 번도 이런 구별을 언급한 적이 없다는 점에서 문제가 있다.

3. 사고 구조

칼빈 신학의 주제가 삼위일체 하나님의 창조와 구속 사업이라고 한다면 삼위일체 하나님의 창조와 삼위일체 하나님의 구원은 어떤 관계가 있는가 하는 문제가 제기될 수 있다. 앞에서 말한 바와 같이 칼빈에게 있어서는 하나님의 창조에 보존이 포함되기 때문에 하나님은 지금도 창조 활동을 하는 동시에 구원 활동을 하시는 것이다. 창조와 구원 관계의 문제는 넓게는 칼빈의 사고 구조에 관련된 문제라고 볼 수 있다.

바우케Hermann Bauke는 1922년에 이 문제와 관련된『칼빈 신학의 문제들』이라고 하는 주목할 만한 저작을 내놓았다. 그는 칼빈 사상의 특징은 형식적인 변증법적 합리주의로서 그의 성서주의에 입각하여 반대되는 것들을 결합시켜 놓은 것이라고 했다. 그래서 그는 칼빈은 체계론자라기보다 변증론자, 기껏해야 변증법적 체계론자라고 부른다. "교의학의 개개의 기본적 요소들이 나란히 놓여 있으며, 상호 변증법적으로 결합되어 있으며, 한둘의 기본적 원리로부터 연역적으로 추론되지 않는다." 이런 칼빈 사상의 특징은 프랑스인의 사고의 특징으로서 두메르규 같은 프랑스인 칼빈 연구가들은 칼빈 이해에 아무 어려움도 느끼지 않지만, 내용적인 합리주의적 정신을 가진 독일인 칼빈 연구가들(예컨대 리츨과 랑)은 칼빈 이해에 상당한 어려움을 느낀다고 한다. 바우케는 칼빈 신학에 있어서 모든 것을 추론해 낼 수 있는 하나의 통일적 원리를 찾아내려는 시도는 이루어질 수 없으며 연구가들 사이에 새로운 분열을 야기할 뿐이라고 보았다.

그러나 바우케 이후에도 칼빈 연구가들은 칼빈 신학의 통일적 원리를 추구해 왔다. 가장 대표적인 시도 가운데 하나가 전술한 바 있는 니젤의 그리스도 중심적 해석이라고 할 수 있을 것이다. 니젤은 칼빈 신학의 중심에 기독론을 두고 그것으로부터 모든 교리를 추론해 내려고 했다. 반면에 다우위는 전술한 바와 같이 칼빈 신학의 중심 주제를 창조주 하나님에 대한 지식과 구속주 하나님에 대한 지식으로 보았으며 그 사이의 관계를 변증법적인 것으로 보았다. 또한 앤더슨Raymod K. Anderson은 칼빈의 사상을 "다양한 원리들의 변증법적 결합"으로 보는 견해를 부정하고 있는 반면, 가노지Alexandre Ganoczy는 칼빈 신학의 내용과 방법론을 변증법적인 것으로 보고 있다.

그들 이전에 두메르규Emile Doumergue는 칼빈의 사상을 역설적인 것으로 규정했으며, 그는 삶의 현실을 역설적인 것으로 보고 있기 때문에 역설적인 칼빈의 사상을 예찬했다. 그는 칼빈의 사상을 두 개의 초점을 가진 타원형으로 보았다. 이와는 반대로 바르트Karl Barth는 브룬너Emil Brunner와의 논쟁에서 칼빈에게 있어서는 그리스도 안에서의 하나님에 대한 지식이 창조 안에서의 하나님에 대한 지식을 포함한다고 하며, 따라서 칼빈의 사고는 타원형일 수가 없다고 했다.

칼빈의 사고 구조는 두 개의 중심점을 가지는 타원형인가, 아니면 하나의 중심점을 가지는 정원형인가? 혹은 변증법적인가, 아니면 연역법적인가? 이 논쟁은 바우케가 지적한 것처럼 독일적인 칼빈 연구가와 프랑스나 다른 서양 민족의 칼빈 연구가들 사이에 있는 사고 구조상의 차이일는지 모른다. 독일적인 사고 구조에서는 통일성을 지향하기 때문에 칼빈을 통일적 사상가로 보려고 하는 반면 비독일적 사고 구조에서는 역설적인 삶의 현실을 인정하고 변증법적 관점에서 대상을 보려고 하기 때문에 칼빈을 변증법적 사상가로 보려고 하는지 모른다. 바우케의 주장의 진위를 떠나서 칼빈 연구가들 사이에 그런 경향이 있음을 우리는 주목할 수 있다. 그러면 칼빈 자신은 어떤 사고 구조를 가지고 있었는가? 바우케가 주장한 것처럼 칼빈은 프랑스인으로 독일인과는 달리 변증법적 사고를 했다고 결론지을 수 있는가?

우리는 이 문제에 대한 해답을 얻기 위해 소위 *extra Calvinisticum'*에 대해 고찰하고자 한다. *extra Calvinisticum*이란 하나님의 영원한 성자는 ─화육 후에도─ 인간 본성과 연합하여 한 인격을 이루었으나 육체에 제한되지 않았다는 교리이다. 칼빈주의자들이 예수 그리스도의 육체를 넘어서도 존재하는 성자의 존재가 루터파의 속성의 교통이란 교리에 의해 위협받고 있다고 주장하는 것을 루터파 신학자들이 듣고 그런 개혁파의 교리에 대해 "저 칼빈주의적인 이외"*illud extra Calvinisticum*라는 별명을 붙여준 데서 이 말이 유래했다. 칼빈은 『기독교강요』에서 이렇게 말한다.

놀라웁게도 하나님의 아들은 하늘을 떠나지 않고 하늘에서부터 내려왔으며, 놀라웁게도 기꺼이 동정녀의 태에서 태어났으며, 지상에서 살았으며, 십자가에 달렸다. 하지만 그는 태초부터 행하던 대로 항상 세계를 채우셨다.

니젤은 칼빈 신학에 있어서 *extra Calvinisticum*의 역할을 과소평가하지만, 오버만이 지적한 것처럼 칼빈 신학에 있어서는 *extra Calvinisticum*이 광범하게 나타나 있다. *extra Calvinisticum*에 반영된 칼빈의 사고 구조는 타원형적인 것도 아니고 정원형적인 것도 아니라, 일종의 동심원적인 것이라고 볼 수 있다. 칼빈은 서로 다른 두 대상을 중심적인 것과 주변적인 것의 관계로 연결시키고 있다. 이런 관점에서 볼 때 삼위일체 하나님의 창조와 구원은 주변적인 것과 중심적인 것의 관계에 있다고 하겠다. 요컨대 칼빈 신학의 주제는 삼위일체 하나님의 창조와 구원이며, 창조와 구원은 하나의 중심을 갖는 두 개의 동심원적 관계로 이루어져 있다고 하겠다. 환언하면 칼빈에게 있어서 삼위일체 하나님은 교회를 통하여 구원 활동을 하는 동시에 교회 밖에서 창조 활동도 하신다. 그래서 칼빈에게 있어서는 바르트의 주장처럼 그리스도 안에 있는 하나님에 대한 지식이 창조 안에 있는 하나님에 대한 지식을 포함하는 것도 아니고, 다우위의 주장처럼 창조주에 대한 지식과 구속주에 대한 지식이 변증법적 관계에 있는 것도 아니라, 동심원적으로 중심적인 것과 주변적인 것의 관계로 있는 것이다.

한편 암스트롱B. G. Armstrong은 칼빈의 신학 구조는 가설적 구조라고 주장했다. "칼빈 신학의 전체적 일반 방침과 구조는 가설적 혹은 조건적 근거 둘레에 세워져 있다." 암스트롱은 "칼빈은 르네상스와 종교개혁이라는 두 세계들 속에 친근하게 살았으며, 그는 결코 근본적으로 서로 다른 이념들의 갈등을 풀 수 없었으며, 그의 신학은 갈등적 이념들에게 적응하여 그가 다루는 각각의 신학적 주제에 있어서 항상 두극, 두 국면, 두 개의 변증법적이고 갈등적 요소들이 있을 것"이라고 주장했다. 또한 암스트롱은 "칼빈의 신학의 특징인 가설적인 것과 현실적인 것의 구조, 이상적인 것과 현실적인 것의 구조는 이신득의론과 성화론에 대한 이신득의론의 관계를 다루는 데 있어서 가장 분명히 나타난다"라고 했다. 암스트롱이 칼빈은 르네상스와 종교개혁이라는 두 세계에 살아서 이 둘을 다 받아들이다 보니 항상 두 극을 주장하였다고 한 것은 일리가 있다. 그러나 칼빈은 이 둘에 같은 가치를 둔 것이 아니라 종교개혁에 중심적 가치를 두고 르네상스에 주변적 가치를 두었다는 사실을 암스트롱은 파악하지 못했다.

다른 한편 엥걸Mary Potter Engel은 『존 칼빈의 전망적 인간론』에서 전망주의적 관점에서 칼빈의 인간론을 다루었다. 엥걸에 의하면 칼빈은 인간에 대해 서로 다르게 말하고 있는데, 그것은 한편으로 하나님의 전망에서 말하고 다른 한편으로 인간의 전망에서 말하였기 때문이라고 하였다. 그러나 우리는 한 사물을 다른 전망에서 보면 다르게 보인다는 것을 인정하나, 그것을 종합하여 그 대상을 포괄적으로 설명해야 한다. 따라서 엥걸은 칼빈이 서로 다른 전망에서 본 것을 어떻게 종합했는가를 고찰했어야 했다.

또한 부스마는 그의 저서 『칼빈』에서 칼빈 안에는 두 개의 칼빈, 즉 "철학자요, 합리주의자요, 토마스 아퀴나스에 의해 대표되는 절정기의 스콜라적 전통 속에 있는 스콜라 학자요, 고정된 원칙들의 사람이요, 보수주의자"와 "수사학자요, 인문주의자요, 오캄의 윌리암의 추종자들 식의 회의적 신앙주의자요, 기회주의자로 여겨질 만큼 융통성이 있는 자요, 자신의 뜻과는 달리 혁명가"가 불안하게 공존해 있다고 주장했다. 부스마가 칼빈 안에는 두 개의 칼빈이 있다고 해석한 것은 옳으나 그 두 개의 칼빈은 철학자 칼빈과 수사학자 칼빈이 아니라 종교개혁자 칼빈과 인문주의자 칼빈이었다고 해야 할 것이다. 그리고 부스마는 칼빈의 인문주의를 과대평가했지만, 사실상 칼빈에게는 종교개혁자가 중심에 있었고 인문주의자는 주변에 있었다고 하겠다.

4. 사고 구조의 전개

우리는 앞에서 칼빈 신학의 중심 주제는 삼위일체 하나님의 창조와 구원이며, 이 둘은 주변적인 것과 중심적인 것의 관계에 있다고 말했다. 우리는 여기서 이런 해석이 칼빈 신학을 이해하는 데 어떤 의미가 있는지를 살펴보려고 한다.

우선 칼빈에게 있어서 하나님은 창조주인 동시에 구속주이다. 하나님에 대한 이 이중적 지식에 대한 칼빈의 주장은 전술한 바와 같이 『기독교 강요』여러 곳에 나타나 있으며, 『기독교 강요』의 제1권과 제2권의 제목에 잘 나타나 있다. 창조주 하나님에 대한 지식과 구속주 하나님에 대한 지식 중 칼빈에게 있어서 구속주 하나님에 대한 지식이 중심적인 위치를 차지하고 창조주 하나님에 대한 지식이 주변적인 위치를 차지한다는 것은 『기독교 강요』에서 각각의 이 두 주제에 대해 칼빈이 할애한 지면의 분량과 관심을 보면 잘 나타난다. "칼빈의 사상이 모든 신학을 지배하는 구원론적 중심을 가지고 있다"는 다우위의 말은 이를 잘 설명해 주고 있다.

또한 전술한 바와 같이 칼빈에게 있어서 그리스도는 육체 안에 계신 그리스도와 육체 밖에도 계신 그리스도의 구별이 있다. 칼빈은 그리스도에 대한 이 구별에 있어서도 육체 안에 계신 그리스도에게 중심적인 위치를 부여했으며 육체 밖에도 계신 그리스도에게는 주변적 위치를 부여했다. 칼빈의 신학이 구원론적 중심을 가지고 있었기 때문에 육체 안에 계신 그리스도의 십자가와 부활이 중심적 위치를 차지할 수밖에 없었다.

또한 칼빈에게 있어서는 성령의 역사도 일반적인 역사와 특별한 역사가 있다. 칼빈은 '하나님의 일반 은총'에 대해 이렇게 말했다.

만약 우리가 하나님의 성령을 진리의 유일한 원천으로 간주한다면,
우리가 하나님의 성령을 경멸하기를 원하지 않는 한 우리는 진리 자
체를 거부하거나 진리가 어디에서 나타나든지 그것을 멸시하지 못할
것이다. … 시민적 질서와 규율을 매우 공정하게 확립한 고대 법률가
들 위에 진리가 빛난다는 사실을 우리가 부정할 것인가? 철학자들은
자연에 대해 바로 관찰하고 예술적으로 묘사했는데 그들을 눈이 어둡
다고 말할 것인가? … 아니다. 우리는 이들 주제들에 관한 고대인들
의 저작을 높이 찬양하지 않고 읽을 수 없다. … 그러나 우리는 동시
에 그것이 하나님으로부터 나온다는 것을 인정하지 않고 어떤 것을
찬양할만하거나 고상하다고 생각할 것인가?

이 구절만을 보면 칼빈은 에라스무스와 같은 인문주의자인 것처
럼 보인다. 그러나 『기독교 강요』 전체를 보면 칼빈은 인간의 타락과
원죄를 주장하면서 에라스무스가 말한 자유 의지를 부정하고 하나님
의 구속 활동에 의한 인간의 구원을 중심에 두었다.

또한 칼빈은 자연과 역사에 나타난 자연 계시를 인정했지만 이것
이 인간의 타락으로 인간에게 아무 도움이 되지 못하기 때문에 특별
히 성서를 주었다고 했다. "성서는 우리에게 참된 하나님을 분명히 보
여 준다"라고 말했다. 말하자면 칼빈에게 있어서는 성서적 계시가 중
요한 것이고, 자연 계시는 주변적인 것으로 인정되었다고 할 수 있다.

또한 칼빈은 성서의 권위에 대해, 성서가 인간의 지혜를 넘어선다
는 것, 그 연대가 오래 되었다는 것, 기적들에 의해 말씀이 입증되었다

는 것, 예언이 성취되었다는 것 등등 이른바 증거들*indicia*을 열거하고 있다. 그러나 칼빈은 "하나님만이 그의 말씀에 있어서 자기 자신에 대한 적합한 증인이듯이 그 말씀은 성령의 내적 증거에 의해 확인되기 전에는 인간들의 마음에서 신임을 얻지 못할 것이다"라고 말했다. 그리고 칼빈은 "참으로 그것을 확증하기 위해 존재하는 이들 인간적 증거들이 우리의 나약함에 대한 이차적인 도움들로서 저 일차적이고 지고한 증거를 따른다면 쓸데없지 않을 것이다"라고 말했다. 성서의 권위에 대한 증거에 있어서도 중심적인 것은 성령의 내적 증거이고 외적 증거들*indicia*은 주변적인 것이라고 할 수 있다.

칼빈은 교리에 대해서도 중심적인 교리와 주변적인 교리를 구별했다. 칼빈은 이렇게 말했다.

더욱이 교리들에 있어서나 성례들의 집행에 있어서 어떤 잘못들이 들어올지 모른다. 그러나 이것이 우리를 교회의 교제로부터 분리시켜서는 안 된다. 왜냐하면 참된 교리의 모든 조항들이 동일한 종류에 속하는 것은 아니기 때문에 어떤 것들은 필수적으로 알아야 할 것으로서 모든 사람들은 그것들을 종교의 고유한 원칙들로 확정하고 의심하지 말아야 한다. 그런 것들은 하나님이 한 분이라는 것, 그리스도는 하나님이고 하나님의 아들이라는 것, 우리에게 있어서 구원은 하나님의 자비에 의존해 있다는 것 등등이다.

그러나 "교리들 중에는 신앙의 일치를 깨뜨리지 않는, 논쟁이 되는 다른 것들이 있다"라고 칼빈은 말했다.

또한 신앙을 하나님의 행위로 보았는가, 인간의 행위로 보았는가

하는 문제에 대해서도 칼빈은 신앙은 무엇보다 하나님의 일이라고 보았지만, 그러나 받아들이는 인간의 일도 부정하지 않았다고 하겠다.

칼빈은 교회론에 있어서 '교회 안의 교회'와 같은 도식을 생각하고 있었다. 즉, 가시적 교회 안에는 불가시적 교회에 속하는 예정된 신자들도 있지만 그렇지 않은 자들도 있다고 하였다. 여기서도 예정된 신자들이 중심부에 있고 그렇지 않은 자들은 주변부에 있다고 할 수 있을 것이다.

칼빈은 목사의 소명에 대해서 내적 부름과 외적 부름을 구별했다. 내적 부름은 하나님으로부터의 부름이며 외적 부름은 교회가 목사를 청빙하는 것이다. 내적 부름은 목사 자신이 의식하는 것으로, 칼빈은 이 부름 없이 성직자가 되어서는 안 된다고 보았다. 외적 부름에는 두 가지 조건이 있는데, 건전한 교리와 거룩한 삶을 구비했는가 하는 것이라고 했다.

그리고 성례의 실체와 표시의 관계에 대해서도 칼빈은 성례의 실체와 표시를 동일시한 로마 가톨릭도 비판하고 성례의 실체와 표시를 분리시킨 급진주의자들도 비판하여 성례의 실체와 표시를 중심과 주변, 내용과 그릇의 관계로 이해했다고 할 수 있다.

칼빈의 이 동심원적 사고 구조는 그의 정치사상에 영향을 미쳐 귀족정과 민주정의 혼합정이라는 사상으로 나타났다. 이것은 오늘날의 말로 표현하면 대의 민주주의이다. 민중들이 민중들 가운데 최선의 사람들을 선택하여 그들이 상호 견제하면서 정치를 하게 하는 이 혼합정은 제네바의 정치 제도였으며 동시에 칼빈주의자들을 통해 전 유럽으로 파급되었다. 칼빈의 이 동심원적 구조를 파악하지 못했기 때문에 칼빈은 근대 민주주의의 적이라는 주장과 칼빈은 근대 민주주의의 주창자라는 주장이 맞서게 되었다. 그러나 이 동심원적 구조에서 칼빈은 우민들에 의해 이끌리는 사회도, 한 사람의 군주나 소수의 사람들이 독주하는 사회도 부정하고 민중들이 민중들 중에서 최선의 사람들을 뽑아 정치를 하게 하는 대의 민주주의를 주창했다.

또한 칼빈의 이 동심원적 사고 구조는 그의 경제 사상에도 나타나 재세례파의 공산주의에 맞서 사유 재산 제도와 시장 경제와 금융업을 인정하면서도 가능한 한 기금을 늘려 부자도 가난한 자도 없는 복지 사회를 지향하게 했다. 그의 이 사고 구조를 잘 파악하지 못했기 때문에 막스 베버의 논제를 중심으로 끊임없이 논쟁되어 왔으며, 칼빈을 자본주의의 창시자로 보거나 기독교 사회주의의 주창자로 보는 양극 현상이 나타나게 되었다. 그러나 칼빈은 복음적 사랑의 행위를 중심에 두었으나 인간의 타락 때문에 사유 재산 제도를 두었다고 봄으로써 자본주의적 요소를 주변적인 것으로 인정했다고 할 수 있을 것이다.

5. 『기독교 강요』의 내용

칼빈은 『기독교 강요』 제1권에서 창조주 하나님에 대한 지식을 다루었다. 칼빈에 의하면 우리의 참된 지혜는 하나님에 대한 지식과 우리 자신에 대한 지식으로 구성된다. 그런데 이 두 지식은 상호 관계되어 있다. 우리는 우리의 비참한 상태를 인식하게 될 때 축복의 근원인 하나님을 찾게 된다. 반면에 하나님의 완전함을 인식할 때 비로소 우리의 불완전함에 대한 참된 지식에 이르게 된다. 칼빈은 『기독교 강요』 1550년 판까지에서 제1장의 제목을 "하나님에 대한 지식"으로, 제2

장의 제목을 "인간에 대한 지식"으로 붙였다. 그러나 1559년 라틴어 최종판에서는 "인간에 대한 지식"이라는 장의 내용이 제1권 "창조주 하나님에 대한 지식"과 제2권 "구속주 하나님에 대한 지식" 안에 분산되어 흡수되었다. 칼빈은 최종판을 하나님에 대한 이중적 지식으로 구상하면서 인간에 대한 지식을 하나님에 대한 지식에 부속시킨 것이다. 창조자와 피조자, 구속자와 피구속자는 각각 한 쌍을 이루고 있으며, 후자에 대한 지식은 전자에 대한 지식과 불가분리의 관계에 있다. 환언하면 하나님을 알면 인간을 알게 된다. 그래서 칼빈은 최종판에서 어느 한 권의 제목을 "인간에 대한 지식"이라고 해서 별도로 다룰 필요를 느끼지 않았던 것 같다. 그러면 우리는 어디에서 하나님에 대한 지식을 얻을 수 있는가? 먼저 칼빈은 인간의 마음에 하나님에 대한 의식이 있다고 한다. 그러나 거의 모든 인간들은 이 의식을 비하시켜 참된 하나님을 예배하기보다는 자기들이 마음속으로 만든 허상들을 숭배하고 있다고 한다. 또한 하나님은 하나님에 대한 의식을 인간 안에 심어 주었을 뿐만 아니라 창조물 안에 자신을 계시한다고 한다. 그러나 인간들은 창조물 안에 계시된 하나님에 대한 참된 지식에 이르지 못하고 피조물을 신으로 섬긴다. 또한 하나님은 인간 사회를 다스리는 중에 자신의 뜻을 나타내지만 인간들은 그것을 운명으로 돌린다고 한다. 이와 같이 인간 안에 있는 주관적 신지식과 자연과 역사 안에 있는 객관적 신지식이 인간의 타락으로 인간에게 아무 도움이 되지 못하기 때문에 하나님은 다른 보조물을 주었는데 그것이 성서라고 한다. 칼빈은 "성서는 우리에게 참된 하나님을 분명히 보여 준다"라고 말했다. 그러나 성령의 영감으로 기록된 성서라 하더라도 성령의 내적 증거가 없으면 우리에게 영향을 미치지 못한다. 제1권 제13장에서는 하나님에 대한 지식의 기초인 삼위일체론을 다루었다. 하나님은 무한하고 영적인 본체이다. 무한한 하나님이 인간에게 계시되기 위해 인간에게 적응한다accommodate고 한다. 하나님은 한 본체이나 삼위로 존재한다. 여기서 칼빈은 사벨리우스주의와 아리우스주의를 다 비판했다. 삼위일체 하나님의 첫째 사역은 창조이다. 하나님의 창조는 예전에 끝나고 지금은 하나님이 한가롭게 쉬는 것이 아니라 계속 창조 활동을 한다. 그래서 칼빈은 이신론적 사상을 비판했다. 하나님의 창조물 가운데 인간은 본성적으로 선하게 창조되었고 하나님의 뜻에 순종할 수 있었다. 칼빈은 하나님이 창조한 본성nature은 결코 악하지 않으며, 악은 본성의 부패라고 했다.

『기독교 강요』제2권에서는 구속주 하나님에 대한 지식을 다룬다. 선하게 창조된 아담은 하나님께 불순종함으로 타락하게 되었다. 그리고 아담의 죄는 자손들에게 유전되었다. 이것이 원죄이다. 칼빈은 원죄의 유전에 대한 펠라기우스적, 도덕주의적 해석도 배격하고, 아우구스티누스적, 자연주의적 해석도 배격했다. 죄는 악인들을 모방하는 데서 오는 것도 아니고, 부모가 아기를 잉태할 때 갖는 정욕에서 오는 것도 아니라, 아담이 불순종함으로 하나님이 아담에게 주었던 은총을 거두어 감으로써 온 것이다. 원죄 아래 태어난 인간은 실죄를 지을 수밖에 없다. 그래서 인간은 선택할 자유가 없다. 여기서 칼빈은 에라스무스와 루터의 논쟁인 자유 의지와 노예 의지에 대한 논쟁 중 루터의 노예 의지론을 지지했다. 칼빈은 원죄와 노예 의지를 주장했지만, 인간들은 지상적인 문제에 대해서는 현명하게 판단할 수 있다고 주장했다. 칼빈은 이른바 '일반 은총'을 주장했다. 그러나 인간은 천상적인 일들에 대해서는 하나님의 특별한 은총을 필요로 한다. 제2권의 제목인 "그리스도 안에 나타난 구속주 하나님에 대한 지식, 처음에는 율법 아래 족장들에게, 후에는 복음 안에서 우리에게 나타났음"이 말해 주는 것처럼 하나님의 구원 사역은 처음에는 율법을 통해서 시작되었다. 그러나 타락한 인간은 하나님의 율법을 다 지킬 수가 없었다. 그래서 그 다음으로 그리스도의 사역을 통한 구원의 길이 제시되었다. 그리스도는 인간을 위해 죽음으로 인간의 형벌을 대신 받았다. 칼빈은 그리스도의 인격에 대해 신성과 인성은 혼합되어 있는 것도 아니고 분리되어 있는 것도 아니라 결합되어 있다고 함으로써 칼케돈 신조를 그대로 따랐다. 여기서 그는 이른바 *extra Calvinisticum*을 가르쳤다. 그리고 그리스도의 사역에 대해서는 세 직임, 즉 예언자직, 왕직, 제사장직을 말했다.

제3권의 제목은 "그리스도의 은총을 받는 방법, 그것으로부터 우리에게 오는 유익들 및 뒤따르는 효과들"이다. 그리스도가 우리를 위해 십자가의 공적을 쌓았어도 그 공적이 우리 밖에 있으면 우리에게 아무 도움이 되지 않는다. 그리스도와 우리를 연결시켜 그리스도의 공적을 받게 하는 분은 성령이다. 성령은 인간 안에 신앙을 만들어 이 일을 행한다. 칼빈은 득의와 중생의 문제에 대해 '신앙에 의한 중생'을 먼저 다루고 '신앙에 의한 득의'를 나중에 다루었다. 칼빈은 "우리는 행함 없이 의롭다 함을 받지 않지만 행함을 통해서 의롭다 함을 받는 것도 아니다. 왜냐하면 우리를 의롭다 하는 그리스도에 대한 우리의 참여에 있어서 성화는 의와 마찬가지로 포함되기 때문이다"라고 말했다. 칼빈은 중생에 성화를 포함시킴으로 점진적인 중생을 주장했다. "따라서 우리는 이 중생에 의해 그리스도의 유익을 통해 하나님의 의 속으로 회복된다. … 그리고 참으로 이 회복은 한 순간이나 하루나 한

해에 일어나지 않는다." 득의에 대해서는 의의 분여가 아니라 의의 전가임을 주장했다. 칼빈은 자기 부정의 삶과 내세에 대한 명상을 강조했으며, 그래서 현세적 욕망을 억제하는 금욕주의를 주장했다. 그러나 금욕주의적 자기 부정은 이웃에 대한 사랑의 봉사로 이어져야 했다. 제3권 제20장에서는 기도에 대해 다루는데, 우리는 기도에 의해 하나님 아버지가 우리를 위해 준비해 놓은 보화에 이른다고 했다. 제3권 제21장 이후에서는 예정론을 다룬다. 하나님은 영원불변하신 계획에 의해 구원받을 자와 버림받을 자를 결정했다고 하는 이중 예정을 주장했다. 그리고 선택은 하나님의 자비에 근거하며 유기는 하나님의 의로운 심판에 근거한다고 했다. 마지막 장에서는 최후의 부활에 대해 다루었다. 칼빈은 영혼은 불멸적인 존재로 죽지 않는다고 했으며 최후의 부활에서는 몸이 부활하는 것이라고 했다. 선택된 자의 부활은 하나님과 연합하는 것이며, 버림받은 자의 최고의 불행은 하나님과의 교제에서 끊어지는 것이라고 했다.

제4권에서는 교회, 성례, 시민 정부에 대해 다루었다. 교회는 가시적 교회와 불가시적 교회로 구별할 수 있다. 가시적 교회란 개교회에 소속된 전체 교인을 가리키고 불가시적 교회란 성령에 의해 참으로 하나님의 자녀가 된 과거, 현재의 모든 참 신자를 가리킨다. 참된 교회의 두 표지(*notae ecclesiae*)는 하나님의 말씀이 순수하게 전파되고 청종되며 성례가 그리스도의 제정에 따라 집행되는 것이다. 칼빈은 교회를 우리의 어머니로 표현하기도 했고 그리스도의 몸으로 표현하기도 했다. 이 어머니가 "우리를 태속에 품고 낳고 그의 가슴 속에서 기르고 마침내 우리가 가사적인 육체를 벗고 천사들처럼 될 때까지(마 22:30) 그의 지킴과 지도 아래 우리를 보호하지 않는다면 생명으로 들어갈 다른 길이 없다." 교회는 또한 그리스도의 몸이기 때문에 교회를 분열시켜서는 안 된다. 교회에는 네 가지 직임자들이 있는데, 첫째는 목사로 성서 해석, 징계, 성례 집행, 훈계, 권면을 담당한다. 둘째는 교사로 성서 해석을 담당한다. 셋째는 장로로 목사와 함께 도덕적 생활에 대한 책망, 징계를 담당한다. 넷째는 집사로 구제금을 나누어 주고 불쌍한 자들의 업무를 처리하는 일과 불쌍한 자들을 돌보는 일을 담당한다. 교회 수입은 고대 교회의 관례대로 4분배되어야 하는데, 하나는 성직자들에게, 하나는 가난한 자들에게, 하나는 교회 건물의 수리를 위해, 나머지 하나는 나그네 및 지역의 가난한 자들에게 분배되어야 한다. 그래서 칼빈은 교회 수입의 적어도 절반은 가난한 자들의 몫이 되어야 한다고 했다.

제 14 장

칼빈은 민주주의의 어머니인가 아니면 민주주의의 적인가

1. 서언

근대에 와서 민주주의가 일찍 발전한 국가들은 영국, 스코틀랜드, 네덜란드, 스위스, 미국 등이었으며, 이들 국가들에서 민주주의의 발전을 위해 공헌한 사람들은 대체로 칼빈의 사상을 따르는 칼빈주의자들이었기 때문에 전통적으로 칼빈을 근대 민주주의의 주창자로 여겨 왔다. 그러나 1937년 셰네비에르Marc-Edouard Chenevière는 그의 저서 『칼빈의 정치사상』La Pensée Politique de Calvin에서 이런 전통적인 해석에 대해 비판을 가했다. 셰네비에르는 프랑스와 영국에서는 오래 전부터 칼빈주의적 종교개혁을 "근대 민주주의 정신적 어머니"la mère spirituelle de la démocratie moderne로 간주해 왔으나 그것은 자유주의적 프로테스탄트주의와 종교개혁자들의 종교개혁을 혼동한 데서 기인한 것이라고 했다.

그에 의하면 몇몇 나라들에서 칼빈주의자들이 종교적 소수자로 그들의 자유를 위해 민주주의 발전에 공헌을 한 것은 사실이지만 종교개혁과 근대 민주주의 사이에는 심연이 가로놓여 있다. 세이빈George H. Sabine이 쓴 『정치사상사』에서도 "네덜란드, 스코틀랜드, 아메리카의 칼빈주의 교회들은 저항의 정당성을 서유럽에 전파한 주된 매개체였다. 그러나 (루터파와의) 이런 차이는 결코 칼빈 자신의 일차적 의도에 근거한 것은 아니었다"라고 말했다.

반면에 허드슨Winthrop S. Hudson과 맥니일John T. McNeill은 칼빈과 후대의 칼빈주의자들을 구별하여 후대의 칼빈주의자들이 근대 민주주의 발전에 공헌한 것은 사실이지만 칼빈 자신은 민주주의의 주창자가 아니었다고 하는 이런 주장자들에 대해 그들의 논문을 통해 반박했다. 허드슨은 "칼빈의 사상은 민주주의적 관념을 정교화하는 데 잠재적인 근거를 제공했다. 그는 독재에 대한 저항의 근거를 제공했을 뿐만 아니라, 그의 사상은 명백한 민주주의적 정치 철학의 구성을 배제하지 않았다. 칼빈주의적 관념은 필연적으로 선택된 자에 의한 정치를 의미한다고 하는 가정은 단순히 허구에 지나지 않는 것이다"라고 말했다. 맥니일도 칼빈은 "내심에 있어서 정치적 공화주의자"였으며 귀족정과 민주정의 혼합이라고 하는 칼빈의 관념은 "우리의 대의 민주주의의 개념에 가까운 것"이라고 했다. "그의 후기 저서를 보면 정부의 이상적 기초는 시민에 의한 선거임이 분명히 드러난다" 하고 맥니일은 덧붙였다. 과연 칼빈은 근대 민주주의의 주창자였는가, 아니면 그의 사상은 근대 민주주의의 발전에 별 관련이 없었는가? 이것이 우리가 이 장에서 다루려고 하는 중심적인 문제이다.

2. 시민 정부의 본질

칼빈은 『기독교 강요』 중 정치의 문제를 다루는 장에서 먼저 두 개의 정부를 구별한다. 인간 안에는 두 개의 세계가 있으며 이 두 개 세계를 지배하는 왕도, 법도 다 둘씩이다. 그래서 인간 안에는 두 개의 정부가 있다. 하나는 영적인 정부인데 그것에 의해 양심이 경건과 하나님에 대한 경배를 지도받는다. 다른 하나는 시민 정부인데 그것에 의해 인간은 인간됨과 시민의 의무를 교육받는다.

두 개의 정부라는 이론은 사상사적으로는 세네카에게로까지 거슬러 올라갈 수 있다. 세네카는 인간은 두 개의 공화국two commonwealths에 속한다고 보았는데 하나의 공화국은 시민 국가이고 다른 더 큰 공화국은 모든 이성적 존재들로 이루어지는 사회이다. 그리고 이 큰 사회를 결속하는 유대는 법적, 정치적인 유대가 아니라 도덕적 혹은 종교적 유대라고 했다. 한편 그리스도교는 처음부터 세상 나라와 하나님 나라라는 이분법적 사고구조를 가지고 있었으며, 이것은 교황 겔라시우스 1세에 와서 "두 개의 칼"the two swords이라는 이론으로 변화되게 되었다. 이렇게 하여 정신적 권위와 세속적 권위가 구분되고 이것 때문에 중세기 내내 교권과 속권 사이의 대립이 생기게 되었다. 그러나 세이빈이 지적한 것처럼 정신적 자유를 지키려는 이런 노력이 없었다면 "개인의 사생활과 자유에 대한 근대적 관념은 거의 이해될 수 없었을 것이다."

칼빈은 이 두 개의 정부가 구별되긴 하지만 분리되지는 않는다고 한다. 왜냐하면, 이 두 개의 정부가 다 궁극적으로는 왕들 중의 왕인 하나님께 속하기 때문이다. 칼빈은 이 점에서 시민 정부에 대한 두 개의 서로 다른 입장을 배격한다. 첫째는 재세례파의 입장으로, 그들은 양심의 자유에 따라 법정도, 법도, 관리도 없는, 그리고 자기들의 양심을 속박한다고 생각되는 그 외 무엇도 인정하지 않는 어떤 새 세계를 세워야 한다고 생각하며 기존의 정부 형태를 배격한다고 한다. 다음으로 마키아벨리를 지향한 비판으로 보이는 것으로, 어떤 사람들은 제후들에 아첨하며 그들의 권력을 지나치게 과장하여 하나님 자신의 통치와 대립시키기를 주저하지 않는다고 한다. 영적 통치와 시민 통치는 다 한 하나님께 속하지만 서로 다른 경륜에 속한 것으로, 시민 통치를 하나님의 통치와 대립시켜서도 안 되며 시민 통치를 하나님의 영적 통치로 대치시켜도 안 된다는 것이다.

칼빈은 다음으로 시민 통치의 사명에 대해 다룬다. 첫째, 건전한 종교를 보호하고 육성해야 하며, 둘째, 공적 평화를 유지해야 하며, 셋째, 개인의 소유를 보호해야 하며, 넷째, 사람들이 원만한 거래를 하도록 해야 하며, 다섯째, 사람들 사이에 정직과 순수함이 유지되도록 해야 한다고 한다. 칼빈은 이 외에도 가난한 자를 돌보고 학교를 세우고 가난한 자와 여행자를 위한 건물을 세우는 것 등을 시민 정부의 사명으로 보고 있다. 시민 통치의 사명이 이러하기 때문에, 관리가 되는 것은 하나님 앞에 거룩하고 합법적인 일일 뿐만 아니라 인간의 직업 가운데 가장 존경할 만한 것이라고 한다.

3. 시민 정부의 형태

다음으로 칼빈은 정부의 형태에 대해 다룬다. 칼빈은 고대 철학자들이 논의한 바에 따라 정부를 세 가지 형태로 나눌 수 있다고 한다. 그것은 군주정, 귀족정, 민주정 등이다. 그런데 군주정은 폭군정으로 전락되기 쉽고 귀족정은 과두정으로, 민주정은 폭민정으로 전락되기 쉽다고 한다. 정부 형태에 대한 고대 그리스의 3분법을 준법적이냐 무법적이냐에 따라 다시 각각 세분하여 처음으로 여섯 가지 정부 형태로 나눈 사람은 플라톤이었다. 아리스토텔레스는 그의 『정치학』에서 이 6분법을 받아들였으며, 이 6분법은 키케로를 통해 로마 학자들에게 소개되었다.

칼빈은 세 가지 더 나은 정부 형태 가운데 귀족정이나 아니면 귀족정과 민주정이 혼합된 형태가 다른 모든 형태들보다 탁월하다고 한다. 혼합 정부 이론을 처음부터 표방한 사람은 역시 플라톤이었다. 세이빈이 지적한 것처럼 후에 몽테스큐에 의해 주장된 바 있는 권력분립 이론의 원조는 플라톤인데, 플라톤은 그의 『법률론』에서 군주정의 지혜의 원리와 민주정의 자유의 원리를 결합한 정부 형태를 제시하고 있다. 한편 아리스토텔레스는 귀족정과 민주정이 혼합된 형태를 최선의 정부 형태로 보았으며, 이런 혼합 정부의 원리는 다시 키케로를 통해 로마 학자들에게 소개되었다.

칼빈은 혼합 정부가 최선의 정부가 되는 이유를 이렇게 설명하고 있다. 즉, 군주정에서 왕이 자기 뜻을 정의에 따라 조절하는 일이 매우 드물기 때문에, 이런 인간적 결점들 때문에 많은 사람들이 정치를 하는 것이 더 안전하고 바람직하다. 많은 사람들이 정치를 하면 그들은 서로 돕고 서로 가르치고 충고를 줄 수 있을 것이며, 어떤 한 사람이 잘못하면 다른 많은 사람들이 그의 잘못을 억제할 수 있을 것이라고 한다. 그리고 칼빈은 국민이 관리를 선거하는 것을 탁월한 은사로 보고 있다. "만약 우리가 법관과 관료를 선택할 자유를 가진다면 … 그것은 탁월한 은사이기 때문에 그것을 보존시키며 선한 양심으로 그것을 사용해야 한다." "만약 우리가 인간의 정부에 대해 논의한다면 우리는 자유 국가에 사는 것이 제후 아래 사는 것보다 훨씬 더 나은 상태라고 말할 수 있다." "이유 없이 명령을 내리는 제후를 가지는 것보다 선출받아 그 직임을 수행하며 법을 준수하는 통치자를 가지는 것이 훨씬 더 지지할 만한 일이다."

그러나 셰네비에르는 "만약 프랑스가 프랑스 종교개혁에 대해 우호적인 왕이나 아니면 적어도 단순히 중립적인 왕에 의해 통치되었다면 칼빈의 설교와 주석에는 아마 군주정의 주제에 대한 불평이 들어 있지 않았을 것이다. 귀족정에 대한 칼빈의 편애는 사실상 군주정 형태에 대한 배격을 의미하지 않는다"라고 말한다. 그렇지만 당시 프랑스에 종교개혁을 지지하는 왕이 있었다면 칼빈이 설교와 성서 강해를 통해 왕들에 대한 비판을 하지 않았을 것이라고 하는 셰네비에르의 주장은 받아들이기 어렵다. 비록 종교개혁을 지지하는 왕이 있었다고 하더라도 칼빈이 왕들에 대해 비판한 다른 비행들을 저지르지 않았다고 볼 수 없으며 여전히 그런 비행들은 비판의 대상이 되었을 것이기 때문이다. 칼빈은 일인 군주가 지배하는 정부 형태는 견제 세력이 없기 때문에 그 제도 자체에 결함이 있는 것으로 보았다고 해석해야 옳을 것이다.

한편 에써Hnas H. Esser는 "나이가 많아지면서 칼빈은 군주체제 정치 이념으로 기울어졌다"고 말하지만, 이와는 정반대로 허드슨이 주장한 것처럼, 칼빈은 나이가 많아지면서 점점 민주 체제 정치 이념으로 기울어졌다. 칼빈은 『기독교 강요』 초판에서는 귀족정을 좋게 생각했으나 제네바에서 7년간 지나고 난 뒤에는 "귀족정 혹은 귀족정과 민주정이 혼합된 형태"를 좋게 생각했다. 그리고 그 후 16년 뒤 1559년 판 『기독교 강요』에서는 "더 많은 사람들이 정부를 관장하는 것이 더 완전하고 더 좋은 것"이라고 강조했다. 그런데 허드슨이 지적한 것처럼 미국 혁명의 지도자들이 옹호한 정부 형태도 바로 귀족정과 민주정의 혼합이며, 그것은 오늘날 우리가 대의 민주주의라고 부르고 있는 것이다.

물론 그렇다고 해서 칼빈이 모든 국가에서 군주정을 폐지하고 귀족정과 민주정의 혼합정을 실시해야 한다고 주장하지는 않았다. 칼빈은 세계 전체를 보면 여러 종류의 정부 형태가 있는데, 이런 기존 정부 형태를 바꾸려 하는 것은 "어리석고 피상적일 뿐만 아니라 심지어 해로운 사상"이라고 한다. 칼빈이 군주 폐기론을 주장하지 않았다고 해서 근대 민주주의의 발전에 전혀 무관했다고 주장하는 것은 타당치 않다. 왜냐하면 영국과 같은 입헌 군주제 국가는 군주제를 폐기하지 않고도 민주주의를 발전시킬 수 있었기 때문이다.

요컨대, 칼빈은 여러 가지 정부 형태 가운데 귀족정과 민주정의 혼합정을 최선의 정부 형태로 보았는데 그것은 오늘날의 용어로는 대의 민주주의에 해당하는 것이다. 그러나 그는 지역적 상황에 따라 여러 가지 상이한 정부 형태가 있을 수 있음을 인정하고 군주제 폐기론을 주장하지는 않았다. 말하자면 칼빈은 최선의 정부 형태는 귀족정과 민주정의 혼합정으로 보았지만, 차선의 정부 형태로 폭군정으로 떨어지지 않는 군주정도 인정했다고 볼 수 있다.

칼빈의 정치사상에 대해 오랫동안 논란되어 온 문제는 칼빈이 신정 정치를 지향했는가 하는 것이다. 신정 정치theocracy라는 말이 통속적 용법에 따라 성직자가 정치를 하는 성직자 통치hierocracy를 의미한다고 할 때 칼빈은 결코 신정 정치를 표방하지 않았다. 맥니일이 말한 것처럼 칼빈은 제네바에서 관리와 성직자를 구별했으며, 그와 그의 동료 목사들은 정치적 직임이나 관리의 권한을 지니고 있지 않았다. 심지어 칼빈은 1559년 크리스마스 때에 와서 비로소 제네바의 소의회로부터 시민권을 받았다. 몬터E. William Monter가 지적한 것처럼 "제네바에서 칼빈의 영향은 특히 1555년 이후 두드러졌지만, 그러나 이 영향은 일차적으로는 정치적인 것이 아니었다." 칼빈이 제네바 시정부에 대해 여러 가지 조언을 했으며 제네바 시정부가 칼빈에게 조언을 구한 경우도 많았지만 칼빈의 조언이 반드시 수용된 것은 아니었다. 예컨대 1560년 칼빈은 성찬을 받을 자격이 있는 사람들에게 성찬표를 나누어 주자는 제안을 했으나 시정부는 이를 거부했으며, 그 후 한 사보이 사절을 선동자로 여겨 투옥하자는 칼빈의 제안도 시정부가 거부했다.

또한 신정 정치라는 말을 성서의 율법에 따라 정치를 하는 성서적 통치Bibliocracy라는 의미로 해석한다 하더라도 칼빈은 성서적 통치를 주장하지 않았다. 칼빈은 구약 성서의 율법을 도덕적인 율법, 의식적인 율법, 사법적인 율법 등 셋으로 구분하고 의식적인 율법은 그리스도를 예표한 것으로 그리스도가 옴으로 폐지된 것으로 보고, 사법적인 율법은 고대 유대 민족에게 준 것으로 역시 지금은 적용되지 않는 것으로 보았다. "그러므로 경건이 안전하고 무해하다고 하면 의식들은 폐지될 수 있듯이, 이 사법적 규정들이 폐지되었을 때 사랑의 영구적인 의무들과 계율들이 남아 있을 수 있다. 만약 그것이 사실이라면 확실히 모든 민족에게 그 자체에 유익이 되리라고 예상되는 법률들을 만들 자유가 부여된다." 칼빈은 여기서 모든 민족이 성서의 사법적 규정들을 따라야 한다고 말하지 않고 각 민족에게 그 민족에 유익이 되는 법률들을 만들 자유를 인정하고 있다. 1535년 뮌스터를 장악하고 구약의 제도를 모방한 신정 사회를 건설하려고 노력했던 재세례파의 뮌스터 참사를 경험한 칼빈은 구약의 사법적 규정을 그 당시에 적용하려는 시도를 결코 받아들일 수 없었다.

그러나 신정 정치라는 말을 그리스도 통치Christocracy라는 의미로 사용한다면 칼빈은 어떤 면에서 신정 정치를 표방했다고 할 수 있다. *extra Calvinisticum*에 나타난 칼빈의 사상에서는 육체 안에 있는 그리스도와 육체 밖에도 있는 그리스도가 구별된다. 육체 안에 있는 그리스도가 구원을 위해 십자가에 못 박히는 그 순간에도, 육체 밖에도 있는 그리스도는 온 세계를 다스리고 있었다. 그래서 육체 밖에도 있는 그리스도의 통치라는 의미에서 신정 정치라는 말을 사용한다면 그것은 타당하다. 그러나 육체 안에 있는 그리스도의 통치라는 의미에서 신정 정치라는 말을 사용한다면 그것은 부당하다. 다른 한편 신정 정치라는 말이 그리스어 의미 그대로 하나님의 통치를 의미한다면 칼빈이 신정 정치를 표방했다는 주장은 극히 타당하다. 그러나 이때에도 하나님의 구속 활동과 창조 활동의 구별을 간과해서는 안 된다. 요컨대 교회의 활동은 하나님의 구속 활동에 속하고 세상 정치는 하나님의 창조 활동에 속한다. 이 두 활동은 한 하나님의 활동으로서 분리되지는 않지만, 그러나 구별되어야 한다.

하지만 칼빈이 그리스도의 통치나 하나님의 통치를 주장했다고 해서 칼빈 당시의 제네바를 특히 지칭하여 신정 사회라고 부르는 것은 별로 의미가 없다. 왜냐하면 칼빈의 사상에 따르면 제네바뿐만 아니라 전 세계를 그리스도와 하나님이 통치하고 있기 때문이다. 그러나 신정 정치라는 말을 신앙을 가진 정치인들의 통치라는 의미로 사용한다면 제네바는 신정 사회였다고 할 수 있을 것이다. 제네바에서 칼빈의 설교를 듣고 칼빈의 교회 학교에서 교육을 받은 사람들이 정치적 지도자들이 되었을 때 그들은 제네바의 교리 문답의 내용에 따라 하나님께 영광을 돌리며 하나님의 뜻을 실현하는 정치를 펴려고 노력했다. 칼빈이 죽고 난 다음, 특히 1589년 사보이와의 전쟁이 일어난 후 제네바 시정부는 교회를 통솔하기 시작했다. 소의회의 관리들은 점점 더 제후와 감독의 역할을 동시에 하기 시작했다. 칼빈에게서 교육을 받고 설교를 들으면서 자라난 이들은 상당한 신학적 지식이 있었기 때문에 효과적으로 교회를 통솔할 수 있었던 것이다. 이것은 정치가 종교를 지배하는 형태이지 종교가 정치를 지배하는 형태는 아니었다. 칼빈의 정치적 이상은 성직자가 직접 정치를 하는 것이 아니라 설교와 교육을 통해 훌륭한 정치가를 길러내어 그들에 의해 하나님의 뜻에 따른 훌륭한 사회를 건설하려는 것이었다. 그러나 그 사회는 성서의 사법적 규정을 맹목적으로 따르는 사회가 아니라 일반 은총에 속하는 지성과 양심에 따라 정치를 하는 사회였다. 요컨대 신정 정치라는 말의 통속적 용법은 성직자가 정치를 하는 정치 제도를 가리키므로 제네바는 신정 사회였다고 할 수 없으며 칼빈도 신정 사회를 지향했다고 할 수 없다.

4. 통치자에 대한 복종과 저항

셰네비에르는 칼빈은 하나님만이 주권을 가지며 그리고 그 주권을 하나님이 원하는 사람에게만 넘겨준다고 보기 때문에 주권 재민을 주장하는 근대 민주주의의 관점에서 보았을 때 칼빈은 "근대 민주주의의 확고한 적"(un adversaire déterminé du démocratisme moderne)이라고 한다. 사실상 칼빈은 관리들은 "하나님으로부터 위임을 받으며, 신적 권위를 부여받으며, 어떤 의미에서 하나님의 직무를 행하는 전적으로 하나님의 인격을 지닌" 자들이라고 한다. 따라서 관리에게 저항하는 것은 곧 하나님께 저항하는 것이라고 한다.

관리들이 하나님으로부터 위임을 받는다면 절대적인 권한을 가지는가? 하지만 칼빈은 여기서 왕권신수설이나 왕권 절대주의의 방향으로 나아가는 것이 아니라 오히려 반대 방향으로 나아간다. "만약 그들이 자신들이 하나님의 대리인임을 기억한다면 그들은 사람들을 향해 하나님의 섭리, 보호, 선함, 자선, 및 공의의 이미지를 자신들을 통해 나타내기 위하여 주의와 진지함과 근면을 다해야 할 것이다." 그래서 "만약 그들이 어떤 잘못을 범한다면 그들이 해를 끼친 그 사람들에게만 상해를 주는 것이 아니라 하나님 자신을 모독하는 것이다." 칼빈의 주권은 하나님에게서 온다고 주장할 때 그가 의도한 것은 주권이 관리 자신들에게 있지 않음을 말해 주려고 한 것임이 틀림없다. "그들은 자기 자신들의 힘으로 이 높은 위엄에 오르는 것이 아니라 주님의 손에 의해서 받는다" 하고 칼빈은 말한다.

물론 관리들에 대한 이런 주장들에도 불구하고 여전히 이것은 주권재민이라는 근대 민주주의 사상과는 거리가 있음이 분명하다 그러나 로마서 주석 13장 4절에서는 주권재민의 사상에 좀 더 접근해 있음을 볼 수 있다. 관리들은 "그들 자신들을 위해 다스리는 것이 아니라 공공의 선을 위해 다스린다. 또한 그들은 무제약적인 권력을 가지는 것이 아니라 그들의 신민들의 복리에 국한된 권력을 가진다. 요컨대 그들은 통치를 함에 있어서 하나님과 사람들에게 책임을 진다. 그들은 하나님에 의해 선택을 받았으며 하나님의 일을 하기 때문에 하나님에게 책임이 있다. 그러나 하나님이 그들에게 위임한 직임은 그들의 신민들에 관한 것이다. 그러므로 그들은 신민들에게도 의무가 있다."

하지만 위의 주장도 역시 주권이 국민에게 있다는 사상과는 거리가 있음이 분명하다. 그래서 후의 칼빈주의자들은 하나님이 그의 권한을 관리들에게 위임하기 전에 백성들에게 위임했으며, 그러므로 백성들은 관리의 지위보다 우월한 지위에 있다고 가정했다. 하나님이 백성들에게 권한을 위임하고 다시 백성들은 관리에게 그 권한을 위임했다고 하는 후대 칼빈주의자들의 주장에는 주권재민의 사상과 주권재천의 사상 사이의 문제가 해결되지만 칼빈 자신 안에는 이런 해결이 없었다.

한편 이 문제에 대한 카이퍼Abraham Kuyper의 해석은 독특하다. 카이퍼는 하나님의 주권설을 국민 주권설Popular-sovereignty 및 국가 주권설State-sovereignty과 대비시키고 난 후 다음과 같은 질문을 제기한다. "이 국가 주권론은 국민 주권론과 마찬가지로 인간을 그 동료 인간에게 예속시키게 되고 양심을 속박하여 복종의 의무로까지 비약하지 않는다고 어떻게 증명할 수 있는가?" 그리고 나서 카이퍼는 다음과 같이 주장한다. "그러므로 칼빈주의자는 백과전서파의 무신론적 국민 주권론과 독일 철학자들의 범신론적 국가 주권론에 반대하여 사람들 사이에 있는 모든 권위의 근원인 하나님의 주권을 주장한다." 그래서 우리는 여기서 국민 주권론만 주장한다면 다수 국민의 이름으로 정의로운 소수가 박해를 받을 때 그들이 호소해야 할 근거가 무엇이겠는가고 질문을 제기해 볼 수 있을 것이다.

전술한 바와 같이 칼빈은 모든 권세는 하나님에게서 온다고 보았기 때문에 국민 저항권을 인정하지 않았다. 비록 독재자들이 나와 독재를 할 때라도 국민은 저항해서는 안 된다. 왜냐하면 "불의하고 난폭하게 다스리는 자들은 백성의 악함을 벌하기 위해 하나님 자신이 일으킨 자들"이기 때문이다. 독재자가 나타나서 독재를 할 때 국민들은 "먼저 주님의 채찍으로 징계를 당하는 바 우리의 잘못이 무엇인지를 생각해 보아야 한다." 그리고 나서 "왕들의 마음을 장악하고 왕국들을 교체시키는 주님의 도움을 간청"해야 한다.

그러면 하나님은 때때로 "그의 종들 가운데서 공개적인 해방자들을 일으켜 하나님의 명령을 주어 악한 정부를 벌하고 불의하게 압박받는 백성을 비참한 불행에서 구출해 낸다." 칼빈에 의하면 하나님은 이런 의로운 종들을 사용하기도 하지만 "때로는 이를 위해 다른 의도와 다른 용건을 가진 사람들의 격정을 이용한다." 첫 번째 사람들의 경우는 하나님의 합법적 부름에 따라 이 일을 하기 때문에 하나님이 왕들에게 준 위엄을 침해하는 것이 아니다. 왜냐하면 왕들이 신민들을 벌하는 것이 합법적인 것처럼 "그들은 하늘로부터 무장되어 더 큰 권력을 가지고 더 작은 권력을 진압하기" 때문이다. 그러나 두 번째 사람들의 경우는 비록 그들이 하나님의 장중에서 이 일을 하지만 악한 생각으로 악한 일을 한 것에 지나지 않는다. 말하자면 하나님은 독재자를 징벌하기 위해 의로운 하나님의 종들을 쓰기도 하지만 때로는 정권욕을 가진 악한 사람들을 이용하기도 한다는 것이다. "이 사람들의 행동은 그 자체에 따라 심판을 받겠지만 주님은 거만한 왕들의 피 묻은 홀을 분쇄하고 용인할 수 없는 정부를 전복할 때 그들을 통해 똑같이 자기의 일을 성취한다. 제후들은 이를 듣고 두려워할지어다."

그러나 칼빈은 여기서도 국민의 저항권을 인정하지 않는다. "난폭한 폭정을 교정하는 것이 주님이 보복하는 일이라면 그것이 우리에게 맡겨졌다고 생각해서는 안 된다. 우리에게는 복종하고 참는 것 이외에 다른 명령이 주어져 있지 않다." 그러나 칼빈은 곧바로 이렇게 말한다. "나는 지금까지 사인(私人, *privatis hominibus*)에 대해서 말한 것이다. 만약 이제 왕들의 방자함을 견제하기 위해 임명된 백성의 관리들 *populares magistratus*이 있다면… 나는 그들이 그들의 임무에 따라 왕들의 심한 방자함을 저지하는 것을 금지하는 것이 결코 아니다", "만약 그들이 낮은 일반 민중을 난폭하게 습격하고 욕보이는 왕들에 대해 눈을 감아 준다면 그들의 가식은 극악한 배신이 아닐 수 없다고 나는 선언한다. 왜냐하면 그들은 자기들이 하나님의 배정에 의해 백성의 보호자들로 임명되었음을 알면서 기만적으로 백성의 자유를 배반하기 때문이다." 말하자면 백성의 관리들이 독재자의 독재를 보고도 저지하지 않는다면 그것은 배임이고, 나아가서 그것은 하나님의 명령을 저버리는 것이라는 것이다.

이와 같이 칼빈은 백성의 관리에게만 저항권을 인정하고 사인에게는 저항권을 인정하지 않았지만, 그러나 종교의 문제에 있어서는 사인의 저항권을 인정하고 있다. 관리에 대한 복종이 우리로 하여금 하나님에 대한 복종을 떠나게 하는 일이 있어서는 안 된다. 이스라엘 사람들은 왕의 악한 선포에 맹종했기 때문에 정죄를 받았다. 예언자는 백성들이 사악한 왕의 칙령을 받아들인다고 심하게 책망했다. 주님은 왕들 중의 왕이다. 그러므로 주님의 명령 때문에 왕들에게 복종하는 우리가 왕들을 만족케 하기 위해 주님을 불만케 하는 것은 어리석은 일이라고 칼빈은 말한다.

5. 결언

영국의 청교도Puritans, 스코틀랜드의 장로교도Presbyterians, 프랑스의 위그노Huguenots, 네덜란드의 베거Beggars, 그리고 미국의 필그림 파더Pilgrim Fathers, 이들 모두는 자기들의 나라에서 민주주의의 발전에 지대한 공헌을 했는데, 이들 모두가 칼빈의 정신적 후예들인 칼빈주의자들이었다. 따라서 칼빈이 근대 민주주의의 주창자라는 가정은 자연스럽게 받아들여져 왔다. 그러나 전술한 세네비에르의 저서가 나온 다음 이 문제는 칼빈 연구가들 사이에 적지 않은 논란의 대상이 되어 왔다.

우리는 이 장에서 칼빈이 시민 정부에 대해 적극적이고 긍정적인 관념을 가지고 있었음을 살펴보았다. 그리고 정부 형태에 대해서는 차선책으로 폭군정이 아닌 군주정도 인정했지만 최선의 정부 형태는 민주정과 귀족정의 혼합 정부임을 주장했으며, 선거에 의해 통치자를 뽑아 통치자가 법에 따라 통치하는 것을 최선의 길로 인정했음을 살펴보았다. 그리고 칼빈이 모든 권세는 하나님께로 온다고 보았으므로 독재에 대한 국민의 저항권을 인정하지 않았지만 백성의 관리의 저항권은 인정했을 뿐만 아니라 그 권리를 행하지 않는 것을 배임으로 보았음을 살펴보았다.

이처럼 우리는 칼빈 안에서 후에 권력분립으로 표현된 권력의 상호 견제 사상, 후에 대의 민주주의로 표현된 민주정과 귀족정의 혼합 정부에 대한 사상, 후에 의회의 탄핵 소추권으로 표현된 백성의 관리의 저항권 등 많은 민주주의의 사상적 요소를 발견할 수 있었다. 칼빈은 사인의 저항권을 인정하지 않았지만 종교 문제에 대한 사인의 저항권은 인정했기 때문에 유럽 여러 나라들에서 칼빈주의자들이 종교 문제로 박해를 받을 때 저항권의 사용을 당연한 것으로 보고 사용했으며, 그것은 바로 민주주의 발전에 지대한 공헌이 되었다. 이런 점에서 "칼빈이 없었다면 크롬웰이 없었을 것이다"라고 말한 벨로크Hilare Belloc의 말은 상당한 타당성이 있다고 하겠다. 말하자면 칼빈의 독재자에 대한 해방자의 사상과 독재자에 대한 백성의 관리의 저항권 사상은 크롬웰에게 청교도 혁명을 주도해 나가면서 국왕을 처형할 도덕적 용기를 주었다고 할 수 있다.

제 15 장
칼빈은 자본주의의 아버지인가 기독교 사회주의의 창시자인가

1. 서언

독일의 종교 사회학자 막스 베버는『프로테스탄트 윤리와 자본주의의 정신』에서 프로테스탄트 윤리, 특히 칼빈주의적 윤리가 자본주의의 발전에 큰 공헌을 했다고 주장했다. 우선 그는 프로테스탄트의 직업 소명설이 자본주의의 발달에 공헌했다고 보았다. 루터는 모든 직업을 소명으로 봄으로써 세속적 의무의 수행이 하나님으로부터 부여된 사명이라고 보았다는 것이다. 그러나 루터는 이 새로운 직업 관념에 잠재해 있는 경제적 가능성을 발전시키지 못하고 오히려 신분 질서를 유지하려는 경제적 전통주의로 복귀했다고 베버는 주장했다. 이에 반해 칼빈은 루터의 직업 관념을 계승하고 전통주의적인 면을 일소하여 근대적 직업 관념을 발전시켰다고 보았다. 자기의 직업에 충실한 것이 하나님께 충실한 것이라고 가르침으로써 일에 전념하는 인간형을 발전시켰다는 것이다. 다음으로 베버는 칼빈주의의 예정론이 자본주의의 발달에 공헌했다고 보았다. 예정론에 의하면 어떤 사람은 하나님으로부터 선택되었고 어떤 사람은 버림을 받았으며, 이것은 인간이 돌이킬 수 없는 결정이라는 것이다. 여기서 사람들은 자기가 선택받았는가를 묻게 되고 그 선택의 표징을 찾게 되었으며, 자기가 선택받은 자임을 확신하기 위해 금욕적 노동에 충실하게 되었다는 것이다. 요컨대 베버는 칼빈주의의 직업관과 예정론이 근면하고 검소하고 절약하는 인간형을 형성했으며, 그런 사람들에 의해 자본주의가 발달했다고 주장했다.

막스 베버를 이어 트뢸취는 『기독 교회와 집단들의 사회적 교훈들』에서 베버의 주장을 받아들여 칼빈주의의 직업관과 예정의 확증을 위한 금욕적 노동, 그리고 이와 결부되어 나태를 금기시하고 소득 획득을 하나님의 축복으로 보는 가르침이 자본주의의 발달에 공헌했다고 주장했다. 그러나 트뢸취는 칼빈주의에서는 노동과 이익이 순전히 개인적 유익을 위한 것이 되어서는 안 된다고 가르쳤으며 자본가는 하나님의 청지기로서 자본을 증가시켜 자기를 위해서는 최소한의 액수만 쓰고 나머지는 사회 전체의 유익을 위해 써야 한다고 가르침으로써 기독교 사회주의적 요소를 품고 있었으며, 그것은 후에 기독교 사회주의로 발전했다고 주장했다.

한편 비엘러André Biéler는 『칼빈의 경제 사회적 사상』에서 베버의 논제를 비판적으로 검토하면서 베버가 언급한 칼빈주의는 칼빈의 칼빈주의가 아니라 칼빈의 사상과는 다른 후의 칼빈주의자들의 사상이었다고 주장했다. 그리고 칼빈의 경제 사상은 "각자로부터 그의 능력에 따라, 각자에게 그의 필요에 따라"로 요약할 수 있다고 보았다. 그는 이런 칼빈의 사상을 인격주의적 사회주의로 명명할 수 있다고 말했다.

비엘러를 이어 그레이엄W. Fred Graham은『건설적 혁명가 존 칼빈과 그의 사회 경제적 영향』에서 역시 베버의 논제를 비판하면서 베버가 칼빈주의자로 언급한 사람들 중에 리처드 백스터만이 진정한 칼빈주의자였다고 주장하고 리처드 백스터의 사상에 대한 막스 베버의 설명도 리처드 백스터의 원래 정신과는 다른 것이라고 주장했다. 백스터는 직업이 얼마나 부를 줄 것인가를 생각하기 전에 먼저 하나님과 공익을 위한 봉사인지, 그 직업이 영혼과 육체에 유익한지를 고려해야한다고 주장했다는 것이다. 또한 칼빈주의의 예정론이 인간에게 불안과 공포를 주어 금욕적 노동에 몰두하기보다 오히려 위로를 주었다고 주장했다. 그레이엄은 이렇게 베버를 비판하고 칼빈의 사상은 "16세기 중부 유럽에 하나의 조그마한 복지 국가를 탄생시키는 데 공헌했다. 토니Tawney의 표현으로 하면 그것은 기독교 사회주의였다"라고 말했다.

그레이엄 이후 리이드W. Stanford Reid는 1983년 "존 칼빈은 자본주의의 아버지인가?" 하는 논문에서 자본주의는 여러 가지 다른 요인들에 의해 발달되었다고 주장하면서 베버의 논제를 비판했다. 리이드는 베버가 칼빈을 철저하게 연구하지 않았다고 지적하고 베버는 칼빈의 가르침에 관심을 둔 것이 아니라 그 가르침이 미친 결과에 대해서만 관심을 두었다고 말했다. 리이드에 의하면 예정론이 칼빈주의의 중심 교리가 아니라 이신득의가 중심 교리이며, 그래서 재산을 모으는 등 예정의 표징이 없다 하더라도 하나님의 은총에서 제외되었다고 하는 불안을 가질 필요가 없었다는 것이다. 또한 칼빈은 가난한 사람들을 나태의 죄 때문이라고 비난한 것이 아니라 집사들을 통해 이들을 도와주어야 한다고 주장했다는 것이다. 그래서 리이드는 칼빈은 자본주의의 아버지일 수 없다고 주장했다.

또한 월리스Ronald S. Wallace는 1988년 『칼빈, 제네바 및 종교개혁』이라는 저작에서 칼빈의 가르침은 자본주의의 경쟁적 원리와는 상반된다고 주장함으로써 역시 칼빈의 정신과 자본주의의 정신은 다르다고 주장했다.

칼빈의 경제 사상이 '자본주의적'이었는가 아니었는가, 아니었다면 '기독교 사회주의적'이었는가 하는 문제에 대해 부스마는 『존 칼빈: 하나의 16세기 초상화』에서 하나의 칼빈이 아니라 두 개의 칼빈을 상정함으로써 칼빈 안에는 이 두 면이 공존해 있다고 주장했다. 부스마는 칼빈은 한편으로는 사유 재산 제도를 옹호하고 상업과 이자를 인정하고 빈부 격차를 용인하고 빈부의 차이에 따라 풍부한 생활과 빈핍한 생활을 하는 것을 받아들이며, 노동을 존중하고 게으름과 시간의 낭비를 비판하고 검약을 주장하는 등 자본주의의 발달에 공헌한 면을 가지고 있었으며, 다른 한편으로는 개인에 대한 공동체의 우위성을 주장하고 집사들에 의한 사회사업 활동을 장려할 뿐만 아니라 모든 인간은 이웃을 돕는 청지기로 임명되었다고 보는 등 인간의 공동체성을 주장하는 면이 있었다고 한다. 부스마가 하나의 칼빈이 아니라 두 개의 칼빈, 즉 칼빈 안에는 두 면이 있다고 해석한 것은 뛰어난 통찰로 보인다. 그러나 부스마가 말한 것처럼 스콜라 철학자 칼빈과 인문주의적 수사학자 칼빈이 불안하게 공존해 있다기보다는 복음주의자 칼빈과 인문주의자 칼빈이 중심과 주변의 관계로 공존해 있다고 보는 것이 타당할 것 같다.

부스마는 칼빈에 대한 에라스무스의 영향을 강조하지만, 『기독교 강요』 제2권 제5장을 보면 자유 의지에 관한 문제에 대해 칼빈은 자유 의지를 지지하는 에라스무스적 주장을 반박하고 노예 의지를 지지하는 루터적 주장을 지지하고 있음을 볼 수 있다. 이것은 칼빈이 에라스무스적 인문주의보다는 루터적 복음주의를 우위에 두었음을 잘 보여주는 것이라 하겠다. 그러나 다른 한편 칼빈은 스토아 철학자인 세네카의 『관용론』에 대한 주석을 쓸 정도로 스토아 철학적인 인문주의에 심취했던 인물이기도 하며, 그의 이런 인문주의적 사상은 그의 생애에 계속해서 남아 있었다. 부스마는 칼빈의 인문주의를 지나치게 강조하고 칼빈 사상의 중심에 있는 복음주의를 간과함으로써 사랑의 사회성에 대한 칼빈의 가르침을 바르게 강조하지 못했다고 하겠다. 요컨대 칼빈의 경제 사상에는 개인의 자유성을 강조하는 인문주의적 요소와 복음에 근거하여 사랑의 사회성을 강조하는 복음주의적 요소가 주변적인 것과 중심적인 것의 관계로 공존해 있다고 하겠다. 그래서 칼빈은 "주님은 우리가 기금이 허락하는 한 곤란에 처한 사람들을 도와서 풍부한 사람도 없고 결핍한 사람도 없도록 우리에게 명한다"고 말함으로써 사랑에 근거한 평등한 사회를 지향하는 듯하다가도 재산의 공유에 의해 유무상통하는 사회를 만들려고 한 재세례파에 대해 광신주의자들, 시민적 질서의 전복자들이라고 비난했다. 그의 복음주의의 공동체적 사랑은 항상 인문주의의 개인적 자유에 의해 제한을 받았다고 하겠다.

2. 자본주의적 요소

칼빈의 경제 사상에 있어서 먼저 생각해 보려고 하는 것은 자본주의적인 면이다. 우선 칼빈은 일부 재세례파가 재산의 공유를 주장한데 대해 사유 재산 제도를 옹호했다. 재세례파에서는 에덴동산과 신천지에는 사유 재산이 없고 교회의 원형인 예루살렘 원 교회는 재산의 공유를 실시했기 때문에 참된 교회가 되려면 재산을 공유해야 한다고 주장했다. 또한 그들은 예수님이 자기를 부정하고 모든 소유를 버리고 예수님을 따르라고 했기 때문에 사유 재산을 포기해야 한다고 주장했다. 이에 대해 칼빈은 사유 재산제는 인간이 타락한 후 하나님이 정해준 제도라고 주장했다. "각 개인이 자기의 사유 재산을 소유하도록 허락하는 시민적 질서가 문란되지 말아야 한다. 왜냐하면 재산의 소유권이 인간들 사이에서 구별되고 개인적이 되는 것은 인간들 사이에 평화를 유지하기 위해 필수적이기 때문이다"라고 칼빈은 말했다. 예루살렘 원교회가 공유 재산 제도를 택했다는 재세례파의 주장에 대해 칼빈은 사도행전에서 밭을 팔아 그 값을 바친 두 사람을 특별히 언급하고 있는데, 만일 모든 사람이 재산을 바쳐 재산을 공유했다면 이 두 사람을 특별히 언급하지 않았을 것이라고 반론을 폈다. 그래서 칼빈은 예루살렘 원교회는 재산을 공유한 것이 아니라 다만 신앙이 돈독한 신도들이 재산을 팔아 구제할 정도로 열성을 보였다고 해석했다. 그래서 칼빈은 이렇게 말한다.

광신주의자들 때문에 이 구절(행 2:44)에 대한 건전한 해석이 필요하다. 그들은 재산의 $\kappa o\iota\nu\omega\nu\acute{\iota}\alpha$를 주장하는데, 그것에 의해 모든 시민적 질서가 전복된다. 이 시대에 재세례파가 소요를 일으켜왔다. 왜냐하면 그들은 각자의 재산을 한 덩어리로 모아 놓고 모든 사람이 그것을 공동으로 사용하지 않는다면 교회가 존재하지 않는다고 생각했기 때문이다.

칼빈은 시편 주석에서 구제 활동을 할 때 자기 것으로 어느 정도 구제할 수 있는지 합리적으로 계산할 것이며, 지나친 구제 활동으로 가족을 곤궁에 빠뜨리는 일이 있어서는 안 된다고 경고하기도 했다.

칼빈은 사유 재산 제도를 옹호함과 동시에 부의 편재를 인정했다. 재산의 불평등은 하나님의 섭리에 따른 것이라고 보았다. 하나님이 어떤 사람에게 재물을 많이 준 것은 부유함 속에도 교만에 빠지지 않고 가난한 사람들에 대한 사랑을 갖고 도와주는지를 시험하기 위한 것이며, 어떤 사람을 가난하게 한 것은 가난 속에서도 하나님을 원망하지 않고 감사하면서 살아가는지를 시험하기 위한 것이라고 보았다. 재세례파는 재산의 공유가 그리스도인의 사랑의 표현인 것으로 본 데 반해, 칼빈은 재산을 공유하면 그리스도인의 사랑의 실천인 자선을 행할 수 없다고 보았다. "이 광기에 의해 성취되는 일이란 아무도 선한 양심으로 구제할 수 없게 되는 것이다"라고 칼빈은 말했다. 또한 칼빈은 공유 재산 제도를 택하면 인간들이 일하기 싫어하고 나태해지는 것으로 생각했다. 칼빈은 수도원의 재산의 공유에 대해 이렇게 비판한다. "수도사들은 아무 것도 자기 것이라고 하지 않기 때문에 사도들의 규칙을 지킨다고 말하는데, 그들의 뻔뻔스러움은 우스꽝스러운 것이다. 그들은 아무 것도 팔지 않고 가난한 사람이 있어도 전혀 관심을 보이지 않으며 그들의 게으른 배를 가난한 자들의 피로 채우며, 재산의 공유에 관심을 가지는 것은 온 세상이 굶주린다 하더라도 다만 자기들은 풍만하고 사치스럽게 생활하기 위한 것일 뿐이다."

칼빈은 소유의 불평등을 인정함과 동시에 생활의 불평등도 인정했다. "우리는 부자가 빈자보다 더 잘 사는 것이 잘못되었다고 할 정도로 평등을 주장하지 않는다. 빈자는 거친 빵과 검소한 식사를 하고 부자는 그의 상황에 따라서 더 잘 먹을 수 있다"라고 칼빈은 말했다.

칼빈은 이처럼 사유 재산 제도를 옹호함과 동시에 상공업에 대해 긍정적으로 평가했다. 칼빈은 상공업도 하나님이 정한 천부적 직업으로 보았으며 상인들의 매매 활동이 건전한 사회생활에 있어서 귀중한 역할을 하고 있음을 인정했다. "상업의 거래 없이 공적 정부가 지탱될 수 없다"라고 칼빈은 말했다. 상품을 쉽게 수입하고 수출할 수 있는 강이 있는 지역은 급속도로 번영할 수 있다고 평가하기도 했으며, 무역은 사람들에게 큰 도움을 준다고 말했다. 또한 상인들은 부지런히 활동할 뿐만 아니라 많은 불편과 위험을 무릅쓰고 일하면서 이윤을 남긴다고 말했다.

칼빈은 상공업을 긍정적으로 평가함과 동시에 이자를 받는 것을 허용했다. 당시 가톨릭교회는 이자를 받는 것을 금지했다. 교회가 이자를 금지한 것은 우선 성경에 이자를 받지 말라는 말씀이 있으며, 다른 한편 아리스토텔레스의 주장에 의하면 돈에는 증식성이 없기 때문이었다. 그러나 칼빈은 성경에서 이자를 받지 말라고 한 것은 가난한 자들이 소비 자금으로 빌린 돈에 대해 이자를 받지 말라고 한 것이지, 사업을 하는 사람이 돈을 더 벌기 위해 사업 자금으로 빌린 돈에 대해서까지 이자를 받지 말라고 한 것은 아니라고 주장했다. 돈에는 증식성이 없다는 주장에 대해 칼빈은 돈을 단순히 금고 속에 넣어두면 증식성이 없지만 사업하는 사람은 사업을 통해 돈을 증식시킨다고 주장했다. 칼빈은 이렇게 말한다.

> 돈은 돈을 낳지 않는다고 한 성 암브로시우스와 크리소스토모스의 이론은 내 판단으로는 너무 피상적이다. 바다가 무엇을 낳는가? 땅이 무엇을 낳는가? 나는 집을 빌려 주고 수입을 얻는다. 거기서 돈이 자라기 때문인가? … 그리고 우리가 말할 수 있는 어떤 다른 소유에서보다 상업에서 돈이 더 결실이 있지 않는가? 농지를 빌려 주고 지대를 받는 것은 합법적이고 돈을 빌려 주고 그 열매를 받는 것은 불법적이란 말인가? … 상인들은 어떻게 그들의 이윤을 얻는가? 그들의 노력에 의해서라고 말할 것이다. 확실히 돈을 금고 속에 넣어 두면 열매를 내지 못한다는 사실을 아동들도 알고 있음을 나는 인정한다. 그러나 우리에게 돈을 빌려 달라고 하는 자는 이 돈을 한가하게 간직하여 아무 소득도 얻지 않으려고 하는 것은 아니다. 이윤은 돈 자체로부터 오지 않으나, 그러나 그것이 유통됨으로써 온다.

프랑스에서는 칼빈주의자들에게 신앙의 자유를 주었던 낭트칙령이 루이14세에 의해 폐지되고 칼빈주의자들이 프랑스를 떠나게 되었을 때 그 당시 투레느라고 하는 곳에서는 무두질 공장이 400에서 54로, 베틀이 8,000대에서 1,200대로, 견직 기계가 40,000대에서 4,000대로, 제분기가 700대에서 70대로 줄었다고 하는 통계가 남아 있는데, 이것은 상공업에 종사하는 사람들이 칼빈의 가르침을 선호했음을 잘 보여 주는 것이라고 하겠다.

칼빈의 이런 사상에 정념을 억제하고 이성을 따르라는 스토아적

인문주의의 정신에 근거한 금욕주의적 기상과 합리주의적 사고가 결부되어 칼빈의 사상은 베버가 말한 '자본주의 정신'의 형성에 크게 기여한 것이 사실이었다. 그레이엄은 막스 베버를 비판하면서 막스 베버가 칼빈주의자라고 인용한 벤자민 프랭클린을 비칼빈주의적 퀘이커 교도의 세속화한 아들이라고 혹평했지만, 나태를 비판하고 노동을 강조한 점에서 칼빈과 프랭클린은 같은 정신을 가지고 있었다. 막스 베버의 인용에 의하면 프랭클린은 이렇게 말했다. "시간은 돈이라는 것을 기억하라. … 당신의 채권자가 당신의 망치소리를 새벽 다섯 시나 저녁 여덟 시에 듣는다면 그는 지불 기일이 6개월이나 연장된다 해도 만족해 할 것이다. … 5실링 가치에 상당하는 시간을 허비하는 자는 5실링을 상실하는 것이며, 5실링을 바닷물에 버린 것과 마찬가지이다." 칼빈도 이렇게 말했다. "우리는 일하기 위해 태어났다. 하나님은 우리가 이 세상에 살고 있는 동안 게으르기를 원하지 않는다. 왜냐하면 하나님은 인간들에게 손발을 주었고 산업을 주었기 때문이다", "우리에게 할당된 짧은 삶의 시간을 볼 때 우리는 나태 속에 빈둥빈둥 지내는 것을 부끄러워해야 한다." 칼빈은 병석에 누워서도 제자들에게 구술하여 저작 활동을 계속했다. 병문안을 왔던 사람들이 안타깝게 여겨 좀 쉬라고 권면하면 마지막 숨을 쉴 때까지 하나님의 일을 하겠다고 대답했다. "죽는 순간까지 최선을 다해 일하는 삶"은 칼빈과 칼빈주의자들의 가르침이자 삶이었다.

칼빈은 시간을 아껴 일할 것을 강조함과 동시에 검소하고 절약하는 삶을 강조했다. 칼빈은 하나님은 우리에게 검소한 생활과 절제를 요구하며 무절제하고 사치스러운 생활을 금한다고 말했다. 그는 성경에 나오는 마리아와 마르다의 이야기에 대해 "수도사들이 마치 그리스도가 사색적 생활과 활동적 생활을 비교한 것인 양 이 구절을 강조하는 것은 어리석다"라고 중세적 해석을 비판하고 난 뒤 마르다의 잘못은 손님 접대를 위해 지나치게 준비한 것이었으며 "그리스도는 오히려 절약과 간소한 식사를 좋아했다"라고 말했다.

요컨대, 칼빈이 사유 재산 제도를 인정하고 상공업과 상공업상의 이윤과 사업 자금의 이자를 긍정적으로 평가하며, 근면하고 검소한 삶을 강조한 것은 막스 베버가 말한 칼빈주의자들의 가르침과 다르지 않다. 이런 요소들이 자본주의의 발달에 큰 공헌을 했다고 할 수 있을 것이다.

3. 기독교 사회주의적 요소

이와 같이 인문주의적 칼빈이 개인의 자유성을 강조하는 자본주의적 면을 주장한 반면 복음주의적 칼빈은 사랑의 사회성을 강조하는 기독교 사회주의적 면을 주장했다. 칼빈은 사유재산제는 신적 제도이긴 하지만 전술한 것처럼 기금을 형성하여 곤란에 처한 사람들을 도와서 풍부한 사람도 없고 결핍한 사람도 없는 공동체를 만드는 것이 주님의 뜻이라고 가르쳤다. 칼빈은 빈부의 격차를 인정했지만 우리의 재물을 가난한 사람들을 위해 사용해야 한다고 주장했다. 칼빈은 이렇게 말했다.

하나님이 우리에게 선을 행할 기회를 주려고 하지 않았다면 왜 이 세상에 빈곤이 있게 하였겠는가? 따라서 우리가 어떤 사람은 부하고 어

면 사람은 가난한 것을 볼 때 운명의 탓으로 돌리지 않는다. … 하나
님이 인간의 용기를 시험하기 위해 이 세상의 덧없는 재물을 불공평
하게 분배해 준다. … 만일 어떤 사람이 그의 도움을 필요로 하는 사
람들에게 선행을 행한다면 … 이것은 좋은 증거이다.

그래서 칼빈은 우리의 도움을 필요로 하는 가난한 사람들은 하나
님이 보낸 수납인이며, 우리가 그들에게 자선을 베푼 것을 하나님께
한 일로 간주해 준다고 말했다. 칼빈은 이렇게 말한다.

우리 주님이 우리 앞에 가난한 사람들을 둘 때 우리가 어떤 사람인지
를 시험하고자 하며, 우리 안에 친절함이 있는지, 아니면 우리가 야수
들처럼 잔인한지를 보고자 한 것이다. … 우리는 그들이 배고파서 부
르짖을 때까지 기다리지 말아야 한다. … 우리는 각자가 이 사람이
곤궁한가, 하나님이 그를 우리 앞에 두었는가 하고 생각해 보아야 한
다. … 하나님이 그의 수입을 거두기 위해 수납인 혹은 대리인들을
보냈기 때문이다.

칼빈은 나태한 삶을 비판하고 근면성을 주장했지만, 노동을 하나
님의 은총에 대한 감사의 응답으로 보았다. 노동은 하나님의 사랑에
감동하여 하나님을 사랑하고 이웃을 사랑하는 구체적 행위라고 본 것
이다. 그래서 일하지 않는 것은 하나님의 사랑에 대한 배신이라고 보
았다. 중세 신학에서는 행위와 구원이 수단과 목적의 관계에 있었다.
인간은 행위를 수단으로 구원이라는 목적을 달성할 수 있었다. 그러
나 종교개혁자들의 가르침에서는 구원과 행위가 원인과 결과의 관계

에 있었다. 먼저 하나님의 은총에 의해 의롭다 함을 받고 그 결과로 선한 삶이 나온다는 것이었다. 행위와 구원이 수단과 목적의 관계에 있을 때 행위가 없으면 구원에 이르지는 못할지언정 비난의 대상은 되지 않는다. 그러나 구원과 행위가 원인과 결과의 관계에 있을 때 행위가 없으면 배신이 되고 비난의 대상이 된다. 칼빈에게 있어서 노동은 하나님의 구원의 은총에 감격하여 하나님과 이웃에 대해 봉사하는 것이며, 그래서 일하지 않는 것은 하나님의 은총을 저버리는 것이다. 노동을 단순히 생계를 위한 수단으로 본다면 노동하지 않더라도 비난의 대상은 되지 않는다. 그러나 칼빈처럼 노동을 하나님의 은총에 대한 응답으로 보면 일하지 않는 것은 비난의 대상이 된다.

칼빈은 일을 강조했지만 그것은 일을 위한 일이 아니었다. 칼빈은 노동을 하나님의 은총에 대한 응답으로 보았기 때문에 공동체에 유익한 일, 이웃을 도와줄 수 있는 일을 해야 한다고 말했다. "삶의 어떤 형태도 인간 사회에 유익을 주는 것보다 하나님 앞에 더 찬양받을 만한 것이 없다"라고 칼빈은 말했다. 또한 칼빈은 이렇게 말한다.

어떤 사람이 나는 일한다, 나는 직업을 가지고 있다, 나는 이런 사업을 한다고 말하는 것으로 충분하지 않다. … 우리는 그것이 공익에 좋고 유익한지, 그의 이웃들이 그것에 의해 도움을 받는지를 보아야 한다. … 하나님은 다만 전체 사회에 유익하고 이바지하며 모든 사람들에게 선을 보여 주는 직업들을 인정할 것이다.

또한 노동이 하나님의 은총에 대한 응답이기 때문에 칼빈은 일자리를 빼앗는 것보다 더 나쁜 일이 없다고 말했다. 그런 점에서 칼빈은 제네바 시당국이 사업을 벌여서라도 실업자들에게 일자리를 마련해 주어야 한다고 권면했다.

칼빈은 노동을 하나님의 은총에 대한 응답으로 봄으로써 임금을 하나님의 은총으로 보았다. 말하자면 노동이 은총에 대한 응답이기 때문에 임금은 노동의 대가로 받는 것이 아니라 하나님이 은총으로 주는 선물이 되는 것이다. 칼빈은 고용자가 피고용자에게 임금을 지급할 때 하나님이 피고용자의 생명을 유지시키기 위해 부여한 것을 자기가 전달해 주는 데 지나지 않는다고 생각해야 한다고 가르쳤다. 고용자가 피고용자에게 정당한 임금을 지급하지 않을 때 그것은 피고용자의 몫을 약탈하는 일일 뿐만 아니라 하나님의 것을 약탈하는 행위라고 말했다. 칼빈은 고용자들의 심리를 이렇게 묘사한다. "저 사람은 모든 것이 없으니 빵 한 덩이면 고용할 수 있을 것이다. 그는 먹기 바쁘니 내 말을 쉽게 들을 것이다. 내가 그에게 노임의 절반을 주어도 그는 만족할 것임이 틀림없다." 칼빈은 또한 악덕 고용주들을 향해 이렇게 말했다. "당신들을 위해 노력과 땀과 피를 바친 가난한 사람들이 정당하게 임금을 받지 못할 때 ⋯ 그들이 당신들에 대해 하나님께 복수를 구한다면 당신들이 피할 수 있도록 누가 당신들의 변호자와 옹호자가 되겠다고 나서겠는가?

칼빈은 상업 활동을 인정했지만 부정직한 계약, 불량한 계량 기구, 매점, 매석, 독점, 폭리 등을 신랄히 비판했다. 칼빈은 특히 매점매석을 비판했다. "창고에 좀이 먹도록 밀을 썩혀 두었다가 부족할 때 팔려고 하는 사람들이 있다. ⋯ 이런 투기꾼들은 마침내 기근의 부르짖음이 들릴 때까지 창고에 밀을 모아서 안전하게 자물쇠를 채워둔다. ⋯ 사실상 우리 주님은 이렇게 많은 이익을 얻기 원하는 자들에 의해 조롱을 받는다. … 이 사람들은 하나님의 은총을 땅에 묻어 버리는 것이다."

칼빈은 사업 자금에 대한 적정한 이자를 인정했지만, 고리 대금이나 가난한 사람이 빌리는 소비 자금에 대한 이자는 금지했다.

칼빈 당시의 제네바에서는 1558년 사치 금지법을 제정하여 과소비를 규제했다. 시의회는 이 법을 만들 때 그 취지를 "많은 악을 산출하고 탐욕스러운 교만을 양육하고 빈곤과 높은 생활비를 초래하고 많은 사람들을 파멸시키는 원인인 사치를 근절시키려 하는데, 이 원리는 하나님을 크게 화나게 하기 때문"이라고 설명했다.

그리고 1559년에는 제네바 아카데미가 세워졌으며 교사들의 봉급을 시가 담당함으로써 가난한 학생들에게 수업료를 받지 않게 했다.

칼빈은 교회에 집사 제도를 둠으로써 집사들을 중심으로 불우한 자들을 위해 물질을 거두고, 병자를 간호하고 불우한 자들을 위한 구제 활동을 하는 등 복지 활동을 하도록 했다. 중세에는 deacon이 부제였으나 칼빈은 deacon의 역할을 사제 보좌의 역할이 아니라 사회 사업가의 역할을 하도록 했는데 그는 이것이 성서적 의미의 deacon을 회복하는 것이라고 생각했다.

칼빈은 이렇게 교회에 집사 제도를 두었을 뿐만 아니라 교회 헌금은 고대 교회의 관례에 따라 4등분해야 한다고 주장했다.

교회법들에는 교회의 수입을 네 부분으로 나누었는데, 하나는 교직자를 위해 하나는 가난한 자들을 위해, 하나는 교회 및 다른 건물들의 보수를 위해, 하나는 가난한 나그네나 가난한 본토민들을 위해서였다. 다른 교회법들은 마지막 것을 감독에게 할당했는데 이것은 내가 방금 말한 구분과 다르지 않다. 왜냐하면 그 법들이 그것을 감독 혼자 다

쓰거나 자기가 좋아하는 자에게 다 주거나 할 수 있는 감독의 사적 수입이라고 보지 않기 때문이다.

그래서 칼빈은 교회 수입의 "적어도 절반"은 가난한 자의 몫이 되어야 한다고 주장했다. 여기서 칼빈이 "적어도"라는 표현을 쓴 것은 고대 교회에서는 재난 때문에 긴급한 구제가 필요한 때는 그 절반 이외에도 교회의 기물을 팔아서 구제했기 때문이었다. 칼빈은 고대 교회의 아카키우스 감독은 기근으로 많은 사람들이 굶주리고 있을 때 성직자들을 모아 놓고 "우리 하나님은 먹지도 마시지도 않기 때문에 잔이나 컵이 필요 없습니다" 하고 말하고 교회의 그릇들을 녹여 팔아서 굶주린 사람들에게 양식을 사 준 예를 들고 있으며, 또 암브로시우스가 교회의 거룩한 그릇들을 녹여 팔아서 가난한 사람들을 도와주는 것을 아리우스파에서 보고 비난했을 때 암브로시우스는 "교회가 금을 가진 것은 간직하기 위한 것이 아니라 어려운 사람들을 도와주기 위한 것"이라고 대답한 것을 예로 들고 있다. 이어서 칼빈은 암브로시우스의 말을 인용하면서 "교회가 가진 것은 무엇이나 곤궁한 자들을 도와주기 위한 것이다"라고 말했다. 제네바에서는 집사들이 구빈원 원장직을 맡았으며, 그들은 교회 헌금 외에도 시당국이 배정해 주는 예산, 벌금, 기부금, 자선을 위해 헌납된 물건을 판매한 대금 등의 수입원으로 구제 활동을 해 나갔다.

칼빈은 시당국이 구빈원을 세워 가난한 사람들을 도와주는 것 이외에 실업자들에게 일자리를 마련해 주고 일자리가 없을 때는 새로운 사업을 벌여 일자리를 만들어 주어야 한다고 주장했다. 또한 시당국이 노동에 대한 임금이 정당하게 지불되고 있는지를 감독해야 하고 물품과 금전의 유통 과정에도 개입하여 부당한 상행위가 없도록 해야 한다고 주장했다.

4. 결언

칼빈주의와 자본주의의 관계의 문제는 지금까지도 논쟁되어 왔거니와 앞으로도 계속 논쟁되어질 것이다. 베버와 트릴취는 칼빈주의는 자본주의의 발달에 공헌을 했다고 주장한 반면 비엘러와 그레이엄은 칼빈주의의 정신은 자본주의의 정신과 다르며 오히려 칼빈주의는 기독교 사회주의적 면을 지니고 있었다고 주장했다. 이 문제에 대해 칼빈의 칼빈주의와 칼빈주의자들의 칼빈주의를 구별해서 대답할 수 있겠지만 그러나 이런 구별은 별로 의미가 없다. 왜냐하면 칼빈과 칼빈주의자들이 다르다면, 마찬가지로 칼빈주의자들 사이도 각기 서로 다를 것이기 때문이다. 이렇게 본다면 수많은 칼빈주의들이 있을 것이다. 그러나 우리가 칼빈주의라고 할 때 그것은 추상적 개념이며, 전형적인 것이며, 중세적 개념으로 말하면 보편자적 개념이다. 그런 칼빈주의는 칼빈의 가르침에 충실한 추상적 칼빈주의자의 칼빈주의일 것이다. 자본주의자들의 자본주의도 수없이 많을 것이며 기독교 사회주의자들의 기독교 사회주의도 수없이 많을 것이다. 그래서 역시 추상적 개념으로서, 혹은 전형적인 것으로서 자본주의와 기독교 사회주의를 말해야 할 것이다.

이렇게 볼 때 칼빈주의에는 자본주의적인 면과 기독교 사회주의적인 면이 공존한다고 말할 수 있다. 칼빈의 가르침에는 사유 재산 제도를 인정하고, 상공업 활동을 긍정적으로 평가함으로써 시장 경제 체제와 사업상의 이윤을 인정하고, 사업 자금에 대한 이자를 인정함으로써 금융업을 인정하는 등 자본주의적인 면이 있었다. 그러나 다른 한편 기금을 늘려 평등한 사회를 지향하면서, 사회가 가난한 사람들을 보호하며, 구빈원에서 환자와 나그네와 가난한 자들을 보호하며, 공립학교를 세워 가난한 가정의 아동들을 무료로 교육을 받을 수 있게 하는 등 사회주의적인 면이 있었다. 이런 점에서 스스로 칼빈주의자라고 생각하는 사람들이 자본주의의 옹호자가 될 수도 있었고 기독교 사회주의의 옹호자가 될 수도 있었다. 그러나 그들은 다 칼빈주의에 충실한 것이 아니었다. 칼빈주의는 이 둘을 포괄하고 극복하는 것이며, 그래서 이 둘 중 어느 편도 아니다. 칼빈주의는 자본주의도 기독교 사회주의도 아닌 그 나름의 독자적 경제 윤리를 가진 독자적 사상 체계이며, 그 둘에 대한 이상적 대안이라 할 수 있다.

제 1 6 장
성공회는 어떻게 시작되었는가

1. 서언

영국의 종교개혁에 대해 엘턴G. R. Elton은 "위로부터 신속한 종교개혁"rapid Reformation from above을 주장했다. 즉, 영국의 종교개혁은 국왕에 의해 빠른 시일 안에 이루어졌다고 보았다. 그러나 디킨스A. G. Dickens는 "아래로부터 신속한 종교개혁"rapid Reformation from below을 주장했다. 즉, 영국의 종교개혁은 영국의 종교개혁자들에 의해 아래로부터 빠른 시일 내에 이루어졌다고 보았다. 반대로 수정론자revisionist인 하이Christopher Haigh는 "점진적인 종교개혁"slow Reformation을 주장하였다. 하이는 위로부터의 강요가 있었으나 민중의 저항 때문에 서서히 종교개혁이 받아들여졌다고 했다. 다른 한편 반수정론자counter-revisionist인 맥컬로흐Diarmaid MacCulloch는 "점진적인 종교개혁"을 받아들이나 위로부터의 강요에 의해서가 아니라 프로테스탄트의 이념들 때문에 영국 국민들이 새 종교를 받아들였다고 주장했다.

대륙에서 종교개혁이 파급되어 감에 따라 영국에서도 종교개혁자들이 나타나 활동하기 시작했다. 이들 종교개혁자들의 활동은 위클리프의 개혁 운동을 따르던 롤라드에게 큰 힘이 되었다. 그래서 영국에서는 옛날의 개혁 운동인 롤라드 운동과 새로운 개혁 운동이 연합하여 교회 개혁 운동을 하게 되었다. 또한 이탈리아에서 시작된 인문주의 운동이 영국에서도 나타나 토마스 모어, 존 콜레트와 같은 인문주의자들이 교회의 미신적 관행들을 비판하기 시작했다.

이상에서 언급한 요소들이 영국의 종교개혁에 깊은 영향을 미쳤지만 영국에서 종교개혁의 도화선이 된 것은 국왕 헨리 8세의 이혼 문제였다. 헨리 8세의 형인 아서 왕자는 14세 때 16세인 스페인의 캐서린 공주와 결혼했다. 그러나 아서는 결혼한 지 5개월이 못되어 사망하게 되었다. 스페인 왕은 자기 딸이 청상과부가 된 것을 괴로워한 나머지 아서의 동생인 헨리 8세와 다시 결혼시킬 것을 요구했다. 그래서 아서가 죽고 난 뒤 7년 후인 1509년 헨리 8세와 캐서린이 결혼했다. 헨리 8세와 캐서린 사이에는 메리 공주 하나뿐이었다. 헨리 8세는 자기 왕국을 공주에게 물려주기는 어렵다고 생각했다. 이제 기초가 강화되어 가는 영국을 공주에 물려준다는 것은 위태로운 일이라고 생각했다. 그때 그는 사랑에 빠진 앤 볼린이라는 여성에게서 왕자를 보기 위해 캐서린과 이혼을 궁리했다. 교황은 처음에는 이 이혼을 인정해 줄 생각이었으나 당시 황제 찰스 5세가 자기 이모가 이혼당하는 것을 보고 있을 수 없어 교황에게 압력을 가했다. 이래서 국왕은 종교개혁자인 토마스 크랜머를 캔터베리 대주교로 임명하고 그로 하여금 캐서린과의 결혼은 형수와의 불법적인 결혼이었으므로 무효였다고 하는 선언을 하게 했다.

2. 헨리 8세 치하의 개혁

　헨리는 1534년에 국회에서 수장령을 통과시켰는데, 그것은 영국 교회의 머리는 교황이 아니라 국왕이며, 국왕은 안수나 성례 집례 이외의 교황의 권한을 갖는다는 것이었다. 헨리는 수장령에 반대하는 카르투시아 수도사들을 처형하고, 피셔 주교와 토마스 모어를 처형했다. 그리고 1536년에는 영국 교회의 신조로 10개 조문을 작성하게 했다. 이 조문은 복음주의적인 크랜머 대주교의 입장보다는 보수주의적인 가디너 주교의 입장이 반영된 것이다. 이 조문은 교황의 간섭을 막는 한편 교리와 의식은 그대로 두었으나 아우구스부르크 신앙고백의 영향이 희미하게 반영된 것이다. 성경의 전체 정경과 고대의 3신조를 교리의 표준들이라 하고 세례는 구원에 필수적이라고 주장했다. 고해는 세례 후에 짓는 중죄를 위한 성례라 규정하고 성찬에서 그리스도의 몸과 피를 받는다고 했다. 그러나 가톨릭의 7성례 중 4성례에 대해서는 언급하지 않았다. 그 다음으로 행위로는 의인이라 칭함을 받을 수 없다고 말하면서 신앙에 뒤따르는 선행을 하나님이 요구하신다고 했다. 그 다음 6조부터 10조까지는 로마 가톨릭교회의 여러 가지 의식을 다루는데, 한 마디로 말해 그 의식은 선하지만 구원할 힘은 없다고 하는 입장을 취하고 있다.

　헨리는 처음에는 10개 조문에 나타난 것처럼 프로테스탄트 측 방향을 다소 수용했으나, 마침내 교황이 프랑스와 스페인이 연합하여 영국을 공격하라고 명령한 후 가톨릭 측의 공격을 피하기 위해 가톨릭적 정통 신앙의 선언이 필요하다고 느꼈다. 그래서 1539년 헨리는 6개 조문을 작성하여 발표하게 하는데, 그것은 화체설을 주장하고 성직자의 결혼을 반대하고 순결 서약과 보통 미사와 고백을 장려한 것이었다. 이로 보아서 헨리 8세의 개혁은 영국 교회가 로마 가톨릭교회로부터 단절되었다는 의미에서 반가톨릭적이긴 했으나 친 프로테스탄트적이었다고 보기는 어려웠다.

3. 에드워드 6세 치하의 개혁

1547년 헨리 8세가 죽고 그의 아들 에드워드 6세가 왕위에 올랐다. 그는 서머셋의 후견을 받으며 프로테스탄트의 영향 아래 영국 교회를 개혁해 나갔다. 우선 1547년 국회에서는 평신도에게 두 종류의 성찬을 베푸는 것을 결정했으며 6개 조문을 취소했다. 다음해는 성상을 제거하고 그 다음해는 성직자의 결혼을 인정했다. 1549년 공동 기도서를 발행하고 통일령을 발표하여 모든 예배에서 이 기도서를 사용하도록 했는데, 이 기도서는 프로테스탄트적이었다. 1553년에는 대주교 크랜머에 의해 42개 조문이 작성되었는데 이 신조는 칼빈주의적 프로테스탄트주의를 반영하고 있다. 5조에서는 성서에 기록되지 않은 것이나 성서에 의해 입증되지 않은 것은 신앙의 조항으로 믿도록 강요해서는 안 된다고 함으로써 성서의 유일한 권위를 주장했다. 9조에서는 하나님의 은총이 없이는 선행을 할 힘이 없다고 함으로써 은총을 강조했다. 11조에서는 '오직 신앙'에 의한 득의를 주장했다. 17

조에서는 구원으로의 예정만 언급하고 유기에 대해서는 언급하지 않음으로 극단적 칼빈주의에 대해서는 유보적인 입장을 취했다. 20-22조에서는 교회의 두 표지는 말씀과 성례라고 함으로써 아우구스부르크 신앙고백과 칼빈의 입장을 따르고 있다. 26-30조는 성례를 다루는데, 성례를 단순한 상징으로 보는 츠빙글리의 입장과 가톨릭의 화체설과 루터파의 편재설을 다 비판하고 칼빈적 입장을 고수하고 있다.

4. 메리 여왕의 가톨릭적 반동

프로테스탄트들의 의욕적 개혁 운동은 허약한 국왕 에드워드 6세의 사망으로 시련에 봉착하게 되었다. 헨리 8세의 남은 두 딸은 캐서린의 딸인 메리 공주와 앤 볼린의 딸인 엘리자베스 공주였다. 결국 왕관은 메리 공주에게로 돌아갔으며 메리 공주는 자기 어머니의 결혼이 무효라고 선언한 프로테스탄트들에 대해 피의 보복을 시작하고 가톨릭교회로 돌아갔다. 1554년 메리는 가톨릭 군주인 스페인의 필립과 결혼함으로써 가톨릭의 지원을 받았으며, 그해 폴 추기경은 영국 교회를 이단죄로부터 사면시켜 주었다. 1555년에는 로저스, 라티머, 리들리 등이 처형되었다. 라티머는 옥스퍼드에서 처형되면서 순교자의 용기를 보여 주어 보는 이들을 감동시켰다. 라티머는 리들리에게 이렇게 말했다. "리들리 씨, 마음을 굳게 먹고 남자답게 용기를 내십시오. 우리는 오늘 하나님의 은혜로 다시는 꺼지지 않을 촛불을 영국 안에 밝히게 되었습니다." 크랜머 대주교는 메리의 회유 정책에 넘어갔다. 크랜머는 자기가 선언한 수장령에 따라 교회의 수장인 국왕 메리에게 순종해야 한다고 결론을 내렸다. 메리는 크랜머에게 프로테스탄트 신앙을 버린다는 확인을 받고도 자기 어머니의 이혼을 가능케 한 그를 살려 둘 생각이 없었다. 크랜머도 역시 옥스퍼드에서 처형되었는데 그는 죽는 순간 자기의 프로테스탄트 신앙을 선언하고 용기 있게 죽었다. 메리 여왕의 프로테스탄트 박해로 인해 300명에 가까운 프로테스탄트들이 순교했다.

5. 엘리자베스 여왕 치하의 개혁

메리 여왕은 불과 5년간 재위하고 사망하게 됨에 따라 영국의 왕위는 헨리 8세의 남은 딸 엘리자베스에게로 넘어갔다. 엘리자베스는 1559년 메리 여왕이 폐기시킨 수장령을 다시 통과시켰다. 이번에는 영국왕이 영국 교회의 최고 머리라는 표현 대신 최고 통치자라는 표현으로 바꾸었다. 또한 1559년에 에드워드 6세 때 작성한 제2기도서를 개정하여 예배 때 사용하게 했다. 1563년에는 42개 조문을 개정하여 39개 조문을 만들었다. 제외된 3개 조문은 재세례파와 관계된 조문으로 더 이상 재세례파의 위험이 없어져서 불필요하여 삭제한 것이었다. 이 39개 조문은 그 후 계속하여 영국 교회의 표준적 신조가 되었다. 엘리자베스 여왕의 이런 노력도 철저한 프로테스탄트들 편에서는 불완전한 개혁으로 보였다. 그래서 영국 교회를 가톨릭교회의 잔재로부터 청결케 해야 한다고 주장하는 사람들이 나타나기 시작했는데 이들을 청교도라고 한다. 1566년 험프리와 샘프슨은 사제 복장을 비판했으나 파커 대주교가 이들을 면직시킴으로써 영국 교회 성직자들은 계속 사제 복장을 입었다. 1570년에는 카트라이트가 주교 제도에 대해 비판한다가 파면되었다. 영국 교회는 이처럼 제도와 의식은 가톨릭 전통을 고수하고 신앙과 교리에 있어서는 프로테스탄트 측 입장을 받아들이는 중도의 길을 갔다.

제 1 7 장
스코틀랜드 장로교회는 어떻게 시작되었는가

스코틀랜드는 영국과 3차에 걸친 전쟁을 하면서 영국과의 합병을 두려워하여 친불 정책을 썼다. 제임스 4세는 영국 왕 헨리 7세의 딸 마가렛과 결혼했으나 그의 아들 제임스 5세는 프랑스의 귀족 가문인 기즈가의 메리와 결혼했다. 그러나 스코틀랜드의 귀족들 중에는 국왕의 이런 정책에 반대하는 자들이 있었다.

스코틀랜드에는 일찍부터 종교개혁자들이 활동했다. 1528년 해밀턴은 20대의 청년으로 화형에 처해졌지만 조금도 두려워하지 않고 용기 있게 순교했다. 또한 밀른은 이렇게 말했다. "저는 팔순하고도 이년이올시다. 그냥 두어도 오래 살 수 없습니다. 그러나 내 뼈의 잿더미 속에서 수백의 위인들이 일어날 것입니다."

스코틀랜드에서 종교개혁을 성공적으로 이끈 사람은 존 녹스였다. 녹스는 1540년경 사제가 되었으며 1542년에 이르러 복음주의 신앙으로 돌아섰다. 그는 1547년 세인트 앤드류스에서 프랑스 군에 체포되어 노예선에서 노예 생활을 했으나 석방되어 영국으로 가서 궁중 목사로 일했다. 1554년에는 메리 여왕의 박해를 피해 대륙으로 건너가 제네바에서 칼빈의 영향을 받았다. 그래서 스코틀랜드의 개혁 운동은 칼빈주의적인 것이 되었다. 그는 1555년 스코틀랜드로 가서 개혁 운동을 했으나 여의치 않아 6개월 만에 제네바로 돌아갔다가 다시 1559년 스코틀랜드로 들어가서 개혁 운동을 전개했다.

스코틀랜드의 국왕 제임스 5세가 죽자 갓난 공주인 메리가 1542년 여왕이 되었으며 1547년에는 프랑스의 왕자 프랑수아 2세와 약혼하고 1548년에 프랑스로 건너가게 되었다. 이렇게 메리 여왕이 프랑스와 가까워지자 1557년 프로테스탄트 측과 반불 귀족들이 동맹하여 "하나님 말씀의 회중"을 결성하여 개혁 운동을 폈다.

1559년에 귀국한 녹스는 1560년에 25개 조문을 통과시켰는데, 이 신앙고백은 칼빈주의적 입장을 따르는 신앙고백이었다. 그 신앙고백의 서언에서는 이렇게 말했다. "어떤 사람이 우리의 이 신앙고백에서 하나님의 거룩한 말씀에 모순되는 한 조항이나 문장을 발견하여 그리스도인의 사랑으로 부드럽게 그것을 써서 우리에게 지적해 준다면 반가운 일이 될 것이다. 우리는 명예와 신실성을 가지고 하나님의 말씀, 즉 거룩한 성서로부터 그에게 만족할 만한 대답을 해주거나 아니면 잘못이 입증될 경우 고칠 것을 약속한다." 이 신앙고백에서는 선행은 신앙의 열매이며 신앙은 성령의 열매라고 했다. 그리고 참된 교회의 표지는 세 가지인데, 즉 하나님의 말씀을 진실되게 전파하는 것과 성례를 올바르게 집행하는 것과 권징을 바르게 실행하는 것이라고 했다. 그리고 성례들은 하나님의 백성과 다른 사람들을 겉으로 구별할 뿐만 아니라 그들의 신앙을 강화시켜 주며 그들의 마음속에 하나님의 약속과 그리고 그리스도와 연합되었다는 보증을 인쳐 준다고 했다. 그것들은 아무 것도 없는 텅 빈 표시들이 아니라고 했다. 또한 그리스도께서 멀리 하늘에 계시지만 몸과 피는 그의 신성에 의해 우리에게 전달된다고 했다. 하지만 화체에 의해 그렇게 되는 것이 아니라 성령의 능력에 의해 신앙을 통해 그렇게 된다고 했다. 1561년에는 제1 권징서를 제출했는데 여기서 당회, 노회, 대회, 총회라고 하는 장로교회 제도의 전형이 제시되었다.

1560년 프랑수아 2세가 죽고 미모의 청상과부인 메리가 스코틀랜드로 돌아오자 국민들은 그를 열광적으로 환영했다. 그는 열렬한 가톨릭 교도로 프로테스탄트를 박해하고 가톨릭 부흥 운동을 펴기 시작했다. 그러나 그녀가 재혼한 단리가 천연두를 앓아 격리 치료를 받던 중 화재로 죽고 난 다음 보스웰과 다시 결혼하자 국민들은 그들의 도덕성을 의심하기 시작했다. 메리 여왕은 마침내 양위하고 유배되었으며, 영국으로 탈출했다가 반역죄로 처형되게 되었다. 이로써 스코틀랜드는 더 이상의 가톨릭적 반동이 없이 종교개혁이 굳게 확립되었다.

제 18 장
로마 가톨릭의 개혁, 개혁이었는가 반동이었는가

1. 서언

루터가 종교개혁을 시작했을 무렵 많은 사람들이 교회 개혁의 필요성을 느끼고 있었다. 교회가 개혁되어야 한다는 데는 이의가 없었으나 어떤 면에서, 어느 정도로 개혁되어야 하는지에 대해서는 의견들이 달랐다. 많은 사람들이 루터의 생각과는 달리 1,500년간의 교회 전통을 존중하면서 행정적, 도덕적 개혁을 시도했다. 이런 움직임은 루터가 종교개혁을 하기 전부터 시작되었으며, 루터의 종교개혁이 있자 한편으로는 루터의 종교개혁에 반대하고 다른 한편으로 가톨릭교회를 개혁하려는 움직임으로 나타났다. 가톨릭 측의 이 운동은 '반종교개혁'이라고도 불린다. 인류 역사상 혁명이 일어나면 이 혁명에 반대하는 반혁명Counter-Revolution이 일어나기도 한다. 반종교개혁은 이런

의미로 만들어진 용어이다. 그러나 가톨릭측의 운동은 단순한 반종교
개혁이 아니라 그 나름의 개혁 운동과 부흥 운동이었다고 할 수 있다.
특히 1960년대 이후 가톨릭 측과 개신교 측이 서로 대화를 시작한 후
반종교개혁이라는 설명보다 가톨릭의 개혁 운동과 부흥 운동이라는
설명이 우세해졌다.

2. 로마 가톨릭교회의 개혁 운동

종교개혁 이전에 스페인에서는 이사벨라 여왕과 히메네스 추기경
이 가톨릭교회의 개혁과 부흥 운동에 힘썼다. 그들은 성직자들의 도
덕적, 지적 향상을 도모하려고 노력했으며, 교회 폐단을 제거하고 성
서 연구에 힘쓰게 했으며, 한편으로는 이단 심문소를 설치하여 이단
을 경계하는 데 힘썼다.

이탈리아에서도 스페인과 비슷한 가톨릭의 개혁과 부흥 운동이
있었다. 이탈리아에서 이 운동을 주도한 사람은 몇몇 추기경들이었
다. 카라파는 나중에 교황 바울 4세가 된 사람으로 보수적인 입장에서
가톨릭 부흥을 도모했으며, 콘타리니는 진보적인 입장에서 개혁 운동
을 시도했다. 콘타리니는 1537년 교황에게 친인척 성직 임명, 성직
매매, 성직 중임, 부재 성직, 성직자들의 비도덕적 생활 등 교회의 폐
단을 지적하고 시정할 것을 건의했다. 또한 콘타리니는 루터파와의
대화를 통해 화해를 이룩하려고 시도했다. 그러나 강경파인 카라파가
가톨릭교회의 실권을 장악함으로써 루터파와의 화해 노력은 무산되
었다. 카라파는 1536년 교황의 사절로 스페인에 머물면서 이단 심문

소가 이단을 근절시키는 데 매우 효과적임을 목격하고 이단 심문소를 전 세계에 보급시키는 데 크게 공헌했다. 그는 한편으로는 가톨릭 부흥 운동을 하고 다른 한편으로는 프로테스탄트 탄압 운동에 힘썼다. 사돌레토는 여러 저작 활동으로 가톨릭교회의 부흥 운동을 했으며 특히 칼빈이 제네바를 떠나 있는 동안 제네바를 구교로 돌리기 위해 노력했다. 이들 외에도 신비주의자들, 신설 수도회의 수도사들이 가톨릭의 개혁과 부흥 운동에 공헌했다.

3. 예수회 중심의 가톨릭 부흥 운동

예수회의 창설자 이그나티우스 로욜라Ignatius Loyola는 스페인의 바스크 귀족 가문에서 1491년에 태어났다. 그는 젊었을 때 궁정에서 견습 기사로 봉사했으며 그 후에는 군인으로 봉사했다. 그는 1521년 5월에 프랑스인들이 나바레를 침입했을 때 팜플로나 전투에서 큰 부상을 입었다. 이 사건은 그의 생애에 있어서 결정적인 전환점이 되었다. 그는 자기 집안의 성곽에서 길고 고통스러운 회복기를 보내는 중에 회심을 체험했으며 더 높으신 주님께 헌신하고 봉사하기 위해 지상의 왕을 섬기려 한 모든 야망을 끊기로 결심했다. 그 동안 그에게 깊은 영향을 준 책은 루돌프의 『그리스도의 생애』, 야코포의 『황금 전설』이었다. 그 후 그는 토마스 아 켐피스의 『그리스도를 본받아』를 읽고 깊은 감명을 받았다. 상처가 회복된 후 그는 몬트세랏에 있는 성모 마리아의 성전으로 순례 여행을 갔으며, 그 후 만레사라고 하는 작은 도시에서 몇 개월 동안 은거하고 있었다. 거기서 그의 종교적 체험이 완성되었을 때 새 사람이 되어 그의 위대한 생애가 시작되었다. 그는 자기 삶의 목적이 하나님을 섬기고 영혼을 구원하는 것임을 깨닫게 되었다.

그는 1523년 초 성지 방문을 떠났으며 다음해에 돌아와서 자기 일을 효과적으로 하기 위해 교육을 받기 시작했다. 알칼라와 살라만카에서 교육을 받은 후 파리 대학에 가서 1528년부터 1535년까지 공부했다. 1534년 몽마르트르에 있는 작은 채플에서 로욜라, 프랜시스 사비에르, 디에고 라이네즈, 알폰소 살메론 등등 일곱 사람이 빈곤과 순결 서약을 하고 터키인들을 개종시키기 위해 예루살렘으로 가기로 결의했다. 그러나 전쟁 때문에 해외 선교가 불가능하자 1538년 교황의 뜻에 따르기 위해 로마에 모였다. 거기서 몇 달 동안 지속적인 종교적 조직을 결성하기로 결정했으며 새 모임의 목적과 특성을 토론했다. 마침내 1540년 바울 3세는 교서를 통해 예수회를 공식적으로 승인해 주었다.

1540년 로욜라의 『영적 훈련』의 결정판이 나왔다. 이것은 "자기의 정복과 삶의 규칙화"가 그 목적이었는데 가톨릭 부흥에 밑받침이 될 개인적 개혁과 헌신을 위해 매우 효과적인 것이었다. 로욜라는 순결, 청빈, 순종이라는 수도원의 전통적 규칙에다 교황에 대한 절대적 순종을 첨가했다. 그는 규칙 13조에서 "우리는 온전히 교회와 같은 마음을 가지며 교회에 순응하기 위해 우리 눈에 희게 보이는 것을 교회가 검다고 정의한다면 우리는 그렇게 그것이 검다고 선언해야 한다"고 말했다. 예수회는 인격적이고 지성적이고 건강하며 헌신적인 사람들을 회원으로 받아들였으며, 무려 13년간의 과정을 거쳐 정식 회원이 될 수 있었다. 로욜라가 임종할 때 예수회 회원은 천명에 이르렀으며 백 개에 달하는 대학과 신학교가 설립되었다. 예수회는 그 후에도 계속 발전해 갔으며, 수많은 회원들과 기관들을 통해 가톨릭교회를 부흥시키는 데 크게 기여했다.

4. 트렌트 공의회

트렌트 공의회는 1545년부터 1563년까지 모두 25회기에 걸쳐 열린 교회 회의였다. 이 공의회는 예수회 학자들인 라이네즈와 살메론이 중심이 되어 교령과 교칙을 작성했다. 루터는 종교개혁을 시작할때 공의회를 소집하여 교회 개혁 문제를 다루어야 한다고 주장했다. 그러나 루터가 개혁 운동을 하고 있는 동안 이 회의는 결코 열리지 않았다. 그러다가 루터가 죽기 1년 전에 교황 바울 3세에 의해 트렌트에 소집되었다. 이 회의는 가톨릭 측 대표들만 모인 회의로서 루터는 더이상 이 회의에 기대를 걸지 않았다. 한편 이 회의는 칼빈이 죽은 1564년보다 1년 전에 끝이 났다. 그래서 칼빈은 이 회의의 결정 사항을 다 검토할 수 있었다. 칼빈은 이 회의의 결정에 부분적으로 동의하기도 했으나, 이것은 전체적으로는 종교개혁자들이 받아들일 수 없는 결정이었다. 로마 가톨릭은 이 공의회를 통해 자기 갈 길을 가게 되었고 프로테스탄트 측도 더 이상 가톨릭과의 대화가 불가능함을 확인하게 되었다.

트렌트 공의회는 프로테스탄트의 개혁적 이상을 수용할 수 없었으며 프로테스탄트와의 차이를 확인했을 뿐이었다. 그러나 가톨릭에 남아 있으면서 프로테스탄트의 공격에 동요하던 사람들에게 이와 같은 교회의 유권적 해석은 동요를 극복하고 가톨릭교회에 계속 남아 있게 하는 안정제의 역할을 했다.

우리가 지금까지 살펴본 것처럼 종교개혁 시대에 프로테스탄트 측에서 수많은 교리 선언을 발표했다. 이에 로마 교회는 『트렌트 공의회의 교령과 교칙』(1545-1563)을 발표했다. 이것은 로마 교회의 교리를 통합하고 확정한 것으로서, 종교개혁자들이 성서의 정신과 문자에 직접 호소한 것과는 반대로 중세 공의회들의 결정, 교황의 결정, 교부와 스콜라 신학자들의 사상을 로마 교회의 교의적 체계에 결합시킨 것이다.

트렌트 공의회는 주로 황제 찰스 5세의 발기로 교황 바울 3세가 1545년 12월에 소집한 회의로서 그 목적은 교회의 교리와 기율을 개정하고 성문화해서 치밀한 유권적 체계로 프로테스탄트들에게 대응하기 위한 것이었다. 이 공의회에서 결정한 개혁적인 혹은 반개혁적인 교령과 교칙은 중세의 혼돈을 종결짓고 신앙과 조직과 도덕 문제에 있어서 현대적인 교황 체계로 변화하는 길을 신중하게 열었으며, 그 변화는 마침내 19세기에 와서 이루어졌다. 황제나 그리고 개혁에 관심을 가진 다른 제후들이나 교직자들은 아우구스티누스파의 관점으로 작성해서 종교개혁자들이 받아들일 수 있게 되기를 바랐지만 그 희망은 대부분 좌절되고 다만 의인에 관한 교령만이 그 목표에 부합되었을 뿐이었다. 이 공의회의 작업에서 프로테스탄트들을 배제시킬 수밖에 없었던 것은 예수회의 영향과 교황청 당국의 자체 유익 때문이었을 것이다. 이런 이유로 이 공의회가 프로테스탄트주의에서 표현한 영적 요구를 공정히 다룬다는 것은 사실상 불가능했다.

이 공의회는 모두 25회기로 모였는데 1545-1547년에 바울 3세 하에 트렌트(1-8회기)와 볼로냐(9-10회기)에서, 1551-1552년에 율리우스 3세 하에 트렌트(11-16회기)에서, 1562-1563년에 피우스 4세 하에 트렌트(17-25회기)에서 모였다. 이 25회기 전체를 통해 그 절차는 길고도 불안한 교회적, 신학적 외교와 전략의 연속이었다. 그리고 그 발표문은 모두 대립되는 견해들을 생각하거나 혹은 모호한 표현을 써서 조정한 타협안이 될 수밖에 없었다. 아우구스티누스파 사상이 표면에 나타나 있는 반면, 펠라기우스파나 반펠라기우스파의 입장을 가진 스코투스파와 예수회파의 견해도 조심스럽게 표명되었다. 유능한 예수회 학자들인 라이네즈와 살메론은 교황청의 신학자라는 권위를 가지고 초안을 작성하고 논쟁하는 전 과정에서 가장 큰 영향력을 발휘했다. 작성된 문서는 그들을 반대하는 자들의 용어로 표현되기긴 했지만 그 안에 담긴 내용은 대체로 그들의 입장이었다.

여기서 교령들은 교리에 대한 적극적 진술, 즉 긍정적인 논제들이다. 교령들 다음에 나오는 교칙들은 반대되는 주장들을 짤막하게 진술하고 나서 정죄한 것으로서 각각 저주의 말로 끝맺는다.

제3회기에서는 "신성하고 거룩하며 세계적이고 전체적인 트렌트 대회"가 하나의 신앙고백을 확정해서 선포한다고 말한다. 그 신앙고백은 "거룩한 로마 교회가 사용하고 있는 신조로서 그리스도에 대한 신앙을 고백하는 모든 사람들이 반드시 동의하는 그 원칙"이라고 한다. 여기서 제시된 신조는 니케아 신조로서 콘스탄티노플 공의회의 개정과 서방 교회의 추가를 거친 형태의 신조이다.

제4회기에서는 총회 역사상 처음으로 교리의 근거들을 다룬다. 여기서는 성서와 "성문화되지 않은 전승"을 대등하게 둔다. 성서는 라틴어 불가타역만 인정하되 외경을 포함시키고 있다. 성문화되지 않은 전승이란 "사도들이 그리스도 자신의 입으로부터 받은 것이나 아니면 성령이 사도들에게 불러 주어 사도들 자신으로부터 마치 손에서 손으로 전달되듯 우리에게까지 내려온 것이며", "지속적인 계승에 의해 가톨릭교회 안에 보존되어 있는" 것인데, 가톨릭교회는 그것을 정통 교부들의 본을 따라 "동등한 경건심과 존경으로" 받아들인다고 한다.

제5회기에서는 원죄에 관해 타락으로 말미암아 인간이 상실한 것은 초자연적인 은사에 의해 보충되나 인간 본성 안에 내재해 있는 것은 그대로 있다고 하는 교리를 승인한다. 그리고 "자유 의지는 파괴된 것이 아니라, 약화되었다"고 말한다. 끝으로 동정녀 마리아는 원죄와 무관하다고 말한다.

제6회기에서는 득의에 관한 16장의 교령과 33개나 되는 교칙을 발표했다. 1장에서는 인간은 본성에 있어서나 율법에 의해서 의롭게 될 수 없다고 한다. 2장에서는 그리스도 강림의 경륜과 신비를 다룬다. 3장에서는 그리스도가 모든 사람을 위해 죽었지만 그의 수난의 공로를 전달받는 자들만 그의 죽음의 유익을 받는다고 말한다. 아담에게서 태어나지 않은 사람들은 아담의 죄를 나누어 가지지 않듯이 그리스도 안에서 다시 태어나지 않은 사람들은 그리스도의 공로를 나누어 가질 수 없다고 한다. 4장에서는 복음이 선포된 이후로 아무도 중생의 놋대야(즉 세례)나 혹은 그것을 원하는 마음이 없이는 은총의 상태로 옮겨질 수 없다고 말한다. 5장에서는 "성인聖人들에게 있어서는 의인의 시작이 예수 그리스도를 통한 하나님의 앞선 은총으로부터 유래된다. 즉 그들에게는 아무 공로도 없지만 그들을 부르신 하나님의 부름을 통해 득의가 시작된다. 그래서 죄로 말미암아 하나님으로부터 소외되었던 그들이 하나님의 소생시키고 보조하는 은총으로 말미암아 자유롭게 이 은총에 동의하고 협력함으로써 득의로 향해 스스로 돌아설 그들 자신의 마음을 가지게 된 것이다. 그래서 하나님이 성령의 계명啓命에 의해 인간의 마음에 접촉할 때, 인간이 그 영감을 거부할 수도 있는 것으로 보아 인간이 그 영감을 받을 때 완전히 무력하지는 않다. 하지만 또한 하나님의 은총 없이 그 자신의 자유 의지에 의해 하나님 앞에서 의를 향하여 스스로 움직일 수도 없다"고 선포한다. 7장에서는 득의에 대한 로마 교회의 독특한 교리를 인정한다. 즉, 득의란 "죄를 용서해 주는 것일 뿐만 아니라 은총과 은사를 자발적으로 받아들임으로 말미암아 내적 인간이 성화하고 갱생하는 것이다. 이로써 불의한 인간이 의롭게 된다"고 말한다. "인간은 예수 그리스도 안에 접붙여졌으며 예수 그리스도를 통해서 득의 안에서 죄의 용서와 함께 믿음 소망 사랑 등 동시에 주입되는 모든 은사들을 받는다. 만약 믿음에 소망과 사랑이 첨가되지 않는다면 인간은 그리스도와 완전히 연합될 수 없으며 또한 그리스도의 몸의 산 지체가 될 수 없기 때문이다"하고 말한다. 8장에서는 "믿음으로 의롭다 함을 받는다"는 구절과 "값없이"라는 구절을 설명한다. 이 구절들은 믿음은 인간 구원의 시작이며 모든 득의의 기초와 뿌리이지만 믿음은 선행과 마찬가지로 그 자체로는 득의의 은총을 위한 공적이 될 수 없다는 뜻으로 이해되어야 한다고 한다. 9장에서는 이단들의 허망한 확신을 공격한다. 즉, 이단들은 교회와 교회의 의식을 저버리고 득의에 대한 자기들의 개인적 확신에 의존한다고 한다. "오류를 범할 수 없는 신앙의 확실성을 가지고 자기가 하나님의 은총을 받았다는 사실을 알 수 있는 사람은 없다"고 말한다. 12장에서는 "아무도 이 유한한 생애를 살고 있는 한 하나님의 예정의 비밀에 관하여 자기가 예정된 자 가운데 분명히 들어 있다고 확신해서는 안 된다. 의롭다 함을 받은 자는 더 이상 죄를 지을 수 없다거나 죄를 짓는다면 분명히 회개하게 된다는 주장을 진실인 것처럼 생각해서는 안 된다. 왜냐하면 특수한 계시에 의하지 않고는 하나님이 누구를 선택했는지를 알 수 없기 때문이다"라고 말한다. 14장에서는 고해 성사를 교부들의 말을 빌어 "은총의 배가 파선된 후 주어지는 두 번째 널빤지"라고 설명한다. 이것은 그리스도께서 "성령을 받으라 너희가 뉘 죄든지 사하면 사하여질 것이요 뉘 죄든지 그대로 두면 그대로 있으리라"(요 20:22, 23)고 말씀하실 때 제정하신 성례라고 한다. 그리스도인이 타락한 후 회개하는 것은 세례 때 회개하는 것과는 매우 다르다고 한다. 타락 후 회개할 때는 첫째로 죄를 중지하고 죄를 혐오하며, 둘째로 죄를 고백하는 성례를 행하고(최소한 이 성례를 갈망해야 한다), 셋째로 사제로부터 사죄를 받아야 하며, 그리고 넷째로 금식, 구제, 기도 및 기타 경건한 영적 생활에 의해 보상해야 한다고 한다. 이 보상은 영원한 형벌에 대한 것이 아니라 현세적 형벌에 대한 보상이다. 영원한 형벌은 이 성례를 행하거나 아니면 이 성례를 갈망하는 마음을 가지면 죄와 함께 사면된다. 그러나 현세적 형벌은 성서가 가르치는 것처럼 세례 때와는 달리 반드시 완전히 사면되는 것은 아니라고 한다. 15장에서는 모든 무거운 죄에 의해서 은총은 상실되나 신앙은 상실되지 않는다고 한다. 16장에서는 득의의 열매, 즉 선행의 공로와 그 공로의 본질에 대해 다룬다. 하나님은 충실한 노력에 대해 보상해 주시는 분이라고 한다. 성서에서는 영원한 생명을 "예수 그리스도를 통해 하나님의 아들들에게 자비롭게 약속해 주신 은총으로, 또한 그들의 선행과 공로에 대해 정확하게 갚아 주시는 … 보상으로" 설명한다고 한다. 하지만 그리스도인은 자랑할 아무 근거가 없다고 한다. 의는 전적으로 그리스도를 통해 오며 하나님께 속한 것이라고 한다.

　제7회기에서는 성례에 대한 총론을 다룬다. 성례를 통해 "모든 참된 의가 시작되며, 시작되었다면 증진되고, 상실되었다면 회복된다"고 한다. 그리고 13개의 교칙에서는 성례들이 모두 그리스도에 의해 제정되었다는 것을 부정하거나 그 숫자가 일곱이라는 것을 부정하는 것, 그 성례들이 구약 율법의 성례들과 다르다는 것을 부정하는 것, 그것들의 가치가 서로 다르다는 것을 부정하는 것, 그것들이 구원에 필수적이라는 것을 부정하는 것, 그것들이 신앙을 키우는 목적 이외 다른 목적도 있다는 것을 부정하는 것, 그것들이 표상하고 있는 은총을 가지고 있으며 그 은총을 베푼다는 것을 부정하는 것, 그 은총은 실시된 행위를 통해 베풀어진다는 것을 부정하는 것, 세례와 견신례와 서품은 지워질 수 없는 자취를 남김으로 되풀이해서는 안 된다는 것을 부정하는 것, 성직자들만 말씀과 성례를 주관할 수 있다는 것을 부정하는 것 등을 정죄하고 있다. 그 다음에는 세례에 대한 14개의 교칙이 나오는데, 그 중 넷째 교칙에서는 "심지어 이단이라도 교회가 행하는 것처럼 행하려는 의도를 가지고 아버지와 아들과 성령의 이름으로" 세례를 베풀었을 경우 그 세례의 타당성을 부정하면 정죄를 받는다고 한다.

　제13회기에서는 여덟 장에 걸쳐 성체 성사에 대해 다루고 있으며, 그 다음에 11개의 교칙이 나온다. 성례에 있어서 그리스도의 실제 임재에 관한 1장에서는 빵과 포도주의 축성 후 그리스도, 곧 "참 하나님이며 인간이신 분이 그 감각할 수 있는 그 성체들 안에 참으로, 실제적으로, 실체적으로 포함된다"고 확언하고 있다. 그리스도가 아버지의 우편에 항상 계신다는 사실과 성례전에 임재한다는 사실은 신적인 존재에서는 모순되지 않는다고 한다. "다투기를 좋아하는 악한 사람들이 그것들(성찬 제정의 말씀)을 허구적이고 상상적인 형용구로 왜곡하는 것은 참으로 가장 비열한 범죄이다. 그럼으로써 교회의 보편적인 인식과는 반대로 그리스도의 살과 피의 진실성이 부정된다. 진리의 기둥과 기초인 교회는 불경건한 사람들이 궁리해 낸 이 고안들을 악마적인 것으로 혐오해 왔다"고 말한다. 2장에서는 성찬을 제정한 이유를 열거한다. 성찬은 그리스도의 죽음을 기념하는 것이며 인간 영혼의 양식이며 앞으로 올 영광을 보증하는 것이며 머리이신 그리스도에 붙은 한 몸을 상징하는 것이라고 한다. 4장에서는 빵과 포도주가 그리스도의 몸과 피의 실체로 완전히 변화한다는 화체설을 주장한다. 5장에서는 이 성례에 대해 표시하는 숭배는 단순한 숭배가 아니라 하나님에 대한 예배, 즉 살아 계신 하나님께 합당한 예배latria라고 규정한다. 그리고 이 성례는 그리스도의 몸으로 행하는 축제임을 인정한다. 6장에서는 성체 보존과 그것을 환자에게 가져다주는 것을 인정한다. 7장에서는 성찬을 준비하기 위해서 신자들뿐만 아니라 가능하면 집례자도 성찬 전에 고해를 하도록 요구한다. 8장에서는 성체를 받는 세 가지 모습을 구별한다. 즉, 어떤 사람들은 단순히 성례적으로 받고, 또 어떤 사람들은 단순히 영적으로만 받으며, 또 어떤 사람들은 성례적으로 받음과 동시에 영적으로 받는다고 한다.

제14회기에서는 고해와 종유식에 대해 다룬다. 고해에 관한 제1장에서는 고해의 필요성과 그 제정에 대해 설명한다. 4장에서는 상등통회contrition와 하등통회attrition에 대해 설명한다. 상등통회란 죄를 중지하고 새 삶을 목표로 삼고 시작하며 옛 삶을 증오하는 것을 말하며, 하등통회란 불완전한 참회로서 죄의 추악성과 죄의 무서운 결과를 깨닫는 것인데, 이것도 하나님의 은사와 성령의 감동으로 나타나는 것으로 성령이 그 죄인 안에 아직 내재해 계시지는 않지만 사실상 역사하고 있는 것이라고 한다. 5장에서는 가벼운 죄와 무거운 죄에 대한 고백을 설명한다. 8장에서는 보상의 필요성과 그 열매에 대해 설명한다. 9장에서는 보상에 속하는 일들에 대해 설명한다. 종유식에 관한 제1장에서는 사도 야고보가 종유식을 제정한 일에 대해 다룬다.

제21회기에서는 양형 영성체와 유아 영성체에 대해 다룬다. 1장에서는 평신도와 성찬식을 집례하고 있지 않은 성직자들이 양형 영성체를 해야 한다는 것은 하나님의 계율이 아니라고 말한다. 2장에서는 성찬식을 집례하는 방식을 결정하는 것은 교회의 권한에 속한다고 말한다. "두 종류를 사용하는 것이 기독교의 초기부터 드물지는 않았지만" 이 관습은 이미 넓은 지역에서 변화되었으며 "중요하고 정당한 이유들"(구체적으로 말하고 있지는 않다) 때문에 이 변화가 승인되었다고 말한다. 3장에서는 어느 한 종류 아래서 완전무결한 그리스도와 참된 성례를 받는다고 말한다. 4장에서는 아직 이성을 사용하지 못하는 어린 아이들은 억지로 성찬에 참여시키지 말아야 한다고 말한다. 왜냐하면 그들은 세례를 받고 그리스도와 연합했으며, 그 나이에는 양자가 된 은총을 상실하는 일이 없기 때문이라고 한다. 그러나 고대에는 유아 배찬이 합법적으로 행해졌다고 한다.

제22회기에서는 미사의 회생에 대해 다룬다. 5장에서는 미사와 관련된 엄숙한 의식들의 목적에 대해 설명한다. "인간의 본성은 외적 보조 수단들이 없이는 하나님의 일들을 명상하기 위해 선뜻 마음을 높이려고 하지 않기 때문에" 교회는 몇 가지 의식들을 제정했는데, 예컨대 목소리를 낮게 하거나 높게 하는 것, 빛, 향내, 의복 등이라고 한다. 이것들은 "사도적 계율과 전승으로부터 유래된 것으로, 이것들로 말미암아 숭고한 희생의 위엄이 나타나며, 신앙인들의 마음이 신앙과 경건을 표현하는 이 가시적 표적들에 의해 이 희생 안에 숨겨진 가장 숭고한 것들을 명상하도록 자극을 받게끔 한 것"이라고 한다. 6장에서는 사제만 성찬에 참여하는 미사를 승인하는데, 이 미사는 교회 전체를 위한 것이라고 한다. 7장에서는 포도주를 물과 섞을 것을 명한다. 왜냐하면 그리스도가 이렇게 했다고 믿어지며, 또한 이것은 그리스도의 옆구리에서 피와 물이 나온 것을 기념하는 것이다. 또한, 요한계시록 17장 15절에서 백성들을 물이라고 부르기 때문에 물과 포도주의 결합은 그들과 그리스도와의 결합을 나타내기 때문이라고 한다. 8장에서는 모든 곳에서 미사를 자국어로 집례하는 것은 편리하지 못하다고 말한다. 그러나 그리스도의 양들이 굶주리거나 혹은 "어떤 아이가 떡을 구하나 떼어 줄 사람이 없는"(애 4:4) 일이 없도록 하기 위해서 목회자들은 미사 때 읽는 내용들 가운데 어떤 부분, 특히 주일과 축제일에 관한 것을 자주 설명해 주라고 명령한다.

제23회기에서는 성직의 성례를 다룬다. 1장에서는 새 율법에서 제사장직을 제정한 것에 대해 설명한다. "옛 제사장직은 새 제사장직으로 변형되었다." 새 제사장들에게는 그리스도의 몸과 피를 성별하고 봉헌하고 집행하는 권한과 죄를 용서해 주거나 용서해 주지 않을 권한이 주어졌다고 한다. 2장에서는 일곱 성직, 즉 사제, 부제, 차부제, 시제, 구마사, 독서자, 문지기에 대해 설명한다. 이 중 마지막 넷 혹은 다섯은 하위 성직이라고 한다. 4장에서는 상위 성직은 폐지될 수 없다고 말하며, 모든 믿는 자가 제사장이라고 하는 주장은 거짓이고 주교는 사제보다 높은 자로 성직 제도에 있어서 으뜸가는 위치라고 하며, 견신례와 사제 서품은 백성이나 통치자의 동의와는 전혀 무관하게 주교에게만 맡겨진 직책이라고 말한다. 한편 "다만 백성이나 혹은 세속 권세나 관리에 의해 부름을 받고 성직을 맡아 이 직책을 수행하는 모든 자들과 또한 무분별하게 자기 스스로 이 직책을 맡아 수행하는 자들은 교회의 봉사자들이 아니라 문으로 들어오지 않은 절도와 강도로 간주되어야 한다"고 말한다.

제24회기에서는 결혼의 성례를 다룬다. 결혼의 성례는 "하나님의 영의 인도 하에 인류의 첫 조상"에 의해 제정되었으며 그리스도에 의해 확정되었다고 한다. 또한 그리스도는 그의 죽으심으로 말미암아 자연적 사랑을 완성하고 그 불가분의 결합을 굳게 하고 배우자들을 거룩하게 하는 은총을 베푸셨다고 한다. 교칙에서는 결혼이 성례임을 부정하는 것을 정죄하며, 교회가 레위기에서 결혼을 금지한 경우와 비슷한 정도의 금지 규정을 두거나 그것에 첨가할 권한이 없다고 부정하는 것을 정죄하며, 이단이나 배우자 유기나 간음은 이혼의 정당한 사유가 된다고 주장하는 것을 정죄한다, 또한 간음한 배우자가 살아 있는 한 무흠한 편에 결혼할 권리를 인정하지 않으며, 성직자로 독신 서약을 했을 경우 어떤 구실 하에서도 그 파기를 인정하지 않으며, 독신이나 동정이 결혼보다 못한다는 주장을 부정하고 결혼보다 낫다고 말한다. 또한 어떤 시기에 결혼을 금지하는 것은 이교도의 미신으로부터 유래한 것으로 독재적인 미신이라고 주장하는 자들을 정죄하며, 결혼 문제는 교회 법정에서 다룰 문제가 아니라는 자들을 정죄한다.

제25회기에는 연옥, 성자를 향한 기원, 성자 숭배, 성자의 유물, 성상, 사면 제도 등에 대해 올바르고 신중하게 가르치라고 명령한다.

미신적이거나 미개하거나 상행위적인 잘못들은 근절되어야 한다고 한다. 하늘에 있는 성자들에게 기원하는 것은 그들이 인간들을 위해 우리의 유일한 구속자와 구원자이신 성자 예수 그리스도를 통해 하나님 아버지께 중재하도록 하기 위한 것이라고 한다. 그리스도와 동정녀 마리아와 다른 성자들의 성상 안에 신성이나 덕이 내재해 있는 것은 아니나, 그 성상들에게 존경을 표시하는 것은 그 성상들이 상징하고 있는 분들에게 존경을 표시하는 것이라고 한다. 사면 제도를 승인하지만 중용의 도리가 지켜져야 한다고 한다. 이는 "지나친 편법이 되어 교회의 기율이 약화될까 해서이다." 또한 "사면증을 획득함으로 얻는 모든 부당한 혜택들—여기서부터 그리스도인들 사이에 사면증을 오용하는 일이 가장 많이 생긴다—은 전적으로 폐지"되어야 한다고 말한다.

5. 세계 선교

예수회는 유럽에서 가톨릭을 진흥시키는 것도 중요하지만 아직 가톨릭교회가 들어가지 않은 지역에 들어가서 가톨릭으로 개종시키는 것도 중요한 일임을 깨달았다. 그래서 예수회의 창설자 중 하나인 사비에르Francis Xavier를 필두로 수많은 예수회 선교사들이 세계 전역에 나가서 선교 활동을 벌였으며, 다른 수도회들도 선교 운동에 가세했다. 사비에르는 1542년 인도 고아에 와서 선교했다. 그는 우선 인도에 있는 포르투칼인들에게 전도했는데 그의 전도 방법은 특이했다. 그는 종을 치면서 길거리로 다녀 우선 아동들을 불러 모아 교육하고,

이들로 하여금 배운 것을 집에 가서 전하도록 했다. 이런 방식으로 전도해서 어른들도 교회로 많이 나왔다. 그 후 그는 인도인들을 상대로 전도하기 시작했다. 주로 하층인들이 기독교로 개종하였으며 기독교로 개종한 사람들이 계급 구별 없이 함께 예배하는 것을 보고 상류층에서는 사회 질서를 문란케 한다고 여겨 대대적인 박해를 하기도 했다. 그는 1549년에는 일본에 와서 수많은 사람들을 개종시켰다. 그리고 1552년에는 중국에 선교하러 가던 중 열병에 걸려 죽었다.

중국에 선교하려고 한 사비에르의 꿈은 마테오 리치와 같은 선교사들에 의해 이루어졌다. 그는 중국에 들어가서 중국식 기독교를 표방하면서 선교했다. 그는 상류층부터 전도하여 하류층을 개종시키는 전도 방법을 썼다. 그는 중국인들을 존경했으며 하나님이 그들에게 뛰어난 이성과 자연 법칙에 대한 지식을 주었다고 믿었다. 또한 그는 제사를 조상에 대한 존경을 표현하는 것으로 보아 인정했다가 반대자들의 비난을 받기도 했다.

노빌리는 사비에르가 인도에서 시작한 선교를 계승했다. 그러나 그는 인도의 전통을 존중한 나머지 인도의 계급 제도를 그대로 인정하여 물의를 빚기도 했다. 그는 자기를 귀족 출신이라고 하면서 인도의 브라만 계층의 의복을 입고 상류층만을 위한 교회를 세우고 하층민들의 출입을 금지시키기까지 했다. 노빌리는 인도의 계급 제도를 악한 것이긴 하지만 문화적인 것이지 종교적인 것은 아니라고 보아 계급 제도를 인정했다.

예수회는 아메리카에도 선교사를 보내기 시작했다. 이 선교 활동에는 도미닉회와 프랜시스회도 동참했지만 브라질과 파라과이에서는 예수회가 크게 공헌했다. 예수회 선교사들은 남아메리카에서 인디언들을 자발적으로 모아 마을을 건설하여 일종의 신정 정치를 실시했다. 인디언들은 스스로 지도자를 선출했지만 선교사들이 최종적 권위를 가지고 이 공동체를 이끌어갔다. 이들 예수회 선교사들은 백인들이 인디언들을 노예로 삼는 것을 강력히 반대했으며 인디언들을 무장시켜 자위하도록 했다. 백인들이 인디언들을 노예로 삼고 억압하던 시대에 예수회 선교사들은 인도주의를 실천함으로써 인디언들에게 존경받는 집단이 되었다.

제 1 9 장
루터 교회는 어떻게 세계적인 교회가 되었는가

1. 서언

　　루터가 시작한 종교개혁 운동은 급속히 확산되어 갔다. 먼저 독일 전역으로, 그 다음은 스위스와 프랑스, 그리고 영국과 스코틀랜드, 나아가서 동유럽과 북유럽으로 확산되어 갔다. 만약 현대처럼 신앙의 자유가 주어졌다면 전 기독교 세계에 걸쳐 크나큰 영향을 미쳤을 것이다. 그러나 신성 로마 제국 황제를 비롯한 가톨릭 측 지배자들의 박해와 로마 교황청의 박해 때문에 종교개혁 운동은 많은 어려움을 겪어야 했다. 또한 루터를 이어 츠빙글리, 칼빈, 녹스와 같은 독자적인 종교개혁가들이 나타남으로써 루터의 운동은 제약을 받게 되었다. 결국 루터파 종교개혁은 독일의 일부 지역과 북구에 확립되게 되었다.

2. 북유럽

북유럽(덴마크, 스웨덴, 노르웨이)은 1397년부터 한 군주 아래 있게 되었다. 그런데 종교개혁 당시에는 종교적 귀족과 세속적 귀족들이 갈등 상태에 있었다. 그래서 국왕을 중심으로 하는 세속적 귀족들이 종교적 귀족들인 가톨릭 성직자들을 억압하기 위해서 루터교를 받아들였다. 가톨릭의 고위 성직자들은 고압적이거나 아니면 외국 태생이어서 인기가 없었다.

덴마크는 국토의 1/3이 가톨릭교회에 속해 있었다. 국왕은 가톨릭 성직자들을 억압하기 위해 루터교를 받아들였다. 국왕 크리스티안 2세(1513-1523) 때인 1520년 루터파 선교사 마르틴 라인하르트가 들어가서 선교하기 시작하였다. 1521년에는 칼쉬타트가 왕의 고문이 되어 잠시 체재하였다. 그의 조언에 따라 1521년에 법으로 로마에 상소 금지, 수도원 개혁, 주교 권위의 제한, 사제의 결혼 승인 등의 조치가 취해졌다. 1523년 국왕 크리스티안 2세가 축출되고 프레드릭 1세가 즉위하였다. 국왕은 루터파를 선호하였으나 그의 지지자들은 반대하였다. 그러나 루터파인 한스 타우젠이 1524년부터 활동하기 시작하고 1526년에 궁정 목사가 되었다. 1527년에는 루터파에 자유를 주고 성직자의 결혼을 인정하는 법령이 반포되었다. 1530년에는 루터파의 내용을 담은 코펜하겐 43개 조문이 발표되었다. 프레드릭 1세가 죽고 난 후 귀족들은 왕자 중 형인 크리스티안 3세를 지지하고 주교들은 동생 요한을 지지하였다. 결국 형 크리스티안 3세가 승리하여 국왕이 됨으로써 루터교가 확립되게 되었다. 왕은 주교들을 투옥하고 가톨릭 재산을 몰수하였다. 비텐베르크에 종교개혁자를 보내 줄 것을 요청해서 요한 부겐하겐이 들어와서 종교개혁을 완수하게 되었다. 아우그스부르크 신앙고백을 받아들였으며, 복음적 교회 제도와 예배 의식을 확립하였다. 그리고 국왕이 주교의 수장으로 교회에서 최고의 권위를 가지게 되었다.

노르웨이는 덴마크의 크리스티안 3세가 국왕에 등극하는 것에 대해 가톨릭의 대주교가 반대하였으므로 탄압의 빌미를 제공하였다. 크리스티안 3세는 가톨릭을 탄압하고 종교개혁을 강요하였다. 그러나 곧바로 종교개혁이 완결되지는 못하고 17세기에 와서 종교개혁이 완결되게 되었다.

스웨덴은 구스타프 바사가 덴마크를 상대로 독립 운동을 전개하여 마침내 독립하였으며 의회에서 국왕으로 선출되게 되었다. 1524년 12월 27일 공중 토론회가 개최되었으며, 여기서 종교개혁파가 승리하였다. 1526년에는 신약 성경이 번역되었으며, 1527년에는 가톨릭교회 재산을 몰수하였다. 1529년 오레브로 대회에서 종교개혁령이 발표되고, 1529년에는 스웨덴어로 예배드리기 시작하였다. 1536년 움살라 교회 회의에서는 여인과 동거하는 성직자들은 결혼하도록 하였다. 1569년 요한 3세 때에 와서 가톨릭의 반동이 있었으나 1593년 움살라 교회 회의에서 아우구스부르크 신앙고백을 채택함으로써 종교개혁이 확립되게 되었다.

핀란드는 스웨덴의 지배를 받고 있었는데 스웨덴의 영향으로 루터 교회가 들어가게 되었다. 미카엘 아그리콜라는 비텐베르크에서 공부하고 핀란드로 돌아와 교수 생활을 하면서 종교개혁 운동을 전개하였다. 그는 신약 성경, 시편, 예언서 일부를 핀란드어로 번역하였으며, 이 번역을 통해 핀란드 문학사에 공헌하였다.

3. 동유럽

폴란드는 국왕인 시기스문드 2세 아우구스투스가 루터교를 받아들임으로써 루터교가 전파되게 되었다. 그러나 제후들의 권한이 강하여 전국적으로 파급시키지는 못하였다. 폴란드에서 루터파는 '센도미르 일치 신조'(1570)를 작성하여 받아들였다. 이것은 제2 보헤미아 신앙고백처럼 루터파, 칼빈파 및 형제단의 연합 대회에서 결정된 것이다. 그 후에는 멜란히톤의 '아우그스부르크 신앙고백의 작센 반복'을 받아들였는데, 이것은 성찬에 관해서는 칼빈주의적 입장과 본질적으로 일치되며 극단적인 루터파 주장을 피한 것이었다. 예정에 대해서는 침묵을 지키고 있었으므로 이 문제에 대한 논쟁이 일어나지 않았다. 주목할 만한 특징은 관계된 교회들이 상호 완전히 인정한 점과 가능한 모든 방법에 의해 논쟁을 피하고 친교를 위해 노력하라는 실제적인 권면이 포함되어 있는 점이다. 폴란드에서 한 때는 루터파, 개혁파, 소지니파가 공존하였으나 결국은 로마 가톨릭으로 되돌아갔다.

보헤미아와 모라비아 지역은 루터의 노력으로 루터파와 가까워졌다. 특히 보헤미아 연합 형제단은 루터파와 가까워졌다. 여기서는 루터파 신앙 유형이 1535년의 '보헤미아 신앙고백'과 1575년의 '보헤미아 신앙고백'에 나타나 있다. 그런데 전자는 아우그스부르크 신앙고백을 따르고 있으며 후자는 칼빈주의 및 형제단의 가르침과 조화를 이루면서 아우그스부르크 교리를 개정한 것, 즉 멜란히톤적인 견해를 따르고 있다.

헝가리는 독일인이 많이 거주하던 북부 지방으로부터 루터교를 받아들이기 시작하였다. 귀족들뿐만 아니라 국왕 존 쟈폴랴까지 루터교로 개종하였다. 루터파 교리는 주로 독일어를 사용하는 지역에 국한되었으며, 멜란히톤과 칼빈의 가르침은 마지아르 사람들이 받아들였다. '에르되드의 12개 조문'은 1545년에 아우그스부르크 신앙고백과 일치되게 작성한 것이다. 3년 후에 메디아쉬에서 모인 한 대회에서 이와 비슷한 루터파 신앙고백이 결정되었다. 이 대회는 상부 헝가리에 있는 다섯 도시의 대표자들이 참석한 회의였으므로, 이 신앙고백은 '5도시 신앙고백'이라고 한다.

오스트리아는 그라츠, 클라겐푸르트를 중심으로 귀족들이 루터교로 개종하였다. 그러나 합스부르크가의 탄압 정책으로 루터교가 쇠퇴하게 되었다.

제 20 장
칼빈파 교회는 어떻게 세계적인 교회가 되었는가

1. 서언

칼빈이 제네바를 중심으로 종교개혁 운동을 전개하자 이 운동은 곧 유럽 전역으로 확산되게 되었다. 우선 스위스 가운데 프랑스어를 사용하는 지역에 그의 영향이 확산되었으며, 그 다음으로 칼빈의 고국인 프랑스에 칼빈파의 개혁 운동이 전개되었다. 또한 네덜란드에도 칼빈파 개혁 운동이 정착되었으며, 독일의 일부 지역에서도 큰 영향을 발휘하였다. 영국과 스코틀랜드에서도 칼빈주의가 크나큰 영향을 끼쳤을 뿐만 아니라 동부 유럽에서도 칼빈의 영향이 나타났다.

2. 프랑스의 칼빈파 개혁 운동

프랑스에서는 칼빈 이전에도 교회를 개혁하려는 움직임이 있었다. 대표적인 사람은 르페브르였다. 그는 중세적 성서 해석 방법인 은유적 해석을 극복하고 저자의 정신을 찾아 그 정신에 비추어 본문을 해석하려고 시도하였다. 그는 1512년 바울 서신의 라틴어역을 출판하고 주석을 붙였으며, 1523년에는 신약 전체를 프랑스어로 번역하기도 하였다. 르페브르의 영향을 받은 브리소네가 1516년 모Meaux의 주교가 되었으며, 그는 르페브르의 제자들인 파렐, 루쎌, 바타블 등을 초대하였다. 이들 가운데 앞에서 살펴본 파렐이 가장 열정적인 복음주의자가 되었다. 한편 루터의 논문들이 프랑스에 보급되기 시작하자 소르본느의 학자들은 1521년 이를 정죄하였으며, 1523년에는 발리에르가 루터적 견해를 가지고 있다고 하여 파리에서 화형 당하였다.

그러나 프랑스에서 종교개혁 운동을 일으키는 데 가장 큰 공헌을 한 사람은 물론 칼빈이었다. 프랑스의 칼빈주의자들은 위그노Huguenots라고 불려졌다. 1555년에 파리에 위그노 교회가 하나가 설립되었다. 그러나 4년 후인 1559년에는 40만 신도로 늘어났다. 이후부터 가톨릭의 귀즈 가문과 위그노의 부르봉 가문의 갈등이 시작되었다.

당시의 국왕 앙리 2세(1547-1559)는 프랑수아 1세의 아들로 가톨릭적 입장을 견지하였다. 이 왕의 부인은 이탈리아 메디치 가문의 캐더린이었다. 캐더린은 자기와 자기 아들들을 위해 프랑스에서 왕권을 강화시키기 위해서 노력했다. 왕권을 강화하기 위해서는 수단과 방법을 가리지 않는 그런 사람이었다. 왕후가 가톨릭이 강해지면 개신교도들을 지원하고 개신교도가 강해지면 가톨릭을 지원하고 하는 가운데서 프랑스에서는 모두 8차례의 종교 전쟁이 일어났다. 1562년에는 칙령을 내려 성벽이 있는 도시 이외에는 위그노 예배를 허락하였다. 그러자 가톨릭이 반발하여 세 차례 내전이 일어났다. 1570년에는 평화 조약이 체결되어 귀족에게는 신앙의 자유를 주고, 각 주에 두 곳을 위그노 예배처로 인정해 주며, 네 도시를 위그노의 도시로 인정해 주었다. 그러나 1572년 성 바돌로매 축일에 대학살이 일어났다. 캐더린이 개신교도들이 강화되자 가톨릭으로 하여금 개신교도들을 탄압하도록 허락한 것이었다. 이 대학살로 8,000명 정도의 위그노가 죽었다. 그래서 다시 내전이 일어나 다섯 차례의 전쟁이 있었다.

이 8차 전쟁 후에 위그노인 앙리 4세가 국왕이 되었다. 앙리 4세 (1589-1610)는 메디치 가문의 캐더린의 사위였다. 그는 왕이 되기 위해 가톨릭으로 개종하였으나, 왕이 되고 난 뒤에는 개신교도들에게 유화 정책을 실시하였다. 1598년 낭트 칙령을 발표하여 위그노들에게 종교 자유를 주었다.

낭트 칙령이 있기까지 그 사이에 프랑스에서는 저항적인 작품들이 나왔는데 그 중에 가장 대표적인 것이 『폭군 토벌론』이다. 이것은 익명의 위그노에 의해서 쓰여진 것이다. 이 작품에서 저자는 두 가지 계약 사상을 말하고 있다. 첫째, 하나님께서 인간과 계약하신 계약이 있다. 하나님께서 하나님의 주권을 인간에게 주고 인간에게 만물을 다스리게 하셨고 거기에 대한 응답으로 인간에게 순종을 요구하셨다는 것이다. 둘째로 인간은 하나님으로부터 주권을 받아서 왕에게 위임하였다는 것이다. 그래서 왕은 백성들에게 선정을 베풀어야 한다는 것이다. 그러나 왕이 독재자가 되어 독재를 할 경우, 우선 종교적인 문제에 독재를 할 경우에 사람들이 왕에게 저항할 수 있다. 그 다음으로 종교적인 문제가 아닌 경우로 왕이 독재를 할 경우에는 왕을 두 경우로 나누어서 설명한다. 그가 합법적으로 왕이 되었을 경우에는 하급 관리의 지도에 의해서 저항을 할 수 있다. 그러나 불법적으로 왕이 되었을 경우(찬탈에 의해서 왕이 되었을 경우)에는 일반 민중도 왕에게 저항할 수 있다고 하였다. 이 『폭군 토벌론』에는 중요한 두 가지 사상이 나온다. 하나는 계약 사상이고 다른 하나는 민중 저항권이다. 그전에 루터는 제후들의 저항권은 인정하였으나 민중 저항권은 부정하였다. 칼빈은 의회의 저항권을 인정하였으나 역시 민중 저항권은 인정하지 않았다. 『폭군 토벌론』에 와서 민중 저항권이 나타났다.

3. 네덜란드의 칼빈파 개혁 운동

황제 찰스 5세는 자기 아들인 스페인 왕 필립 2세에게 네덜란드를 넘겨주었다. 그는 자기의 이복 누이인 마가레트에게 네덜란드를 맡겼다. 그래서 네덜란드에서 가톨릭이 강요되었다. 1523년부터 1555년 사이에 남부에서는 1,700명의 프로테스탄트가 화형을 당하였으며, 북부에서는 240명이 화형을 당하였다. 따라서 네덜란드에서는 반스페인 운동과 반가톨릭 운동이 결합되었다. 네덜란드의 칼빈파는 거지들이라는 별명을 가졌다. 마가레트의 신하 가운데 한 사람이 그 거지 떼들의 말에 귀를 기울이지 말라고 충고하였다. 그래서 그들은 거지의 가죽 주머니를 깃발로 삼아 개혁 운동을 일으켰다. 이 운동을 주도하던 사람은 오렌지의 윌리암William of Orange이었다. 그는 육지에서는 패전하였으나, 해전에서는 승리하였다. 그는 라이덴의 수문을 열어

수몰시켜 해군들이 들어와 승리하게 하였다. 1581년 북부의 7개 주가 독립하였다. 그들은 종교 관용 정책을 실시하였다. 그래서 도처에서 종교적 피난민들이 네덜란드로 들어와 산업을 발전시켰다.

네덜란드에서는 아르미니우스주의가 나타났다. 아르미니우스주의란 아르미니우스에게서 유래한 것이다. 아르미니우스는 1559년경에 태어났으며 1582년부터 1586년까지 제네바에서 유학 생활을 하면서 칼빈의 후계자인 베자 아래서 공부하였다. 그러나 그는 칼빈주의의 예정론에 대해 비판적이었다.

아르미니우스는 1609년에 사망했다. 그의 견해는 라이든에서 그를 계승한 에피스코피우스와 설교자 위텐보가에르트에 의해 주장되었으며 바르넬벨트와 그로티우스와 같은 유명한 법률가이며 정치가인 사람들에 의해 지지를 받았다. 이들은 칼빈주의자들에 대해 '항의서'를 작성하였다. 이 '항의서'는 위텐보가에르트가 네덜란드와 서부 프리즐란드의 의회에 제출하려고 작성한 것인데 46명의 목회자들이 이에 서명했다. 이것은 프랑스에서 나온 이와 유사한 아뮈로주의보다 더 철저하고 단호한 시도였으며 타락적 예정설 및 타락후 예정설을 주장하는 엄격한 칼빈주의를 분쇄하려는 것이었다. 이것은 매우 광범위하게 영향을 미쳤으며 특히 영어권 세계에서 영국 성공회 및 여기서 나온 감리교회에 들어가게 되었다. 이것은 먼저 당시 유포된 다섯 가지 명제들을 부정하고 나서 다른 다섯 가지 명제들을 긍정하며, 그리고 이 후자가 "하나님의 말씀에 일치하며 교육적이며 이 논쟁에 관한 한 구원을 위해 충족하며, 그래서 더 높이 올라가거나 더 깊이 내려가는 것이 필요하지 않고 교육적인 것도 아니다"라는 주장으로 끝맺는다.

제1조는 선택은 신앙 및 인내에 대한 하나님의 예지 위에 근거하여 이와 분리될 수 없다고 주장하며, 유기는 불신과 죄에 대한 예지에 근거한다고 주장한다.

　제2조는 그리스도의 죽음으로 말미암은 속죄는 보편적이며 모든 사람들에게 충족하지만, 모든 사람이 반드시 받아들이거나 모든 경우에 유효하지는 않다고 주장하며, 선택된 사람들에게만 속죄가 선천적으로 제한된다고 하는 주장을 부정한다.

　제3조는 타락된 인간은 성령을 통해 중생하지 않으면 선을 이룰 수 없으며 구원의 신앙을 가질 수 없다고 주장한다.

　제4조는 은총이 불가항력적이어서 선택된 자들에게는 강요적이지만 유기된 자에게는 유보된다고 하는 주장을 부정한다.

　제5조는 불가항력적 은총을 받은 사람들, 즉 신앙을 통해 "그리스도에게 연합되고 생명을 주시는 그의 성령에 참여한" 자들은 타락할 수 없으며 반드시 끝까지 보존된다고 하는 주장을 부정하며, 성서로부터 중생한 자가 타락할 수 있는지 없는지를 말하는 것은 불가능하다고 주장한다.

　아르미니우스파의 항의서에 대한 칼빈주의자들의 응답은 '도르트 대회의 교칙'(1619)으로 나타났다. 이 교칙은 84명의 개혁파 성직자들이 모인 도르트 회의에서 만장일치로 받아들여진 것이다.

　제1장 "하나님의 예정에 대하여"에서는 18개의 명제들을 긍정한다. "모든 사람이 아담 안에서 죄를 지었기 때문에 … 하나님이 그들 모두를 멸망에 버려두셔도 불의를 행하신 것이 아닐 것이다"(1조). "그러나 하나님의 사랑이 나타났으니 이는 하나님이 독생자를 보내신 것이며 … 그를 믿는 자는 누구든지 멸망치 않고 영생을 얻는 것이

다"(2조). "그리고 사람들이 믿도록 하기 위해 자비로우신 하나님께서는 이 가장 기쁜 소식의 사자들을 하나님이 원하시는 자들에게 그리고 하나님이 기뻐하시는 때에 보내신다. 그들의 사역에 의해 사람들은 회개와 십자가에 달리신 그리스도에 대한 신앙으로 부름을 받는다"(3조). "하나님의 진노가 이 복음을 믿지 않는 자들 위에 머무른다. 그러나 복음을 받아들이고 참되고 살아 있는 신앙으로 구주 예수를 모시는 자들은 구원을 받는다"(4조). "이 불신의 원인이나 죄는 모든 다른 죄들의 경우와 마찬가지로 결코 하나님 안에 있는 것이 아니라 인간 자신 안에 있다. 반면에 예수 그리스도에 대한 신앙과 그를 통한 구원은 하나님의 값없는 선물이다"(5조). "어떤 자들은 그 선물을 받고 어떤 자들은 받지 않는 것은 하나님의 천명에서 나온 것이다. 하나님은 그 천명에 따라 은혜스럽게, 선택된 자들이 완고할지라도 마음을 부드럽게 하여 믿게 하신다. 한편 하나님은 선택되지 않은 자들은 하나님의 최후의 심판으로써 그들의 사악함과 완고함에 내버려두신다. 그리고 특별히 여기서 똑같이 멸망에 포함된 사람들에 대해 깊고 자비롭고 동시에 의롭게 구별하신다"(6조).

제2장 "그리스도의 죽음과 그로 말미암은 인간의 구속에 대하여"에서는 9개의 명제들을 주장하는데, 속죄가 선택된 자들에게 제한되었다고 진술하고 있다.

제3장 "인간의 타락, 하나님을 향한 개심 및 그 방법에 대하여"에서는 17개의 명제들을 주장한다. "인간은 본래 하나님의 형상에 따라 형성되었으며 그의 지성은 그의 창조자와 영적인 일들에 대한 참된 구원의 지식을 구비하고 있었으며 그의 마음과 의지는 올바르고 그의 모든 감정은 순결했으며 전체 인간은 거룩했다. 그는 악마에게 유혹

을 받아 타락했으며 자녀들을 낳았는데 그들은 단순히 모방에 의해 타락한 것이 아니라 하나님의 의로운 심판의 결과로 악한 본성이 유전됨으로써 타락했다"(1-2조). "신앙은 하나님의 선물로 여겨져야 한다. 이는 인간에게 주어 인간이 마음대로 받아들이거나 거부하도록 하신 것이 아니다."

제4장 "성도의 견인에 대하여"에서는 15개의 명제들을 주장한다. 선택된 자들은 "현세에서 죄의 지배로부터 구출된다. 하지만 그들이 이 세상에서 살아가고 있는 한 죄의 몸으로부터 그리고 육체의 결점들로부터 완전히 구출되는 것은 아니다. 그래서 결점에서 일상적인 죄들이 나오며, 성도들의 최선의 행위에 오점이 남게 된다. 그러나 하나님은 신실하셔서 은총을 베푸시고 그들을 끝까지 은총 속에 자비롭게 굳게 세우시며 힘 있게 보존하신다"(1-3조).

4. 독일의 칼빈파 개혁 운동

독일 지역은 가톨릭과 루터파가 강하였지만 두 지역에 칼빈파가 들어가게 되었다. 팔츠와 브란덴부르크에 칼빈파가 들어갔다. 팔츠에서는 유명한 하이델베르크 교리 문답이 나오게 되었다. 브란덴부르크는 칼빈주의의 영향 아래 있게 되었다. 이 두 지역은 독일에서는 가장 발전된 지역이 되었다. 특히 1685년 프랑스에서 낭트 칙령이 폐지됨으로서 위그노들이 프랑스를 떠나게 되는데, 이들은 네덜란드와 독일의 팔츠와 브란덴부르크에 들어갔다. 거기서 그들은 독일을 발전시키는데 크게 공헌하였다.

하이델베르크 교리 문답은 칼빈파의 교리 문답 가운데 높은 평가를 받아 왔다. 이 교리 문답은 멜란히톤의 견해에 동감하던 젊은 두 칼빈주의 신학자들, 즉 우르시누스라고 불리우는 하이델베르크의 자하리아스 바에르와 올레비아누스라고도 불리우는 카스파르 올레비히가 작성한 것이다. 그들은 뛰어난 학문적 경력을 가지고 있었으며 독일과 스위스의 유명한 선생들과 친근한 교제를 하고 있었는데, 그들의 견해 때문에 자격을 박탈당하고 박해를 받았다. 그들은 팔츠의 훌륭한 선제후인 프리드리히 3세에게서 전적인 신뢰를 받았으며, 프리드리히 3세의 아이들을 가르쳤다. 아울러 하이델베르크에서 계속된 루터파의 양파兩派 및 칼빈파 사이에 끊임없는 교리적 이견들을 해결할 수 있는 편람을 작성하라는 명령을 받았다. 프리드리히 3세는 독일 제후들 가운데 최초로 개혁 교회 교리를 받아들였으며, 아우그스부르크가 협정에 의해 루터파에게만 승인하였던 정치적 혜택을 박탈당한 사람이다. 이 교리 문답은 어떤 사람들에게서 비난을 받기도 했지만, 곧 모든 개혁 교회 지역에서 인정받았다.

이 교리 문답은 다음과 같은 질문으로 시작된다. "삶과 죽음에 있어서 당신의 유일한 위로가 무엇입니까?—나는 몸과 영혼을 가진 자로서 사나 죽으나 내 자신의 것이 아니며 나의 신실한 구주 예수 그리스도께 속한 자라는 사실입니다. 그리스도께서는 그의 보혈로써 나의 모든 죄를 위해 충족히 보상하셨으며 악마의 모든 힘으로부터 나를 구속하셨습니다. 그렇게 나를 보존하심으로 하늘에 계신 내 아버지의 뜻이 없이는 머리카락 하나도 내 머리에서 떨어질 수 없습니다. 그리고 이뿐 아니라 만물이 나의 구원을 위해 협력한다는 사실입니다. 그 까닭으로 그는 또한 그의 성령에 의해 나에게 영생을 보증하시며 나로 하여금 지금부터 그를 향해 중심으로 기꺼이 살도록 하십니다."

둘째 문답은 다음과 같다. "당신이 이 위로 속에서 행복하게 살고 죽기 위해 얼마나 많은 것들을 알아야 합니까?—세 가지입니다. 첫째로 내 죄와 고통이 크다는 사실입니다. 둘째로 내가 모든 죄와 고통에서 어떻게 구원받느냐 하는 것입니다. 셋째로 내가 그런 구속에 대해 하나님께 어떻게 감사하느냐 하는 것입니다."

5. 동유럽의 칼빈파 개혁

동유럽에는 처음에는 루터파가 들어갔고 나중에는 제네바에서 교육받은 학생들에 의해서 칼빈파가 들어갔다. 폴란드에서는 국왕 시기스문드 2세가 칼빈과 서신 교환을 하였으며, 칼빈의 『기독교 강요』를 애독하였다. 많은 사제들과 귀족들이 칼빈주의를 받아들였다. 그러나 칼빈이 원하는 만큼 개혁은 이루어지지 못하였다. 보헤미아에서도 귀족들이 칼빈주의를 받아들였다. 헝가리에서는 1566년과 1567년에 칼빈파의 교리 문답과 제2 스위스 신앙고백이 채택되었다. 그러나 동유럽에서는 합스부르크 황제 가문의 탄압 때문에 칼빈주의가 성공하지 못하게 되었다.

제 21 장
청교도는 어떤 신앙을 가지고 있었는가

1. 서언

영국은 종교개혁기에 엘리자베스 여왕 시대에 이르러 중도적인 개혁을 하게 되었다. 신앙과 교리는 종교개혁의 노선을 따르고 교회 제도와 의식은 중세 교회의 것을 그대로 남겨 두었다. 이런 중도적인 개혁은 다수의 영국인들에게는 지지를 받았지만, 철저한 개혁을 바라던 사람들이나 로마 가톨릭 교도들에게는 만족을 줄 수가 없었다. 영국 교회 안에 있으면서 영국 교회를 로마 가톨릭의 잔재로부터 청결케 하고자 하던 사람들을 청교도라고 부른다.

2. 청교도의 출현

1563년 영국의 교회 회의에서 청교도들의 주장이 제기되었으나 한 표차로 부결되었다. 그러나 이들은 계속 자기들의 주장을 펴 나갔다. 우선 이들은 종교개혁자들의 주장인 모든 신자가 사제라고 하는 이른바 만인사제설에 근거해서 교회에 나오는 모든 신자가 사제라면 교직자라고 해서 굳이 사제 복장을 할 필요가 없다고 주장했다. 그러나 영국 교회의 대주교는 이런 주장을 하는 사람들을 파면시켰다. 그다음으로는 성직 논쟁이 있었다. 대륙에서 칼빈주의의 영향을 받은 청교도들은 성서에서는 감독이나 장로나 목사가 동의어라고 믿었다. 그들은 평신도 중에서 장로를 뽑아 치리하게 하고 목사는 회중들이 뽑도록 해야 한다고 주장했다. 그리고 성서에 없는 대주교니 부주교니 하는 제도는 폐지되어야 한다고 주장했다. 청교도의 이런 주장은 영국 국교회에 의해 거부되었다. 당시 영국 국교회는 중세 제도대로 교직자와 평신도의 구별이라는 이층 구조를 가지고 있었다. 그리고 이 이층 구조는 귀족과 평민이라는 중세의 계급 제도를 반영한 것이었다. 청교도들은 이런 이층 구조를 단층 구조로 개혁하기 위해 만인사제설에 근거하여 교직자의 특수 제복을 없애고, 또 대주교, 주교, 장로, 평신도 등으로 계층화된 교회 제도를 일원화하여 평신도 중에서 선출된 치리하는 장로와 평신도에 의해 선출된 가르치는 장로, 즉 목사를 두려고 했다. 이 외에도 청교도들은 사치와 허영을 비판했으며, 주일에는 종교 의식과 자선 행위 외에 다른 일은 하지 말아야 한다고 주장했으며, 술로 인한 방탕한 생활과 극장에 가는 것 등도 비판했다.

청교도들은 국교회의 박해에도 불구하고 여전히 국교회 안에 남아 개혁 운동을 했으나, 이들 가운데 일부는 국교회에서 분리되어 나와 분리파 교회를 형성했다. 이런 분리파들 중에서 회중교회와 침례교회가 형성되게 되었다. 영국에서 박해를 피해 라이든에 와 있던 회중교회 교인들은 1620년 메이플라워호를 타고 미국으로 건너가 새로운 역사를 시작했다. 한편 침례교회는 다시 아르미니우스주의를 따라 누구든지 믿으면 속죄받을 수 있다고 하는 일반 침례교회와 칼빈주의를 따라 선택된 사람들만 속죄받을 수 있다고 하는 특수 침례교회로 나누어지게 되었다.

3. 청교도 혁명

영국에서 청교도들이 탄압받으면서 개혁 운동을 하고 있을 때 로드가 캔터베리 대주교가 되었다. 그는 국왕 찰스 1세의 고문직을 겸하여 국왕에게 큰 영향을 미쳤다. 그는 이른바 '가지' 이론을 주장했다. 교회는 원래 하나의 가톨릭교회였는데 이 한 줄기에서 몇 개의 가지가 나왔다는 것이었다. 로마인들의 로마 가톨릭교회도 그 한 가지이며 앵글로족의 교회인 영국 교회도 그 한 가지인데 영국 교회는 순결한 가지라고 주장했다. 그의 이런 관점은 가톨릭교회의 잔재를 없애야 한다고 주장하던 청교도와 정면으로 충돌하지 않을 수 없었다.

로드는 자기의 이런 입장을 장로교 전통에 서 있는 스코틀랜드 교회에도 파급시키려고 하여 영국 교회 의식을 스코틀랜드에 강요했다. 이에 스코틀랜드는 반란을 일으켰다. 국왕은 스코틀랜드와의 전쟁을 위해 전비가 필요했으며 전비 조달을 위해 의회를 소집하게 되었다. 그러나 의회 의원들 중 다수가 청교도였으므로 오히려 국왕의 정책을 비판하고 나왔다. 국왕은 의회를 해산시켰다가 다시 패전하여 패전 상환비를 매일 850파운드를 지불해야 하게 됨에 따라 의회를 다시 소집했다. 그러나 의회는 로드의 파면과 3년마다 의회 소집을 요구하고 종교 재판소 폐지 등을 주장했다. 이에 국왕은 의회 지도자들을 반역죄로 검거했고 여기에 분노한 청교도들은 혁명을 일으키게 되었다.

1642년부터 1649년까지 계속된 내란에서 영국 북부와 서부는 왕당파를 지지했고 남부와 동부는 의회파를 지지했다. 왕당파는 지방 귀족의 지지를 받은 반면 대도시는 의회파를 지지했다. 올리버 크롬웰이 이끈 의회파는 런던을 장악하고 종교적, 사회적 개혁 운동을 전개했다. 1643년 의회파에서 웨스트민스터 사원에 교회 총회를 소집하여 주교제를 폐지하고 1646년 웨스트민스터 신앙고백을 작성하고 1647년 웨스트민스터 대소 교리 문답을 작성했다. 이 웨스트민스터 신앙고백과 웨스트민스터 교리 문답은 그 후 장로교의 표준적 신조가 되었다. 1649년에는 국왕 찰스 1세를 참수형에 처하고 공화정을 시작했다.

청교도 혁명은 성공했으나 내전 당시 이미 혁명파 중에는 평등파가 대두되기 시작했다. 이들은 사병들을 중심으로 한 파로서 장교들의 신중하고 보수적인 개혁에 반기를 들고 일어났다. 이들은 인간의 정치적 평등권과 자연법적 권리를 주장했다. 보통 선거, 의회의 정기적 소집, 누진 과세 제도, 교회와 국가의 분리, 인신 구속의 법적 규제를 주장했다. 이 평등파 중에는 더 급진적인 주장을 하는 사람들이 나타났다. 이들은 경제적 평등권도 주장하여 사유 재산 제도의 폐지를 주장하고 기독교의 가르침인 형제애가 문자대로 실현되어야 한다고 주장했다. 크롬웰이 죽고 그의 아들 리차드가 호민관이 되자 지금까지 공화정을 지지해 왔던 중산층들은 급진주의자들의 주장에 불안을 느끼기 시작하여 왕당파로 기울어졌다. 마침내 1660년 참수형에 처해진 찰스 1세의 아들 찰스 2세가 국왕이 됨으로써 왕정 복고를 이룩했다.

찰스 2세가 즉위하자 1661년 기도서를 개정하고 1662년 통일령을 내려 모든 교회는 기도서를 통일적으로 쓰도록 했다. 이로써 영국 국교회에 반대하던 청교도들은 영국 국교회 밖으로 밀려나게 되었다. 이어 집회령이 내려져 가족이 아닌 5명 이상이 모인 예배에서 기도서를 사용하지 않을 때는 벌금, 투옥, 추방형에 처하기로 했다. 또한 5마일령이 내려져 국교회에 충성하지 않는 교직자는 도시에서 5마일 이내에 살 수 없으며 자기의 이전 교구에서 5마일 이내에 살 수 없게 함으로써 청교도 지도자들과 민중들을 격리시키려고 했다. 그러나 1688년 명예혁명 이후에 차츰 비국교도들에게도 자유가 확대되었다.

4. 청교도의 신세계 개척

영국에서 청교도를 박해하고 있던 때인 1608년, 박해받던 이들은 종교적 자유가 있던 네덜란드로 건너갔다. 그러나 네덜란드는 전에 지배하던 스페인의 재진입이 우려되었으며, 이들 청교도들이 보기에 네덜란드는 자녀들을 거룩하게 키울 사회적 환경이 되지 않는 것 같았다. 그들은 마침내 신세계로 건너가서 개척하기로 결심했다. 그러나 그 수가 얼마 되지 않아 먼저 영국으로 건너가서 같은 생각을 가진 사람들을 모았다. 그래서 1620년 9월에 백여 명이 메이플라워호를 타고 플리머스를 출발했다. 11월에 뉴잉글랜드의 해안에 도착했으며 한 달 만에 신세계의 플리머스에 최초의 집을 세웠다. 첫 해 겨울 긴 항로에 허약해진 이들에게 질병이 닥쳐 절반가량이 죽었다. 그러나 봄이 되자 인디언들이 곡식 경작법을 가르쳐 주었으며, 수렵, 어로를 할 수 있었다.

이후 다른 청교도들은 매사추세츠만에 정착하기 시작했다. 영국에서 박해를 피해 온 사람들은 만 명 정도 되었다. 이들은 자기들의 양심에 따른 새로운 공동체를 설립하고자 했다. 또한 이들은 코네티컷과 뉴헤이븐에 새로운 식민지를 건설했다. 청교도들은 분리파와 통합하여 회중교회적인 교회를 설립했다. 이들은 그리스도인들이 국가와 교회를 지배하여 전체 사회가 기독교적인 표준에 의해 통치되는 사회가 되어야 한다고 생각했다. 교회는 세금에 의해 지원을 받았으며 교회와 국가가 밀접한 관계에 있었다. 그러나 유럽식으로 모든 주민이 국교회 교인이 되는 것이 아니라 자발적으로 교인이 되도록 했다. 그러나 날로 증가해 가던 청교도 이민은 영국에서 청교도 혁명이 성공하자 주춤해졌다. 이제는 영국이 청교도의 나라가 되어 영국 안에서도 그들의 이상을 실현시킬 수 있었기 때문이었다.

청교도들은 자기들의 지역을 성서의 원칙에 충실한 지역으로 발전시키려고 노력함과 동시에 인디언들의 선교에도 깊은 관심을 가졌다. 메이휴 가문은 1642년부터 1806년까지 5대에 걸쳐 인디언들에게 복음을 전했다. 존 엘리옷은 인디언들은 이스라엘의 한 지파라고 생각하고 그들에게 전도했으며, 인디언의 언어를 배운 후 문자를 만들어 성서를 번역했다. 그는 율법에 따르는 촌락들을 14개나 설립하였으며, 전도할 뿐만 아니라 유럽식 농경 방법과 각종 기술을 가르쳐 주었다. 청교도 목사인 존 하버드는 1637년에 도미하여 재산의 반과 도서 320권을 대학 추진 중에 있는 기관에 기증하였는데, 후에 이 대학을 하버드 대학이라고 명명했다.

청교도들이 통치하던 지역에서는 종교 획일주의가 실천되었기 때문에 그곳을 떠나는 사람들이 생기게 되었다. 그들 중 유명한 사람은 로저 윌리암스였다. 그는 프로비던스를 건설하고 침례교회를 세워 목회했다. 그는 하나님에 대한 예배는 진정한 마음에서 나와야 된다고 생각하여 종교 신앙을 강요해서는 안 된다고 보았다. 그와 같은 생각을 가진 사람들은 그 옆에 다른 마을들을 세웠다. 이런 마을들이 연합해서 로드아일랜드주가 되었다. 이것은 교회와 정부가 완전히 분리된 최초의 이주지였다. 그는 인디언들과 접촉하는 가운데 그들을 존경하게 되었으며 그들의 종교도 존중하게 되었다. 그는 구원받기 위해 반드시 기독교 신자가 될 필요가 없다고 주장하기에 이르렀다. 그래서 그는 매사추세츠의 청교도들과 프로비던스의 침례교도들에게 비판을 받게 되었다.

퀘이커파는 윌리엄 펜이 중심이 되어 한 지역을 개척했는데 그의 이름을 따라 펜실베니아주라고 했다. 펜실베니아주는 그 주의 이상을 "기독교 원리들 위에 세워지고 기독교 이상들에 의해 통치되는 사회"라고 했다. 이것은 실로 신세계 전체의 이상이기도 했다.

5. 청교도의 사상

청교도 연구가인 힌슨Edward Hinson은 청교도에 대해 이렇게 말하였다. "청교도란 과거 역사가들이 오랫동안 생각해 온 것같이 수척한 몸매에 검은 모자를 쓰고 머리는 길게 늘어뜨린, 흥이나 깨는 그런 사람이 아니었다. 그들은 유머 감각을 지니고 있었고, 또한 하나님께 대한 영적 헌신의 깊은 지각을 소유한 다채로운 사람들이었다. 17세기 청교도들과 같은 시대에 살았던 한 사람이 청교도들을 묘사하기를, 그들은 누구에게보다도 하나님께 먼저 영광을 돌리는 사람들이고, 또한 가장 좋은 기독교인이란 가장 좋은 남편과 아내, 부모, 자녀, 주인, 그리고 종이 되어야 하며, 그 결과 하나님께 대한 교리가 모욕을 당하지 않고, 영화롭게 되어야 한다고 믿는 사람들이라고 하였다."

청교도들은 일상생활의 통합을 주장하였다. 청교도 연구의 대가인 패커J. I. Packer는 청교도들의 이런 점에 대해 이렇게 말하였다. "그들에게는 신성한 것과 세속적인 것 간의 구별이 없었다. 그들은 피조물이 그들이 관련하는 한에 있어서는 신성하였고, 무슨 종류의 활동이든지 간에 모든 활동들은 성별되어야 했다. 즉 하나님의 영광을 위해 행해져야 했다는 것이다. 그러므로 청교도는 천국에 마음을 둔 열심 안에서 실제적이고, 현실적이고, 충만한 기도와 목적을 가지고 실천하는 질서의 남녀들이 되었다. 그들은 삶을 전체로 보았기 때문에 묵상을 행동과 통합하였고, 예배를 일과 통합하였고, 하나님의 사랑을 이웃과 자기 사랑과 통합하였고, 개인의 정체성을 사회의 정체성과 통합하였고, 넓은 범위의 관계적인 책임들을 철저하게 양심적이고 주도면밀한 방법으로 관계적 책임들과 통합하였다."

청교도의 신학은 중생의 신학이라 할 정도로 청교도 목사들은 중생과 심령의 부흥을 강조하였다. 1641년부터 1660년까지 키더민스터에서 사역한 리처드 백스터는 자기의 목회를 이렇게 회고하였다. "회중은 대개 가득 찼기 때문에 내가 그 곳에 온 후에 우리는 어쩔 수 없이 다섯 개의 발코니를 지어야 했다. 우리의 비공식 집회들도 가득 찼다. 주일날 길거리에서 난잡한 모습은 발견할 수 없고 길을 지나간다면 백여 가정이 시편을 찬송하고 설교를 되풀이하는 소리를 들을 수 있을 것이다. 한마디로 말해 내가 그곳에 처음에 왔을 때는 한 거리에 하나님을 예배하고 하나님의 이름을 부르는 가정은 한 가정이었으나 내가 그 곳을 떠날 때에는 하나님을 예배하지 않고 하나님의 이름을 부르지 않는 가정은 여러 거리에서 몇 가정밖에는 안 되었다. 내가 개인 면담과 그들을 교리 문답하는 일을 시작했을 때 마을 전체에서 오기를 거절한 가족은 매우 적었다. … 그리고 눈물을 흘리지 않거나 표면상으로 경건한 삶에 대해 진지한 약속을 하지 않고 나와 헤어진 사람은 거의 없었다."

청교도들은 학문에 대해 매우 긍정적이었다. 그래서 페리 밀러Perry Miller는 "뉴잉글랜드의 청교도들은 에라스무스와 콜레트의 제자들이었다"라고 말하였다. 또한 청교도들은 이성의 역할을 높이 평가하였다. 한 청교도 목사는 이렇게 말하였다. "회심 때 받는 영적 빛은 인간의 이성을 강화시켜 주며, 자연의 법칙을 좀 더 읽기 쉽게 한다."

청교도들은 양심에 대해 특별한 관심을 가지고 있었다. 그들은 양심을 "우리 속에 있는 하나님의 대리자", "우리 마음속에 있는 하나님의 염탐꾼"이라고 하였다. 도덕과 교회의 문제들에 있어 하나님의 계시된 뜻을 철저하게 따르려는 정확성에 대한 그들의 관심으로 인해 초대 청교도들은 '까다로운 자들'이라는 별명을 가지게 되었다. 청교도 목회자인 리처드 로저스가 그 지방의 영주와 함께 말을 타고 길을 가고 있었다고 한다. 영주는 로저스의 정확한 행동을 한참 동안 놀린 다음, 무엇이 그를 그처럼 정확하게 만들었느냐고 물었다. 로저스는 "내가 정확하신 하나님을 섬기기 때문이다"하고 대답했다. 페너는 양심의 평화에 대해 이렇게 말하였다. "양심의 평화를 소유한 사람을 상상해 보라. 그 양심의 평화를 유지하고 지속시키기 위해 그가 무엇을 해야 할 것인가? 나는 이렇게 대답한다. 첫째로 우리는 자신이 양심에 반하여 아무 것도 행하지 않도록 주의함으로 양심의 가책을 예방하기 위해 노력해야 한다. … 둘째로 평안을 유지하고자 하면 우리는 하나님의 사랑의 확신에 기초한 심령을 소유하기 위해 노력해야 한다. … 셋째로 우리는 그리스도의 피를 적용함에 있어 믿음의 확신을 사용해야 한다. 즉 우리는 그리스도의 피로 우리의 양심을 깨끗이 하기 위해 노력해야 한다는 것이다. 만일 죄를 지었다는 것을 발견했으면 즉시 우리는 그리스도의 피로 달려가서 우리의 죄를 씻어 버려야 한다. 우리는 상처가 곪게 하지 말고 즉시 고침을 받아야 한다."

주지하는 바와 같이 청교도들은 성수주일에 깊은 관심을 가졌다. 필립 스터브스Philip Stubbes에 의하면 16세기 영국인들은 주일 예배 후 "항상 부도덕한 연극, 흥겨운 놀이, 교회 절기와 축제와 철야제, 노래, 춤, 주사위 놀이, 카드놀이, 볼링, 테니스, 개로 쇠사슬에 매인 곰을 곯리기, 닭싸움, 매사냥, 여우 사냥, 축구 운동 등과 같은 오락을 즐겼다"고 한다. 이런 상황에서 청교도들은 성수주일을 주장하였다. "안식일은 하루 종일 거룩한 휴식으로 성별되어야 한다. 심지어 다른 날에 있어서는 적법한 세상의 일과 오락으로부터도 휴식해야 한다. 그리고 불가피한 일과 자비의 일에 종사하는 정도의 일을 제외하고는 전체 시간을 하나님께 예배하는 공적 활동과 사적 활동으로 보내야 한다." 헤일은 이렇게 말하였다. "나는 엄밀하고 근면한 관찰에 의해 주일 의무들을 바르게 지킨 것이 내 나머지 생애의 축복과 언제나 연결되어 왔다는 것을 발견하였다. 이렇게 시작한 주간은 나에게 축복과 번영이 되었다. 반대로 내가 주일 의무들을 등한히 하였을 때 그 주간의 나머지 날들은 나의 세상일에서 실패와 불행이 되었다. 나는 이 사실을 경솔하게 또는 분별없이 기록하는 것이 아니라 오랜 기간의 확실한 관찰과 경험 위에서 기록하는 것이다."

청교도들은 결혼과 가정의 순결을 위해 비상한 노력을 하였다. 그들은 결혼을 창조의 법령이며, 인류에게 주신 하나님의 선한 선물이라고 보았다. 모르간Edmund S. Morgan은 "청교도는 억지로 점잖을 빼는 자나 금욕주의자가 아니었다. 그들은 웃는 법을 알고 있었고 사랑하는 법을 알고 있었다" 하고 말하였다. 밀턴의 실낙원에는 이런 구절이 나온다. "축하한다. 부부애여, 신비한 법칙이여, 인간 번영의 참된 근원이여, 기타 만물의 공통된 것 중에서 낙원 유일의 특유한 일이여, 그것 때문에 음욕은 인간에게 쫓겨나 금수들 사이에서나 방황하게 되었고, 이성에 뿌리박은 충성되고 바르고 깨끗한 그것 때문에 정다운 부부 관계와 아버지, 아들, 형제의 모든 애정을 비로소 알게 되었다. 그것을 죄니 치욕이니 부르고 지성의 장소에 맞지 않는다고 나는 생각하는 일이 아예 없다. 그것은 가정적 즐거움의 무궁한 샘, 그 침상은 더럽혀지지 않고 깨끗하다." 토마스 후커는 아내에 대한 남편의 애정을 이렇게 묘사 하였다. "그 마음이 사랑하는 여인에게 가 있는 남자는 밤에는 그녀의 꿈을 꾸고, 잠이 깼을 때는 그의 눈과 생각에 그녀가 있고, 식탁에 앉았을 때에도 그녀를 명상하고, 여행할 때에도 그녀와 동행하고, 그가 어느 곳에 가든지 그녀와 이야기 한다."

청교도들은 금욕적인 삶을 살았다. 그러나 그들은 극단적인 금욕주의자들은 아니었다. 3대에 걸쳐(Richard Mather — Increase Mather — Cotton Mather) 위대한 청교도들을 배출한 매더 집안의 인크리스 매더는 이렇게 말하였다. "마실 것은 그 자체로는 하나님의 좋은 창조물이며, 감사함으로 받아야 하지만, 마실 것을 남용하는 것은 사탄에게서 온 것이다. 포도주는 하나님으로부터 오지만, 술고래는 악마로부터 온다."

청교도들은 완전주의자들은 아니었다. 밀러는 청교도들에 대해 이렇게 말하였다. 청교도는 "완전한 사회와 선택된 자들의 왕국을 세우기 위하여 뉴잉글랜드에 왔다. 그러나 그것이 완전할 것을 결코 기대하지 않았으며, 다만 타락한 인간들이 만들 수 있는 최선의 것을 기대하였다." 그래서 밀러는 청교도를 "실제적 이상주의자"라고 명명하였다.

제 2 2 장
종교개혁은 인류 역사에 어떤 영향을 미쳤는가

우선 종교개혁은 근대 민주주의의 발전에 지대한 공헌을 했다. 루터는 만인사제설에 의한 평등 사상, 그리스도인의 자유 사상, 제후의 저항권 등을 주장함으로써 민주주의로 가는 길을 예비하였다. 그리고 칼빈은 루터의 사상을 더욱 발전시켰다. 칼빈은 고대 철학자들의 구분에 따라 정부 형태를 군주정, 귀족정, 민주정으로 나누고 귀족정과 민주정의 혼합정을 가장 나은 정부 형태로 제시했다. 전체 시민들이 덕망 있는 사람들을 뽑아 그 사람들이 상호 협조하고 견제하면서 정치를 해 가는 혼합정이 제네바의 정부 형태였으며, 근대의 대의 민주주의의 모형이었다. 독재에 대한 저항에 대해 칼빈은 아무 관직이 없는 사인에게는 저항권을 인정하지 않았지만 의회에 대해서는 저항권을 강조했다. 칼빈은 "만약 이제 왕들의 방자함을 견제하기 위해 임명된 백성의 관리들이 있다면 나는 그들이 그들의 임무에 따라 왕들의 심한 방자함을 저지하는 것을 금지하는 것이 결코 아니다. 만약 그들이 낮은 일반 민중을 난폭하게 습격하고 욕보이는 왕들에 대해 눈을 감아 준다면 그들의 가식은 극악한 배신이 아닐 수 없다고 나는 선언한다. 왜냐하면 그들은 자기들이 하나님의 배정에 의해 백성의 보호자들로 임명되었음을 알면서 기만적으로 백성의 자유를 배반하기 때문이다"라고 말하였다.

독재자에 대한 백성의 관리들의 저항권을 인정한 칼빈의 가르침은 스위스, 프랑스, 네덜란드, 스코틀랜드, 잉글랜드, 미국 등지에서 민권을 강화시키고 민주주의적 방향으로 나가는 데 큰 공헌을 했다. 프랑스에서는 칼빈주의적 위그노 운동이 실패함으로써 한동안 절대 왕정으로 나갔지만 위그노 운동 때 나온 저항 사상은 마침내 프랑스 시민 혁명으로 결실을 맺게 되었다. 1579년에 익명의 위그노에 의해 출판된 『폭군 토벌론』에서는 권력은 하나님께 속한 것으로 하나님이 인간들에게 위임한 것이며, 다시 민중들이 계약에 의해 그 권력을 왕에게 위임한 것으로 보았다. 그래서 왕이 하나님의 뜻에 반할 때와 왕이 민중과의 계약을 위반하고 폭군이 될 때 민중들이 저항하는 것을 합법적으로 보았다.

스코틀랜드에서는 칼빈의 제자인 존 녹스와 "하나님의 말씀의 회중"이라는 집단이 협력해서 메리 여왕을 축출하고 의회의 기능을 강화시키고 종교개혁을 완성했다. 영국에서는 칼빈주의자들인 청교도들이 1642년 청교도 혁명을 일으켜 국왕을 처형하고 공화정을 실시했다. 청교도 혁명의 지도자인 크롬웰이 죽고 평등주의자들의 과격한 요구에 불안을 느낀 중산층이 왕당파로 기울어짐으로 1660년 왕정 복고가 이루어지긴 했지만 청교도적인 민주주의의 이상은 지속되었고, 1688년 명예혁명으로 영국은 세계 최초로 입헌 군주제 국가가 되었다. 영국에서 박해받던 청교도들이 신대륙으로 건너가서 개척한 미국은 일찍부터 민주주의적 방향으로 나아갔으며 마침내 독립 전쟁으로 민주주의가 정착하게 되었다.

독일의 종교 사회학자인 베버가 『프로테스탄트 윤리와 자본주의의 정신』에서 주장한 것처럼 프로테스탄트, 특히 칼빈주의는 자본주의의 발전에 큰 영향을 미쳤다. 베버의 주장에 대해 여러 가지 정당한 비판이 있었으며 칼빈주의가 나타나지 않았다 하더라도 서구 사회가 자본주의 사회로 발전했을 것이지만 칼빈주의로 인해 이 발전이 가속화되었다고 할 수 있다. 칼빈 당시의 제네바는 주위에 농지를 가지고 있었으나 농업 생산만으로는 생활이 어려워 상업 활동을 해야 했다. 루터도 기독교적 방식으로 상업 활동을 할 수 있다고 말하였지만, 칼빈은 상업을 더욱 강조하였다. 칼빈은 상공업을 천부적인 직업으로 보았다. 중세 교회가 아리스토텔레스의 이론에 따라 돈에 증식성이 없다고 본 것과는 달리 칼빈은 산업 자금의 증식성을 인정하면서 "농지를 빌려 주고 지대를 받는 것은 합법적이고, 돈을 빌려 주고 그 열매를 받는 것은 불법적이란 말인가" 하고 반문하면서 사업 자금에 대한 적절한 이자를 인정했다. 이처럼 칼빈은 상공업을 지지했으며 그리고 상공인들은 칼빈의 가르침을 선호했다. 제네바에는 수많은 상공인들이 이주해 왔으며, 프랑스에서는 낭트 칙령이 폐지되어 칼빈주의자들이 프랑스를 떠남으로써 산업이 침체해졌으며 이들 칼빈주의자들은 네덜란드 등 가는 곳곳마다 산업을 부흥시켰다.

종교개혁의 좌파인 재세례파나 급진주의자들의 이상도 현대 사회에 큰 영향을 미쳤다. 기독교의 이단 사상으로 비유되는 마르크스의 공산주의도 결국은 기독교의 급진적 운동에 그 연원을 가지고 있다고 하겠다. 종교개혁 당시 재세례파는 공산주의적 공동체를 건설하려고 많은 노력을 했으며 영국의 청교도 혁명 중 급진주의자들은 공산주의적 이상을 체계화시켰다. 윈스탄리는 1652년『자유의 법』이라는 저작에서 참된 자유는 모든 사람이 대지와 그 생산물의 이용에 공평하게 접근하는 권리이므로 토지는 공동으로 소유하고 토지의 수확물은 공동으로 관리하고 필요에 따라 꺼내 써야 한다고 주장했다. 관리는 보통 선거로 선출하되 임기를 1년으로 제한해야 한다고 주장했으며 교회를 국민 교육 기관으로 전환해야 한다고 주장했다. 그는 종교인들 때문에 사람들이 하늘을 바라보며 행복을 꿈꾸면서 죽은 후에 지옥에 떨어지지 않을까 두려워하는 바람에 자신들의 천부적 권리를 찾는 데서 멀어지고 있다고 기독교를 비판했다. 이들 급진주의자들은 성직자들에게는 적개심을 보였으나 예수 그리스도는 으뜸가는 평등주의자라고 주장하면서 형제애에 대한 기독교의 가르침이 문자대로 실천되어야 한다고 주장했다.

칼빈주의는 칼빈 당시에 이미 재세례파의 공산주의적 사상과 대결해야 했다. 칼빈은 사유 재산 제도는 타락한 인간들을 견제하기 위해 준 신적 제도로 보았다. 그러나 그는 재산의 공유 제도를 부정하긴 했지만 사회가 가난한 사람들의 복지를 위해 심혈을 기울여야 한다고 보았다. 루터도 걸인들의 구걸 활동을 금지시키고 부모가 없는 고아들, 의지할 사람이 없는 노인들은 국가가 보호해 주어야 한다고 주장했다. 칼빈은 "주님은 우리가 기금이 허락하는 한 곤란에 처한 사람들을 도와서 풍부한 사람도 없고 결핍한 사람도 없도록 우리에게 명한다"고 말했다. 제네바의 구빈원에는 교회 집사들이 파견되어 환자, 노인, 과부, 고아, 가난한 사람들을 돌보아 주었다. 실업자들에게는 일자리를 알선해 줌과 동시에 구걸을 금지시켜 모든 사람이 일하도록 했다. 모든 부모들은 자녀들을 의무적으로 학교에 보내야 했으며 교사의 봉급은 정부가 담당함으로 가난한 학생들에게서 수업료를 받지 않게 했다. 이같이 제네바가 지향했던 복지 사회 제도는 현대 서구 사회의 모형이 되었다. 19세기와 20세기에 스위스, 독일, 미국 등지에서 마르크스의 공산주의를 반대하면서 기독교적 사회주의 운동을 전개했던 사람들은 대개가 칼빈주의적 전통에 서 있던 사람들이었다.

칼빈주의는 근대 문화의 발전에도 큰 공헌을 하였다. 칼빈은 1554년 창세기 1장 16절 주석에서 이렇게 말하였다. "천문학은 알면 즐거울 뿐만 아니라 매우 유익하다. 이 학예가 하나님의 놀라운 지혜를 보여 준다는 사실을 부인할 수 없다." 또한 칼빈은 1559년 판 『기독교 강요』에서 철학에 대해 이렇게 말하였다. "나는 참으로 그들(철학자들)이 가르치는 것들이 진실하며, 배우면 즐거울 뿐만 아니라 유익하며, 그것들은 그들에 의해 정교하게 수집되었음을 인정한다. 그리고 나는 그것들을 배우려고 하는 사람들을 막지 않는다." 칼빈은 『기독교 강요』의 1559년 판에서 인간에 대한 플라톤의 견해를 다음과 같이 한껏 높이 평가하였다. "플라톤의 견해는 더욱 옳다. 왜냐하면 그가 영혼 안에 있는 하나님의 이미지를 고려하기 때문이다." 칼빈은 땅의 일에 관련된 인간의 활동을 이렇게 예찬한다. "시민적 질서와 규율을 매우 공정하게 확립한 고대 법률가들 위에 진리가 빛난다는 사실을 우리는 부정할 것인가? 철학자들은 자연에 대해 바로 관찰하고 예술적으로 묘사했는데 그들을 눈이 어둡다고 말할 것인가? 논쟁술을 생각하고 조리 있는 화법을 우리에게 가르친 사람들을 지성이 없는 사람들이었다고 말할 것인가? 의학을 발전시켜 우리의 유익을 위해 노력을 다한 사람들을 우리는 제정신이 아니라고 말할 것인가? 모든 수학적 과학들에 대해서는 무엇이라고 말할 것인가? 그것들을 미친 사람들의 고함으로 생각할 것인가? 아니다. 우리는 이들 주제들에 관한 고대인들의 저작들을 높이 찬양하지 않고 읽을 수 없다. … 그러나 우리는 동시에 그것이 하나님으로부터 나온다는 것을 인정하지 않고 어떤 것을 찬양할 만하거나 고상하다고 생각할 것인가? … 우리는 인간 본성이 그 참된 선을 빼앗긴 후에도 주님이 많은 은사들을 인간 본성에 남겨 두었다는 것을 그들의 예를 보아서 알아야 한다." 칼빈은 여기서 법학, 철학, 논쟁술, 의학, 수학 등 모든 학문적 노력을 높이 평가하고 있음을 볼 수 있다. 그래서 칼빈은 결론적으로 "이 다양성 속에서 우리는 하나님의 형상이 남아 있는 자취들을 보며, 이 자취들이 인류 전체와 다른 피조물들을 구별한다"하고 말하였다. 스피츠Lewis W. Spitz는 칼빈주의가 과학 발전에 크게 공헌했다고 말하였다. "1640년대 이후 프로테스탄트들이 과학자들 사이에 지도적 위치를 담당했다는 사실을 아무도 부정할 수 없다. 루터란, 앵글리칸, 특히 칼빈주의자들이 더 많은 과학적 발전을 이룩하였으며, 이들을 실제 응용, 사용하는 데에도 가톨릭 교도들 보다 훨씬 융통성 있는 것으로 보인다. 그뿐 아니라, 그 비례를 따져 보아도 철저한 칼빈주의자들이 앵글리칸들보다 더 많은 과학자들을 배출하였으며, 1630년에 사망한 천문학자 요한네스 케플러Johannes Kepler 이후 19세기에 이르기까지 루터란 측에서는 이렇다 할 과학자가 나타나지 못하였다."

맺는 글

　우리는 지금까지 종교개혁이란 무엇인가 하는 문제를 다루었다. 종교개혁이란 무엇인가? 한마디로 정의하기 어려울 것 같다. 왜냐하면 종교개혁은 하나의 운동이 아니었기 때문이다. 종교개혁은 여러 곳에서 동시에 혹은 선후 관계로 일어난 여러 가지 운동이었다. 루터가 독일에서 종교개혁 운동을 했는가 하면, 거의 동시에 츠빙글리도 스위스에서 종교개혁 운동을 하였다. 루터와 츠빙글리는 50일 간격으로 태어난 동년배의 종교개혁자들이었다.

　루터와 츠빙글리의 종교개혁 운동에 비교한다면 급진적 종교개혁 운동은 여러 가지 면에서 그 성격이 달랐다. 그리고 가톨릭의 종교개혁 운동은 이들 종교개혁 운동들과는 확연히 구별되었다.

　그럼에도 불구하고 루터나 츠빙글리나 부처나 칼빈과 같은 많은 종교개혁자들은 상당히 비슷한 사상과 교회 개혁의 청사진을 가지고 있었다. 우리는 이들 개신교 주류 종교개혁자들을 중심으로 종교개혁에 대해 어떤 정의를 내릴 수 있을 것 같다.

종교개혁은 무엇보다 신율 사회, 신율神律 문화를 지향한 운동이었다. 중세는 교회가 정치, 경제, 사회, 문화 등 사회의 모든 면을 지배하였다. 중세는 한 마디로 타율他律 사회였다. 여기에 반발하고 나온 운동이 문예부흥운동이었다. 문예부흥운동은 문화의 자율自律 운동이었다고 할 수 있다. 문예부흥운동 연구가들은 흔히 문예부흥운동의 특징으로 개인주의, 세속주의, 기존 권위에 대한 비판을 들고 있다. 교회가 지배하던 구조에 대한 반발이었다고 할 수 있다.

루터는 문예부흥운동을 받아들였다. 그러나 그는 문예부흥운동을 전적으로 받아들인 것은 아니었다. 인문주의자인 로렌조 발라는 콘스탄티누스 황제가 교황에게 서로마제국을 양도하고 전 세계 교회의 관할권을 주었다고 하는 '콘스탄티누스의 기증서'가 위조문서임을 입증하였다. 루터는 교황청을 비판할 때 로렌조 발라의 이 비판을 원용하였다. 인문주의자인 에라스무스는 그리스어 성경을 출판하였는데 루터는 에라스무스의 그리스어 성경에 근거하여 중세 교회를 비판하였다. 예컨대 중세 교회가 사용해 온 라틴어 번역인 불가타에서는 마태복음 4장 17절의 예수님 말씀이 "고해 성사를 하라"로 되어 있으나 에라스무스의 그리스어 성경에서는 "회개하라"로 되어 있었다. 루터는 그리스어 성경에 근거하여 고해 성사는 성경에 근거하지 않았고, 그래서 성례가 아니라고 주장하였다. 그러나 루터는 문예부흥운동 속에 있던 세속주의는 거부하였다.

부스마는 칼빈 전기를 쓰면서, 칼빈 전기는 16세기의 전기라고 보았다. 부스마는 칼빈은 미궁과 심연을 다 두려워한 사람이었다고 말했다. 미궁은 그 안에 들어가면 나올 수 없는 곳이며 속박을 상징한다고 볼 수 있다. 심연은 발붙일 곳이 없이 떨어지는 곳이다. 자유를 넘어 통제가 불가능한 상태라고 할 수 있다. 칼빈이 보았을 때 중세가 미궁의 사회였다면 문예부흥은 심연의 상태였다는 것이다. 부스마는 16세기는 미궁과 심연과 씨름하는 시대였으며, 칼빈도 그 두 문제를 극복하기 위해 씨름하였으므로, 칼빈의 초상화는 16세기의 초상화라고 보았다. 부스마는 나아가서 미궁과 심연을 다 극복하는 것이 인류의 문제이므로 칼빈은 인류의 문제에 대한 대답이 될 수 있다고 보았다.

중세가 교회가 지배하던 타율의 사회였다면, 문예부흥은 이 타율에 반발하고 자율을 주장하던 운동이었다고 할 수 있다. 그러나 종교개혁자들은 타율도 자율도 아닌 제3의 길을 모색하였다. 그것은 신율 사회, 신율 문화였다. 신율은 자율이 아니라는 점에서 타율이라고 할 수 있으나 그것은 내 안에 있는 신의 법이므로 타율은 아니다. 신율은 내 안에 있으므로 자율이라 할 수 있으나 그것은 항상 나를 초월하므로 자율이 아니다. 유한한 인간이 끊임없이 자기를 초월하여 보편성을 추구할 때, 그는 신율을 지향하고 있는 것이다.

종교개혁자들은 두 왕국, 또는 두 정부를 주장하였다. 결국 그들은 교회와 국가를 구별하였다. 교회가 할 일이 따로 있고 국가가 할 일이 따로 있다는 것이었다. 교회가 국가를 지배하는 중세의 신정정치의 원리를 거부하고 국가의 자율성을 주장한 것이다. 그러나 그들은 여기서 멈춘 것이 아니었다. 국가는 자율권을 가지지만 마음대로 할 수 있다고 보지 않았다. 국가는 때로는 성직자들의 비판을 경청해야 하며, 무엇보다 형평equity의 원리를 따라야 한다고 보았다. 여러 사람들이 상호 조언하고 견제해야 한다고 주장하였다. 칼빈 같은 종교개혁자는 백성이 관리를 선거로 선출하고 관리는 법에 따라 통치하는 것이 가장 바람직한 정치 제도라고 주장하였다. 루터는 제후들의 저항권을 주장하였고, 칼빈은 의회의 저항권을 주장하였고, 익명의 칼빈주의자는 민중 저항권을 주장하였다. 칼빈주의자들은 민주주의를 선호하였지만 민주주의가 선동가들의 선동에 의해 잘못된 길을 가지 않을까 염려하였다.

종교개혁자들은 중세 교회가 경제를 통제하는 데 대해 비판하였다. 칼빈은 이자를 금지한 교회의 관례를 비판하였다. 루터는 중세 교회의 많은 축제들로 인해 경제 활동을 위축시키는 것을 비판하였다. 종교개혁자들은 물품에 대한 공정 가격을 정할 것을 원했지만, 그것이 불가능할 경우 시장의 수요 공급의 원리에 따를 것을 추천하였다. 그 대신 매점매석과 같은 불공정한 거래들을 강력히 비판하였다.

종교개혁자들은 당시에 나타난 일부 재세례파의 '공산주의적' 사상을 강하게 비판함과 동시에 많은 기금을 모아 가난한 자들을 보호하는 사회가 되기를 원했다. 루터나 칼빈은 모든 사람들이 자기의 소명인 직업을 통해 이웃을 섬기기를 바랐지만, 신체장애자나 노약자나 가난한 사람들은 국가가 보호해 주어야 한다고 주장하였다.

종교개혁은 무엇보다 종교의 개혁 운동이었다. 종교개혁자들은 '오직 은혜'를 주장하였다. 인간이 구원받는 것은 은혜로 되는 것이므로 구원을 위한 공로를 배격하였다. 중세의 사람들이 구원을 받기 위해 얼마나 종교적 노력을 하였는가. '오직 은혜'는 종교의 속박으로부터 인간을 해방시켜 주었다. "안식일이 사람을 위하여 있는 것이요 사람이 안식일을 위하여 있는 것이 아니"듯이 종교가 사람을 위하여 있지 사람이 종교를 위하여 있는 것이 아니라고 종교개혁자들은 생각하였다. 이제 종교적 일로부터 해방된 사람들은 자기의 직업을 통해 이웃을 섬기도록 부름을 받았다는 것이다.

종교개혁 운동은 사회 전반을 개혁하려는 운동이었다. 그것은 사회 전반을 교회의 통제에서 풀어주어 자율적으로 움직이게 하는 운동이었다. 그런 점에서 문예부흥운동과 맥락을 같이 하였다. 그러나 자율이 통제 불능으로 빠져 들어가는 것은 용인할 수 없었다. 종교개혁자들은 일부 재세례파가 주장하듯이 구약의 법에 따라 사회를 이끌어가기를 원하지 않았다. 구약의 법은 구약 시대에 주어진 것으로 그 시대에만 적용되어야 하고 지금은 형평법의 원리에 따라 그 사회에 맞는 새로운 법을 만들어야 한다고 보았다. 그러나 십계명 같은 도덕적 법은 여전히 유효한 것으로 보았다. 그들은 어떤 보편성의 원리가 지배하는 사회를 원하였다.

교회가 신율적 원리를 제시하지 못하고 세상의 자율에 맡겨둔 20세기는 통제 불능의 사회였다. 파시즘과 나치즘이 나타나 수많은 사람들을 죽음으로 내몰았다. 공산주의가 나타나 수많은 사람들에게 고통을 안겨 주었다. 교회는 하나님이 사랑하시는 이 세상을 더 이상 세상의 자율에 맡겨 두어서는 안 될 것이다.

종교개혁이란 무엇인가

2016년 10월 21일 초판 1쇄 인쇄
2016년 10월 28일 초판 1쇄 발행

지은이 | 이양호
펴낸이 | 김영호
펴낸곳 | 도서출판 동연
등 록 | 제1-1383호(1992. 6. 12)
주 소 | (03962) 서울시 마포구 월드컵로 163-3
전 화 | (02)335-2630
전 송 | (02)335-2640
이메일 | yh4321@gmail.com / h-4321@daum.net

ISBN 978-89-6447-314-6 03200